普通高等教育精品规划教材

高等学校信息管理学专业系列教材

科技论文写作与文献检索

主　编　郑霞忠　黄正伟
副主编　余肖生　刘　芳

武汉大学出版社

图书在版编目(CIP)数据

科技论文写作与文献检索/郑霞忠,黄正伟主编;余肖生,刘芳副主编.—武汉:武汉大学出版社,2012.9(2023.1重印)
普通高等教育精品规划教材
高等学校信息管理学专业系列教材
ISBN 978-7-307-10025-1

Ⅰ.科… Ⅱ.①郑… ②黄… ③余… ④刘… Ⅲ.①科学技术—论文—写作—高等学校—教材 ②情报检索—高等学校—教材 Ⅳ.①H152.3 ②G252.7

中国版本图书馆 CIP 数据核字(2012)第 169376 号

责任编辑:詹 蜜　　责任校对:刘 欣　　版式设计:詹锦玲

出版发行:**武汉大学出版社**　　(430072　武昌　珞珈山)
(电子邮箱:cbs22@whu.edu.cn　网址:www.wdp.com.cn)
印刷:武汉中科兴业印务有限公司
开本:720×1000　1/16　　印张:17.5　　字数:312 千字　　插页:1
版次:2012 年 9 月第 1 版　　2023 年 1 月第 11 次印刷
ISBN 978-7-307-10025-1/H·923　　　　定价:28.00 元

版权所有,不得翻印;凡购我社的图书,如有质量问题,请与当地图书销售部门联系调换。

前　言

21世纪是信息时代、知识经济时代，更是科学技术突飞猛进的时代。在这一时代里，无论是科学研究的开展，科学技术的创新，还是科技成果的产生、认定、转化等都离不开适当的载体形式——科技论文。科技论文不仅承载科学研究成果，传递科技信息，指导社会生产实践，同时，也成为培养和考查科技人员、研究生和大学生的有效途径与重要标尺。因此，在当今时代，科技写作活动是极其频繁、极其活跃的。

俗话说"文无定法"，是指论文写到一定的境界后，就没有固定的套路可循，但一般科研人员、研究生和大学生难以达到这样的水平，因此掌握一些科技论文的写作技巧以使他们尽快将自己的研究成果变成人类的文明成果是非常必要的。

科技论文写作大致要经历大量阅读相关领域文献、正确选题、找到合适的切入点、相关实验或调查、形成初稿、修改论文和完成定稿这样一个过程。这一过程涉及三个方面，一是文献资料的查找与阅读；二是文献资料的管理；三是科技论文的写作。美国未来学家奈斯比特曾说过，"我们将被信息淹没，但却渴求知识"，因此不掌握适当的文献资料的查找方法，我们很难获得相关的有用知识，在海量知识面前，如果没有合适的阅读方法我们将被淹没在知识的海洋中，难以找到正确的方向。获得文献资料的同时，对它的管理也变得日益重要，否则我们可能将会为找到对自己非常有用的一篇文献而耗费大量时间。同样科技论文的写作如果不遵循一定的格式就难以达到标准化，难以和本领域的专家学者进行交流、自己的研究成果难以得到同行的认可。

本书共分3篇：第1篇介绍科技论文写作的基本知识；第2篇介绍文献检索的相关技巧；第3篇介绍文献管理的常用软件——EndNote X2的使用

方法。第 1 篇共 5 章：第 1 章主要介绍了科技论文的产生和发展；第 2 章对什么是科技论文，为什么要写，该怎样写好科技论文进行了综述；第 3 章主要讨论了科技论文写作过程中涉及的题名的拟定，署名，摘要的写作，关键词的选取，引言、正文和结论的写作、参考文献的标注等应该注意的一些问题；第 4 章主要讨论了科技论文发表的一些基本形式，科技论文评审和发表的一些基本要求，以及投稿过程中经常碰到的一些问题及其解决办法；第 5 章主要探讨了学位论文的结构，以及学位论文写作、评审、答辩过程中常见的一些问题及其解决办法。第 2 篇共 5 章：第 6 章介绍文献检索的相关方法、步骤以及相关的检索策略；第 7 章主要介绍了计算机信息检索的基本方法与步骤，其中重点讨论了计算机信息检索系统中检索式的构造、相关的检索策略以及提高检索质量的一些比较具体可行的方法；第 8 章主要讨论了图书、期刊论文、会议论文、学位论文、专利文献、标准文献、政府出版物等学术信息资源及其常用查找方法以及查找过程中的一些常用技巧；第 9 章主要讨论了经济、商务类网络信息资源的常用检索方法及其检索过程中的一些常用技巧；第 10 章通过两个具体的案例，让读者了解信息资源检索的全过程，以及检索应该达到的目的。第 3 篇共 2 章：第 11、12 章介绍文献管理的常用软件——EndNote X2 的使用方法。

  本教材的参编人员全是高校从事教学与研究的第一线教师，主要有郑霞忠、黄正伟、余肖生、刘芳、郑悦林、张雄林、段华、姜艳静、王东娟等。

  本书的编写过程中，直接和间接参考和引用了国内外许多研究成果、网页的有关观点和数据信息等，我们以参考文献的形式列于书末，有的因篇幅关系，没有一一列出，在此，对上述责任者表示深深的感谢。

  由于作者水平有限，加之时间仓促，本书中如有差错和疏漏之处，敬请读者批评指正。

目　录

第一篇　科技论文写作

1 导论 ·· 3
　1.1 科技论文的产生与发展 ··· 3
　　1.1.1 《易》、《诗》、《书》时期 ·· 4
　　1.1.2 战国时期 ·· 4
　　1.1.3 中西文化碰撞时期 ··· 5
　　1.1.4 科技论文的现状(标准、写作意识) ·· 7
　1.2 主要内容 ·· 7
2 科技论文概述 ··· 9
　2.1 科技论文的概念及特点 ··· 9
　　2.1.1 科技论文的概念 ·· 9
　　2.1.2 科技论文的特点 ·· 10
　2.2 科技论文写作的意义 ·· 12
　　2.2.1 科技论文写作是科技工作的组成部分 ······································ 12
　　2.2.2 科技论文写作是科学技术研究的必要手段 ································ 14
　　2.2.3 科技论文是总结、交流、传播科技成果的必要手段 ·················· 14
　　2.2.4 科技论文是科技成果的重要标志 ··· 15
　　2.2.5 科技论文的发表对推动科技进步具有重要意义 ························· 15
　　2.2.6 提高科研能力和科技传播能力 ·· 16
　2.3 科技论文的分类 ·· 17
　　2.3.1 按写作目的分 ·· 17

2.3.2　按写作形式分 ································· 19
2.4　科技论文的写作要求 ································· 21
　　2.4.1　主题明确，中心突出 ························· 22
　　2.4.2　结构严谨，层次分明 ························· 22
　　2.4.3　逻辑严密，自成系统 ························· 22
　　2.4.4　论证充分，说理透彻 ························· 22
　　2.4.5　提出问题，解决问题 ························· 22
　　2.4.6　语言简洁，概念准确 ························· 23
2.5　本章小结 ··· 23

3　科技论文写作格式标准化 ································· 24
3.1　科技论文编写格式标准化的意义 ················· 24
3.2　科技论文编写格式标准化的主要组成部分 ······ 25
　　3.2.1　题名 ·· 25
　　3.2.2　署名 ·· 28
　　3.2.3　摘要 ·· 29
　　3.2.4　关键词 ··· 30
　　3.2.5　引言 ·· 30
　　3.2.6　正文 ·· 32
　　3.2.7　结论 ·· 41
　　3.2.8　参考文献 ·· 42
3.3　本章小结 ··· 44

4　学术论文发表 ··· 45
4.1　科技论文发表的形式 ································· 45
　　4.1.1　学术会议发表 ··································· 45
　　4.1.2　期刊发表 ··· 46
　　4.1.3　网络发表 ··· 48
4.2　科技论文的评审和发表要求 ······················· 48
　　4.2.1　科技论文的评审条件 ·························· 48
　　4.2.2　科技论文发表的要求 ·························· 51
　　4.2.3　科技论文常见的语法修辞问题 ············· 53
4.3　科技论文的投稿策略 ································ 55
　　4.3.1　投稿前应做的工作 ····························· 55

　　　　4.3.2　投稿后应做的工作 ………………………………………… 59
　　　　4.3.3　常见的退稿原因 …………………………………………… 61
　　　　4.3.4　给投稿者的建议 …………………………………………… 62
　　4.4　提高投稿录用率的诀窍 …………………………………………… 65
　　　　4.4.1　国内期刊投稿经验 ………………………………………… 65
　　　　4.4.2　国外 SCI、EI 期刊投稿经验 ……………………………… 69
　　4.5　本章小结 …………………………………………………………… 72

5　学位论文的写作与答辩 ………………………………………………… 73
　　5.1　学位论文概述 ……………………………………………………… 73
　　　　5.1.1　撰写学位论文的意义 ……………………………………… 74
　　　　5.1.2　学位论文的分类 …………………………………………… 75
　　　　5.1.3　学位论文的特点 …………………………………………… 77
　　　　5.1.4　学位论文的写作要求 ……………………………………… 78
　　5.2　学位论文的写作过程 ……………………………………………… 79
　　　　5.2.1　论文的构思 ………………………………………………… 79
　　　　5.2.2　拟定论文提纲 ……………………………………………… 80
　　　　5.2.3　起草论文初稿 ……………………………………………… 82
　　　　5.2.4　论文的修改 ………………………………………………… 84
　　5.3　学位论文的答辩和评审 …………………………………………… 86
　　　　5.3.1　学位论文答辩的意义 ……………………………………… 86
　　　　5.3.2　学位论文答辩的准备 ……………………………………… 87
　　　　5.3.3　学位论文的答辩 …………………………………………… 88
　　　　5.3.4　学位论文的评审 …………………………………………… 89
　　5.4　学位论文的构成项目 ……………………………………………… 94
　　　　5.4.1　封面 ………………………………………………………… 94
　　　　5.4.2　前言 ………………………………………………………… 95
　　　　5.4.3　摘要 ………………………………………………………… 95
　　　　5.4.4　主体部分 …………………………………………………… 95
　　5.5　本章小结 …………………………………………………………… 95

第二篇　文　献　检　索

6　文献检索基础知识 ……………………………………………………… 99
　　6.1　信息、知识、情报 ………………………………………………… 99

6.1.1 信息 …… 99
6.1.2 知识 …… 100
6.1.3 情报 …… 100
6.1.4 信息、知识、情报的关系 …… 101
6.2 文献 …… 102
6.2.1 文献概述 …… 102
6.2.2 文献属性与特征 …… 102
6.2.3 文献类型 …… 103
6.2.4 文献的特点、载体与结构 …… 108
6.3 文献检索 …… 109
6.3.1 文献检索概述 …… 109
6.3.2 文献检索的分类 …… 109
6.3.3 文献检索的途径 …… 110
6.3.4 检索效果评价 …… 111
6.4 检索方法、步骤与策略 …… 112
6.4.1 文献检索的方法 …… 112
6.4.2 文献检索的步骤 …… 113
6.4.3 检索策略 …… 115
6.5 本章小结 …… 115

7 计算机检索 …… 116

7.1 概述 …… 116
7.2 检索方法 …… 117
7.2.1 检索提问式组成要素 …… 117
7.2.2 检索范围限定 …… 123
7.2.3 词组检索 …… 124
7.2.4 加权检索 …… 124
7.3 检索策略 …… 125
7.3.1 概述 …… 125
7.3.2 检索步骤 …… 126
7.3.3 查全率与查准率的调整 …… 127
7.3.4 提高检索质量的办法 …… 128
7.4 本章小结 …… 129

8 学术信息检索资源 ········ 130
8.1 图书文献检索 ········ 130
8.1.1 世界各地图书馆的公共检索目录(OPAC) ········ 130
8.1.2 联合书目数据库 ········ 131
8.1.3 网上书店 ········ 132
8.1.4 电子图书的检索和使用 ········ 134
8.1.5 国外电子图书提供机构 ········ 136
8.2 学术期刊的网上检索 ········ 139
8.2.1 期刊出版信息的网上检索 ········ 139
8.2.2 期刊收藏信息的检索 ········ 140
8.2.3 期刊内容信息的检索 ········ 142
8.2.4 电子期刊 ········ 146
8.3 会议信息及会议文献资料的网上检索 ········ 148
8.3.1 会议消息的检索网站 ········ 148
8.3.2 会议文献检索工具 ········ 149
8.4 学位论文的网上检索 ········ 151
8.4.1 国内学位论文 ········ 151
8.4.2 国外学位论文 ········ 153
8.5 专利的网上检索 ········ 153
8.5.1 国外专利信息的网上检索 ········ 154
8.5.2 国内专利信息的网上检索 ········ 155
8.6 标准信息的网上检索 ········ 156
8.6.1 国外标准的网上检索 ········ 158
8.6.2 国内标准的网上检索 ········ 160
8.7 国际组织、政府机构及出版物信息的网上检索 ········ 162
8.7.1 国际组织机构及国外政府信息的网上检索 ········ 163
8.7.2 中国政府信息的网上检索 ········ 166
8.8 本章小结 ········ 171

9 经济、商务类网络信息检索资源 ········ 172
9.1 网络资源指南目录 ········ 172
9.2 经济、商务类综合性信息检索工具 ········ 176
9.3 企业及产品信息检索工具 ········ 186
9.4 市场信息检索工具 ········ 188

9.5 金融信息检索工具 ……………………………………………… 189
   9.6 经济统计信息检索工具 …………………………………………… 192
      9.6.1 国际性、综合性统计资料 …………………………………… 192
      9.6.2 各国统计资料 ……………………………………………… 194
   9.7 在线期刊数据库检索工具 ………………………………………… 196
   9.8 电子商务网站 ……………………………………………………… 197
   9.9 科研机构网站 ……………………………………………………… 198
   9.10 本章小结 ………………………………………………………… 198

10 综合检索案例 ………………………………………………………… 200
   10.1 案例一 关于国内塑料内衬玻璃钢缠绕增强压力容器的
            市场调查 …………………………………………………… 200
      10.1.1 课题目的 ………………………………………………… 200
      10.1.2 产品描述 ………………………………………………… 200
      10.1.3 明确用户市场，以确定相应信息源、信息收集渠道和
             检索工具 ………………………………………………… 201
      10.1.4 将需求转化成具体的信息搜集目标 …………………… 201
      10.1.5 下一步分案头调研和实地调研两部分 ………………… 202
      10.1.6 结论 ……………………………………………………… 202
   10.2 案例二 伏特加的价格信息、关税、贸易政策及国际
            贸易数据 …………………………………………………… 202
      10.2.1 背景情况和需求 ………………………………………… 202
      10.2.2 检索目标 ………………………………………………… 203
      10.2.3 制定信息收集途径 ……………………………………… 203
      10.2.4 信息检索任务 …………………………………………… 203
      10.2.5 结论 ……………………………………………………… 210
   10.3 本章小结 ………………………………………………………… 210

第三篇 文 献 管 理

11 文献管理软件概述 …………………………………………………… 213
   11.1 文献管理软件重要性 …………………………………………… 213
   11.2 文献管理工具的进化 …………………………………………… 214
   11.3 文献管理软件构成与主要功能 ………………………………… 215
      11.3.1 系统构成 ………………………………………………… 215

- 11.3.2 主要功能 ……………………………………………… 215
- 11.4 文献管理软件优点 ………………………………………… 217
- 11.5 常用文献管理软件介绍 …………………………………… 217
  - 11.5.1 RefWorks ………………………………………… 218
  - 11.5.2 PowerRef ………………………………………… 219
  - 11.5.3 Reference manager ……………………………… 221
  - 11.5.4 NoteExpress ……………………………………… 221
  - 11.5.5 EndNote …………………………………………… 222
- 11.6 本章小结 ……………………………………………………… 223

12 EndNote 与科技论文写作 …………………………………… 224
- 12.1 基本原理 ……………………………………………………… 224
- 12.2 EndNote 菜单介绍 ………………………………………… 225
  - 12.2.1 EndNote 主菜单 …………………………………… 225
  - 12.2.2 File 菜单 …………………………………………… 225
  - 12.2.3 Edit 菜单 …………………………………………… 227
  - 12.2.4 References 菜单 …………………………………… 228
  - 12.2.5 Group 菜单 ………………………………………… 230
  - 12.2.6 Tools 工具菜单 ……………………………………… 230
  - 12.2.7 其他菜单 …………………………………………… 232
- 12.3 数据库的建立 ……………………………………………… 232
  - 12.3.1 手动输入建立数据库 ……………………………… 233
  - 12.3.2 直接联网下载 ……………………………………… 234
  - 12.3.3 网上数据库输出 …………………………………… 236
  - 12.3.4 格式转换 …………………………………………… 239
- 12.4 数据库管理 ………………………………………………… 243
  - 12.4.1 使用组管理文献 …………………………………… 243
  - 12.4.2 附件的管理 ………………………………………… 246
  - 12.4.3 笔记管理 …………………………………………… 252
  - 12.4.4 排序、去重 ………………………………………… 253
  - 12.4.5 偏好设定 …………………………………………… 254
  - 12.4.6 输出 ………………………………………………… 255
- 12.5 数据库的应用 ……………………………………………… 257
  - 12.5.1 工具条介绍 ………………………………………… 257

12.5.2 如何利用数据库来撰写论文 …………………………………… 259
12.5.3 Output style 的修改 …………………………………………… 259
12.5.4 利用论文模板撰写论文 …………………………………………… 261
12.5.5 EndNote 统计分析功能 …………………………………………… 262
12.6 EndNote 数据与 NoteExpress 的相互转换 ……………………………… 264
12.7 本章小结 ………………………………………………………………… 265

参考文献 …………………………………………………………………………… 266

第一篇
科技论文写作

1 导　　论

科技论文又称学术论文，或称科学论文，就是对自然科学和社会科学领域进行研究、分析论证的文章。在历史进步的长河中，人类的信息活动开始得很早，在文字尚未出现时，就以图画向同伴们传递各种与生活密切相关的信息。而科技文章的出现却步履蹒跚，因为写作科技文章需要两个基本前提：其一，人类社会有了科技活动，哪怕只是试图解释自然现象的认识活动；其二，人类创造了文字，哪怕只是比较简陋、尚待完善的符号系统。

1.1　科技论文的产生与发展

有关专家认为，产生于夏代的《易》可能是我国最早的科技文献。"易"是解释八卦的，而八卦是石器时代的古老文化。夏代产生了文字，夏人运用这一工具记录流行已久的八卦文化是完全可能的。夏代的"易"叫做《连山》。由夏易《连山》，到殷易《归藏》，再到周代的《周易》，是一个由"术"到"学"的过程。夏殷时代，"易"是占卜书，记录着卜筮之术。周初的卜筮者们发展和改造了夏殷的"易"，变动了卦的排序，增写了"卦辞"和"爻辞"（即今《周易》中的"经文"）。旧传孔子又为"经文"的义理阐发推演出"十翼"（解说卦辞、爻辞的十篇文字），这才有了今天的《周易》的底本。

中国是一个文明古国，传承至今的文字作品汗牛充栋，科技文章虽然只是其中的一小部分，但要系统介绍它的发展，仍然是十分困难的。我们简单介绍中国文化史上三个划时代时期的状况，以及由此显现的科技文章的发展脉络。

1.1.1 《易》、《诗》、《书》时期

《诗经》、《尚书》、《周易》成书于周初到春秋中期。三部作品中,《周易》和科技写作的关系最密切,其中的《系辞下》记载了我国古代早期诸多科技发明。

《周易》中的哲学和科学观点,造就了中国人的天人观和基本思维模式,影响着以后的科技研究和科技写作。《周易》里的 64 卦,为人们提供了一个可以代入任何内容的形式系统,而由爻与卦数表征的多种思维空间,如阴阳的 2 维,天、地、人或阳气、阴气、冲气的 3 维,四象的 4 维,八卦的 8 维……又可以帮助人们开阔视野,立体地、全面地思考问题。李约瑟认为,"《周易》那种精致化了的符号体系几乎从一开始就是一种灾难性的障碍,它诱使那些对自然界感兴趣的人,停留在根本不成其为解释的解释上。"李约瑟的这番话未免过于绝对和片面,不过如果正视历史和现实,又不得不承认他的说法有一定的道理。传统易学的直觉体悟的认知方式,制约着理性的分析与参与;传统易学的具象类比方法会妨碍对事物本质进行准确与精确的把握,这些对于科技写作都是不利的。我国古代科技著作里,时有神秘化和过度伦理化的解释,正是《周易》作用于科技写作的负面表现。

1.1.2 战国时期

战国时期,诸子百家蜂起,科技文章也繁荣起来。墨子、管子、庄子等人在著述中讨论科技问题,史传作品注意记录种种自然现象,一批专门性的科技著作也相继问世了。

《山海经》产生于战国初期或中期,全书由"山经"、"海经"、"大荒经"三部分构成,仅三万一千多字,却包含着有关我国古代地理、历史、神话、民族、动物、植物、矿产、医药、宗教祭祀仪式等多方面的内容。

《禹贡》是《尚书》中的一篇,记载大禹治水和划分九州之事,一般认为它是战国时期作品。这篇综合性的地理志只有 1 193 个字,却概括了中国的自然地理、经济地理和当时的行政区划,开创了地学分区域和分部门研究的先河。它的内容翔实,所叙述的行政区域、山岳、河流、湖泊、土壤、物产、交通、民族等无不有证可寻。

《夏小正》保存在《大戴礼记》里,其中记载着夏代的天象,但有些天象、物候记录的时代是比较晚的,所以一般认为它的成书在战国时期。当代有学者认为它是我国年鉴的雏形。全文只有 463 个字,但内容广泛,对天文、历法、农业和畜牧业生产、政事、祭祀都有涉及。

1 导 论

《考工记》记载了春秋时期齐国的"百工"从事手工业生产的匠作法式,体现了当时自然科学在工艺方面的发展高度。《考工记》述说了"百工"的含义、获得优良产品的自然条件和技术条件以及30个工种的职能和工艺规范。它内容广泛,所记载的技术大多富有实践性,是同时期同类作品中最优秀的著作。

《黄帝内经》是一部古代医书,宋代邵雍说它是"战国之书"。今本《黄帝内经》是隋、唐、宋人"增广补注"的产物,已不是初写本的原貌。不过从《史记·扁鹊仓公列传》所记载的高超医理、医技水平,可以反推出《黄帝内经》初写本起点很高。该书以黄帝和岐伯问答的形式,论述了医学、药学、养生学等方面的理论和知识,至今仍被视为中医学的宝典。

《吕氏春秋》成书于吕不韦担任秦相时期,它的主要价值在于保留了先秦神农学派的农业科学思想。其中《上农》、《任地》、《辩土》、《审时》4篇是一组农学文章,分别论述了农业生产的重要性、土地利用、作物栽培技术和农时问题。四篇文章内容关联,是古代农业科学思想的肇始。

以上是战国时期几部具有代表性的科技著作,和《易》时代的科技著作相比,它们具有以下特点:

第一,内容更为专业化与纯粹。中国古代文章通常是文史哲不分,到了战国时期,科技文章的"纯度"较前有所提高,例如《考工记》和《黄帝内经》,尽管依然夹杂着伦理和政治的论述,不过大部分篇幅已经用于记写科技内容了。

第二,记述趋向细密。"易"时代的科技文章相当简略,战国时代开始趋向细密。例如讨论如何利用土地的《吕氏春秋·任地》,作者单就土壤性质便梳理出"力与柔"、"息与劳"、"肥与棘"、"急与缓"、"燥与湿"五对矛盾,并逐一地加以论说。

第三,以实践理性对待客观世界。我国学者认为,"实践理性是人类对感性的物质世界'应如何'和'怎么做'问题的观念掌握与解答"。战国时代的科技文章,大多是对生产经验的直接记载或对自然现象的直接描述,较少讨论事物的"所以然",长于说明"应如何"和"怎么做",短于揭示"为什么",这是以实践理性对待客观世界的结果。

1.1.3 中西文化碰撞时期

汉代直至明代中期,中国科学技术不断发展。一大批著名科学家如张衡、刘徽、祖冲之、贾思勰、沈括、郭守敬、宋应星、李时珍等与我国先进的科学技术联系在一起;一大批科技名著如《齐民要术》、《周髀算经》、

《营造法式》、《农政全书》、《天工开物》、《梦溪笔谈》、《本草纲目》等记录了我国科学技术的光辉成就。

按照李约瑟的说法，我国古代科技水平一直领先于其他国家，只是到了16世纪才比欧洲落后。导致落后的原因是多方面的，科技文化未能及时转型则是其中重要的一条。执著于实践理性、缺少理论理性的科技文化，对农业社会尚能适应，一旦步入工业社会，它的弊端很快就暴露出来。古代科技文化迟迟不能转入近代，为19—20世纪的中国带来了巨大的不幸。

深刻影响我国科技写作的，是鸦片战争以后一波又一波的中西文化交流。19世纪中叶开始的"学理输入"，使我国科技文章发生了重大变化：

第一是文章内容的面目一新。只要把魏源编辑的《清经世文编》和郑复光、邹伯奇的著作对比看，自会得出这样的结论。《清经世文编》是最能代表清季实学的一部书，内有26卷"工政"，分别讨论土木、河防、运河、水利、海塘等项实务，反映了当时科技文章的总体风貌。这些文章基本上是个人经验的总结，缺少理论理性依然是它们共同的不足。郑复光、邹伯奇是活跃于19世纪中期的发明家，他们的著作呈现了新风貌。郑复光的《镜镜泠痴》是一本图文并茂的光学著作，代表着我国清代光学研究的最高水平。这自然是对墨子和沈括有关成果的继承，同时也是作者广泛接受西方光学影响的结果，能够跳出单纯描述现象的传统，把数学方法运用到光学研究中去，就是一个明证。邹伯奇的《格术补》、《摄影之器记》是继《镜镜泠痴》之后的几何光学著作，书中阐述的基本原理是为分析望远镜等光学仪器服务的。由于原理部分讲得比较透彻，作者对光学仪器的分析也就相当深入。

第二是文章体裁增多。"西学东渐"带来了纸质传媒的迅猛发展，也促使科技文章体裁急剧增加。罗振玉创办的《农学报》315期中，就有社会科学论文、自然科学论文、农业调查报告、介绍农业生产经验的说明文、普及农业科技知识的科普文、用于农业教育的教科书、易于和读者交流的新闻通讯等崭新的体裁。当然，文体的成熟要有一定的过程，比如科技论文、科学小品文、自然科学的教科书，它们的体例就是到了20世纪二三十年代才相对固定下来的。

第三是作者科技素质提高。"西学东渐"以后，科技文章的作者队伍也在变化。其一是非科技作者在减少，身为科技人员的作者在增多。科技论文自不待说，即便是普及性的科技文章，也多由具有科技素养的人员来撰写。其二是许多作者接受了西方科学研究的严格训练，能用西方科技理论解决前人尚未解决的问题。建立中国现代地质学的"四大天王"（章鸿钊、翁文灏、丁文江、李四光）是其中的代表。半个多世纪持续地向西方学习科技文化，使得科技写作的队伍不仅人数大增，而且产生了质的飞跃。

第四是著作权法的建立。《大清著作权律》是我国历史上第一部著作权法，产生于1910年（宣统二年）。一般说来，著作权法的出现意味着对民主权利的尊重和对个体精神劳动的肯定。科技文章一般不会和三纲五常构成直接矛盾，所以该法对于保护科技写作者的权益不无好处，但从根本上看，它和主张"天赋人权"的大陆法系国家的立法理论还是冲突的。而和1990年颁布、1991年6月1日施行的《中华人民共和国著作权法》更无法相比。

保护版权就是保护著作人的利益，在这一法律规定的引导下，作者将会尽快地把自己的作品公之于世。藏诸名山的思想发生了转变，迅速发表研究成果成为自觉的追求。著作权法的建立，提高了写作活动的效率，激活了写作活动的竞争，说它为科技写作开了一个新局面，应当不是过誉之词。

1.1.4 科技论文的现状（标准、写作意识）

21世纪是知识经济的时代、信息时代，也是科学技术飞速发展的时代、高新科技竞争激烈的时代。人们普遍意识到，高科技的创新是当今世界经济发展的制高点。大到一个国家，小到一个企业，如果没有科技创新，不能占领高新科技的"制高点"，经济就只能受制于人。这一社会共识凝结为巨大的合力，于是科技知识的生产和流动空前繁荣，科技信息的传播成了信息传播的重要组成部分，而科技写作活动也就前所未有地频繁活跃起来。

1987年5月5日国家标准局发布了《中华人民共和国国家标准（GB 7713-87）——科学技术报告、学位论文和学术论文的编写格式》，这一标准的出台，为科技论文编写格式标准化提供了指南，对规范科技论文写作起了积极的推动作用。

1.2 主要内容

在我们身居其中的21世纪里，科技写作活动是极其频繁、极其活跃的。科技论文不仅承载科学研究成果，传递科技信息，指导社会生产实践，同时，也已成为培养和考察科技人员、大学生和研究生的有效途径与重要标尺。这一形势下，高校培养学生的科技写作能力显得尤为重要。

本书以标准的科技论文的结构为基本框架，以科技论文始终应该回答的WHW（为什么研究、怎样研究、研究结论）为纽带，介绍了各部分内容的写作技法。并结合实例，使学生全面掌握科技论文的写作知识，最终达到具备科技写作能力。学生通过对科技论文写作理论的系统学习和实际操作,掌握一定的科技论文写作基础知识,提高科技论文写作能力,写出规范、得体、有应用价值的科技论文,以适应当前和今后在学习、生活、工作以及科学研究中的写作需要。同时,高校为培养综合职业能力、继续学习能力和适应职业变化能力奠定基础。

2 科技论文概述

2.1 科技论文的概念及特点

2.1.1 科技论文的概念

科技论文是在科学研究和科学实验的基础上,对自然科学和专业技术领域里的某些现象或问题进行专题研究,分析和阐述,以揭示出这些现象和问题的本质及其规律性而撰写成的论文。因此,凡是运用概念、判断、推理、论证和反驳等逻辑思维手段,来分析和阐明自然科学原理、定律和各种问题的论文,均属科技论文的范畴。科技论文主要用于科学技术研究及其成果的描述,是研究成果的体现,它的运用可促进成果推广、信息交流、科学技术的发展。

论文的发表标志着某一领域研究工作的水平,为社会所公认,载入人类知识宝库,成为人们共享的精神财富。我国国家标准 GB 7713-87《科学技术报告、学位论文和学术论文的编写格式》中指出:科技论文是某一学术课题在实验性、理论性或观测性上具有新的研究成果或创新见解和知识的科学记录;或是某种已知原理应用于实际取得新进展的科学总结,用以提供学术会议上宣读、交流或讨论;或在学术期刊上发表;或作其他用途的书面文件。

科技论文与其他文体的论文主要区别是:科技论文研究的主题相对来说更为鲜明、更为专业,无论是社会科学的问题或是自然科学的问题,都可以成为科技论文的研究主题;无论是与实践密切相关的应用科学,或是抽象思维特性突出的基础研究,均可兼论。科技论文不停留在运用现成的观点和原则对客观事物作专门的论述和评价的层面上，而要求科学地描述和揭示客观事物的本质和规律，得出具有创造性的结论。

2.1.2 科技论文的特点

科技论文是科学研究成果通过文字表达予以记载的重要形式。但是成果与论文之间并不是内容与形式之间的关系，因为有了好的成果并不一定等于有了好论文。科技论文写作必须做到科学性强，又有一定的实用价值，条理要清楚，文体要符合一定的规范。因此，科技论文应具备科学性、创造性、理论性、可读性等特点。

2.1.2.1 科学性

科学性是科技论文的生命，是科技论文区别于一切非科技论文的主要特征。科技论文的科学性主要表现在三个方面：

➢ 内容上，所反映的科研成果是客观存在的自然现象及其规律的反映，是被实践检验的真理，并能为他人提供重复实验，具有较好的实用价值，即论文内容真实、成熟、先进、可行。

➢ 表现形式上，结构严谨清晰，逻辑思维严密，语言简明确切，对每一个符号、图文和表格及数据，都力求做到准确无误，达到表述准确、明白、全面的水准。

➢ 研究和写作内容上，具有严肃的科学态度和科学精神，从不肆意夸大，伪造数据，谎报成果，甚至剽窃抄袭，也不因个人偏爱而随意褒贬，武断轻信，以至弄虚作假，篡改事实。

科技论文必须具备科学性，这是由科学研究的任务所决定的。科学研究的任务是揭示事物发展的客观规律，探求客观真理，成为人们改造世界的指南。无论自然科学还是社会科学，都必须根据科学研究这一总的任务，对本学科中的研究对象进行深入的探讨，揭示其规律。这就要求科技论文必须具备科学性，决不能违背客观规律。

2.1.2.2 创造性

创造性是衡量科技论文价值的根本标准。创造性大，论文的价值就高；创造性小，论文的价值就低；如果论文没有创造性，对科学技术的发展自然没有什么作用。一篇论文价值的大小，不是看它如何罗列现象，重复别人已经取得的成果，而是看它能否创造出前人所没有过的新技术、新工艺、新理论，并具有普遍性和公开性。

创造性无论大小，只要有所创造，就体现了科学研究的价值。科技论文是为交流学术研究新成就，发表新理论、新设想，探索新方法、新定理而写的，没有新的创见就不成其为科技论文。科学研究是对新知识的探求，创造性是科学研究的生命。科技论文的创造性在于作者要有自己独到的见解，能提出新的观点、新的理论。因此，没有创造性，科技论文就没有科学价值。

当然，要提出一个有价值、有意义、新的学术见解并非易事，因此，要从实际出发，论述某一具有创造性研究的过程或结果；或者对某一时期、某一学科、某一专题的研究成果进行系统、全面的综述或评论；或者针对某一方面问题把所有相关的信息高度综合集中，浓缩和系统化；或者专门对某一方面问题进行科学的动态分析；或能够采用新的研究方法，从一个新角度重新对已有的理论观点加以阐释等，也应当算是带有程度不同的独创性、创新性。

任何事物、任何理论的发现或发展，在人类的创造过程中永无止境，任何一项发明，无不是在继承前人创造的基础上。科技论文的撰写，实际上是把人们的创造性劳动有效地表现出来，使之能推动科技的发展。

2.1.2.3 理论性

理论性是科技论文区别于其他论文的重要标志。由于科技论文侧重于对事物进行抽象地概括或论证，描述事物发展的内在本质和规律，所以科技论文在材料、语言方面具有专业的特点，在内容上基本限制在所研究的范围之内。

科技论文必须有自己的理论体系，不能只是材料的罗列，应对大量的事实、材料进行分析、研究，使感性认识上升到理性认识。一般来说，科技论文具有论证色彩，既要求所论述的问题有较高的学术性，还要求作者经过周密的思考、严谨而富有逻辑的论证。

2.1.2.4 实践性

科技论文既要对客观事物的外部直观形态进行陈述，又要对事物进行抽象而概括的叙述或论证，也要对事物发展的内在本质和发展变化规律进行论述。所以，论文中的客观事物不像记叙文中那样完整、具体、形象，而是按照思维的认识规律被解剖、抽象地反映。它致力于表现事物的发生、发展和变化的规律，表述自己对这些规律的认识。这不是一般的认识和议论，而是系统化的理性认识，是思维活动反复和深化的结果，即是理论性的认识。除此之外，科技论文的实践性也表现在它的可操作性和重复实践验证上。按照论文报告的原材料选用及配方比例、实验方法和条件控制等要素，便可以重复得到论文所述的结果。正是科技论文的这一特点，才衬托出了科技论文的重大价值和论文的珍贵。

科技论文的实践性，还表现在论文叙述内容的广泛应用前景上。由于论文报告的新发现、新成果、新方法、新技术是客观真理的记录，因此这些新发现、新成果、新方法、新技术可以拓展至各种相关领域中得到应用，充分反映论文的珍贵价值。

实践性是现代科技论文的特点之一，前面提到的我国古代的许多重要科技著作，正是因为不具备最直接的实践性这一要求，从而降低了可操作性，后人无法按照其记述的方法加以复制、验证、应用及推广，也大大降低了其自身的价值和重要性。

2.1.2.5 可读性

可读性指的是要用通俗易懂的语言表述科学道理，不仅要做到文从字顺，而且要准确、鲜明、和谐，力求生动，切忌难懂、语句过长。这是因为科技论文讨论的是复杂的、抽象的真理，用的是专门的术语，只有深入浅出地表达才容易为人们所理解，才能达到描述科研成果的目的。并且做到论文逻辑性强，论题、论点、论据、论证之间的联系一环扣一环，循序撰写，并做到资料完整，设计合理，避免牵强附会，虎头蛇尾，空洞无物。科技论文要求简洁，这不同于一般通俗读物需要注意修辞和华丽的辞藻，而要求行文严谨，重点突出，文字语言规范、简明，能用一个字表达清楚的就不用两个字，总之，尽量用简洁的文字说明要阐述的问题，使读者用较短的时间获得更多的信息。

2.2 科技论文写作的意义

我国著名物理学家严济慈教授说："在理工科大学开设科技写作课，对于提高学生的科技写作能力，培养高质量的科技人才是十分重要的。"这是因为，科技论文写作是科技工作的组成部分，是科学研究的必要手段，是科技成果的重要标志，是科技交流的理想工具。

2.2.1 科技论文写作是科技工作的组成部分

英国著名科学家法拉第有句名言："研究、完成、发表。"即在科学研究中有三个阶段：第一阶段是科研开始，其次是完成，最后是发表。可见，"发表"在科学研究工作中占有重要的位置。一项科研成果，如果不能最后写成论文公布于众，那么一切见解和观点，一切创造与发明，都不过是科学家、科技人员个人头脑里的一些思维，别人无法了解和采用，也无法将科学技术转化为生产力，以推动社会的进步。

科技论文写作是科技工作者进行科学技术研究与开发的延续，是科研成果的必然总结。实际上，科研课题的准备工作就已经进入论文写作阶段，开题报告就是论文写作的前奏，写作则是科研完成阶段的工作过程，也是创造性成果得到进一步深入、完善和发掘的再创造过程。

现代科学技术工作已趋于综合化、社会化。一个重大科研项目的研究和实施，不是一个人或几个人所能承担的，通常需要一群人的通力合作。科技工作与社会各方面的联系也十分密切，没有这些联系，科技工作就寸步难行。这种合作和联系，都离不开运用文字等书面符号来传递信息、沟通情况、协调步骤和关系。

一项科学研究，从它的选题到资料收集，从科研的设计到研究报告和论文的写作，每一道程序对于整个科研活动都起着举足轻重的作用，哪一项工作做得不好，都会对科研工作造成重大的损失。所以说，科技论文写作是科技工作不可缺少的一个组成部分。

美国科学家桑塔亚那说，科学只不过是知觉的显现、意图的说明、常识的完善和精确的语言表述。英国哲学家弗朗西斯·培根说过，交谈使人敏捷，写作使人精细，读史使人明智，数学使人周密，博物使人深刻，伦理使人庄重，逻辑和修辞使人善辩。因此，科技论文写作在科研活动中具有重要意义。日本一位大学研究生院院长在其著作中说："有人做过调查，许多理工科类毕业生认为，对他们最有用且需要进一步加强的课程：一是数学，二是物理，三是写作。"我国著名数学家华罗庚说，学科学的不学好语文，写出来的东西文理不通，枯燥无味……让人难以看下去，这是不利于交流、不利于科学事业的发展。著名物理学家钱学森也曾说过，很难想象，一个对人类有贡献的伟大科学家，他创立的科学理论和科研成果，不能只有他一个人或少数人懂得。著名化学家卢嘉锡说，要教会年轻人学会表达，一个只会创造，不会表达的人，不能算是一个真正合格的科学工作者。我国许多著名科学家对科技写作也都很重视，曾经多次强调要注意提高青年科技人员（包括大学生和研究生）的语言和文字的表达能力。

撰写论文，不只是文字表达，论文质量的高低，也决不仅取决于作者的语文水平，而是与作者的思维能力以及科学研究方法息息相关。可以说，完整的科技论文写作过程，是同整个科学研究过程相重合、相一致的；论文的写作过程也就是科学研究的过程；论文题目的确定，也就是研究课题的选择；论文内容的形成，也就是研究成果的取得。研究成果的取得，是离不开对课题的研究，而课题研究是论文写作过程中的关键环节，也是科学研究的重要步骤。可以说，论文的写作是研究成果的深化和整理，是科学研究的继续，也是科研工作的重要组成部分。

2.2.2 科技论文写作是科学技术研究的必要手段

科学技术研究是一种创造性的思维活动，这种思维活动，是在人类现有知识的基础上进行的。它需要借助一定的仪器、设备等物质条件，但不能离开语言文字的运用。语言是思想的物质外壳，人们的思维活动都是通过语言来进行的，而复杂的思维活动还经常通过写作来进行。因为光用脑子想、用嘴说，思考的内容仍然是游移不定、看不见、摸不着的，难以斟酌推敲；而一旦写到纸上，用文字等书面符号使思维活动"物质化"、"视觉化"，就能表现出思考的过程和程度，便于反复研究，仔细斟酌，把思考一步一步地引向纵深、宽广的境地。这样，朦胧的意识可以明确化，疏漏的思想可以严密化，肤浅的见解可以深刻化。由此可见，科学技术研究是一种十分复杂的思维活动，通过写作来记录思维的进程，开拓思维的深度和广度，对于研究工作尤为重要。

科技论文写作并不仅仅是简单地把科学研究中已经取得的思维成果用文字等书面符号表达出来，而其本身就是科学研究的思维过程。通过收集、整理和利用各种科技信息（包括实验数据、观测、调查材料以及其他书面和非书面资料），在具体写作过程中，往往能对自己所研究的课题做出更加深入的探讨，发现和弥补原先的不足，或者引起新的联想，新的思索，产生新的认识，从而使研究工作达到新的阶段。有时还会在写作中爆发出极为宝贵的思想火花，甚至找到有重大价值的新的研究课题。因此，科技工作者应该善于运用写作这一重要手段来进行科学研究。

2.2.3 科技论文是总结、交流、传播科技成果的必要手段

严格地讲，科学和技术是有区别的。科学主要指人类对自然规律的认识，属于知识范畴，是潜在的生产力；技术是自然科学知识在生产实践中的应用和发展，是直接的生产力。科学回答的是"是什么"、"为什么"；技术回答的是"做什么"、"怎么做"。对于科学来说，技术是科学的延伸；对于技术来说，科学是技术的升华。

科学技术只有为生产者所掌握，直接进入生产过程，并且制造出产品来，这时才能成为社会的生产力，一部专著、一篇研究报告对人类社会进步所起的作用显而易见。但先进的科学技术成果如果不向社会普及，就不可能为社会所接受，变成创造性的物质力量。而科技写作正是向社会传播科学技术的重要手段，是最简便、最适用的载体和工具。

然而，作为科技工作者，对某一课题的研究，并非事事都要从头开始，

而是在吸取别人研究成果的基础上起步、发展的。纵观历史上许多重大的科学技术和创造，无不是吸取了当时的科技成果。如果没有科技写作和交流这个工具，就不可能吸取别人的先进经验而研究出更高水平的科技成果。

目前，我国有关部门在科学技术进步奖的奖励办法中都规定，理论研究、科技论文、科学考察等研究成果都可申请奖励，一些省市也设立了省级自然科学论文的评奖工作。这是因为，科技论文对促进科技发展、指导硬件设计、进行科学实验等有着重要的作用，它符合"实践——认识——再实践"的相互补充和相互促进的事物发展规律。

因此，科技论文写作是总结、交流、传播、普及科技成果的必要手段，是将先进的科学技术转化为生产力的重要媒介。

2.2.4 科技论文是科技成果的重要标志

如前所述，科学研究的第三个阶段是科技论文的发表。所谓发表就是把科技成果公之于世，只有公之于世，才能为社会所知，为社会所承认。它是衡量某一学科、单位、个人、国家科技水平高低的标志之一。科技工作者所发表的科技论文的数量和质量，是其创造性劳动的效率和成果公认的指标。

当今社会，科学技术的新发现、新发明，比过去任何时候都多。在这样的情况下，及时准确地发表科技成果，具有特别重要的意义。这不仅是使科技成果尽快地成为社会生产力的需要，而且也是世界科学竞争的需要。已发表的科技论文是确认科技工作者的某项发现或发明有优先权的基本依据。如果由于科技写作能力低，一项科技成果不能尽早地以科技论文的形式公之于世，得到社会的承认，那么荣誉和专利就会被他人所有。这对于科技工作者来说，是一个莫大的损失。

因此，科技论文写作能力是科技人员实现社会价值、衡量专业技术水平的标尺，是卓有成效地完成本职工作的重要条件。

2.2.5 科技论文的发表对推动科技进步具有重要意义

英国著名文学家萧伯纳有一段发人深省的论述："倘若你有一个苹果，我也有一个苹果，而我们彼此交换这些苹果，那么，你和我仍然是各有一个苹果；但是，倘若你有一种思想，我也有一种思想，而我们彼此交流这些思想，那么，我们每个人将有两种思想。"科技史上有很多重大的发明、发现、革新，都是从交流开始的。在今天所面临的信息时代，交流对于科学技术的发展，具有重要意义。

虽然科技交流有多种多样的渠道，但是通过科技写作形成的科技论文，则是其中的重要形式。这是因为，科技论文是传递、存储科技信息的良好载体，可以不受地域、时间的限制飞渡海外，传播后世。虽然，其他先进的科技信息载体，如声像资料、缩微资料、计算机资料等的应用越来越普遍，但其制作一般也要以文字材料为底本。可以说，科技写作是一切科技交流的基础。

科技工作者通过阅读科技论文来了解前人已经做过的和别人正在做的科技活动，从中汲取经验和教训，就可以在已有成就的基础上继续把科学推向前进。因此，科技论文写作对于推动科技进步正发挥着越来越大的作用。

2.2.6 提高科研能力和科技传播能力

科技工作者肩负着创造科技成果和传播科技知识两项任务，他们必须同时具备科研能力和科技传播能力。而科技写作能力既为完成两项任务所不可缺少的基础，又是科研能力和科技传播能力的有机结合。

文字传播是科技传播的最基本的方式。其他方式往往要以文本作为它们的前提或补充。没有文本，影视作品难以制作；没有足够的文字说明，图像的内涵难以透彻地阐释。科技写作能力对于科技传播的重要性是不言而喻的。

科技写作能力和科研能力的关系同样密切：首先，二者的若干构成因素是相同的。写作和科研都是创造性活动，它们运用的基本能力，比如观察能力、判断能力、理解能力、分析和综合能力、联想和想象能力，都是相同的。因此，写作能力的提高自然就是科研能力的提高。其次，良好的写作能力有利于科研工作的开展。现代的科技工作更加趋于综合化、社会化，一个重大科技项目往往需要一群人通力合作，需要社会方方面面的配合与支持。于是协调步调、沟通情况、联系各种合作事宜就成了科研工作不可缺少的环节，而这些环节又都离不开科技写作。一份糟糕的开题报告，可能会贻误一个有价值的科研项目的上马；一篇简要、明确、论证充分的论文，也许会促使某项先进技术得到迅速推广。在我们这个时代，科技写作水平的高低，已经成为影响科技工作进展的重要因素。再次，写作对于研究会有直接的帮助。稍有经验的人都知道，写作是思维"视觉化"的过程，用文字把想到的东西写下来，将为作者的仔细斟酌带来方便。面对"视觉化"了的认识去想问题，精神易于汇聚，目标不致漂移，这样就能提高思维的效率，使原本朦胧的意识迅速变得明朗，疏漏的计划迅速变得严密，肤浅的见解也会迅速变得深刻。中国科学院原院长卢嘉锡对此深有体会，他在20世纪80年代，就对高校师生作过语重心长的提醒："培养科学工作者的老师们，要教会年轻人学会表达。表达是很重要的。一个只会创造不会表达的人，不能算是一个真正的合格的科学工作者。"

2.3 科技论文的分类

根据不同的标准，可以将科技论文进行不同的分类。

2.3.1 按写作目的分

根据论文写作目的的不同，可以将科技论文分为科研论文和学位论文两大类。

2.3.1.1 科研论文

科研论文是指各学科领域中专业人员或非专业人员科研成果的文字记载。这类论文刊载在专门的学术期刊上，有针对性地阐明并提出问题。总结前人科学研究成果，提出个人的创新见解，促进科学事业的发展是此类科技论文的根本目的。科研论文一般要求写得简练、概括，突出对创新性的论述，对研究过程可简略或不做描述。由于学术期刊的级别不同，对论文的要求也不尽统一。这类论文拥有较多的作者群和读者群，写作时要考虑读者对象情况。科研工作者都十分重视科研论文，因为它既可活跃学术研究气氛、交流科研信息，也可及时反映个人或集体的科研能力和科研成果。一个国家科研论文数量的多少，质量的高低，可以从一个方面反映出这个国家科学技术发展的水平或学术研究的状况。对于个人来说，科研论文发表得越多，越能说明其科研能力强、科研成绩显著。科研论文除了形成文字报告在期刊上发表外，有时也可暂不形成完整的论文，先在专业性的学术会议上、在一定范围内当众宣读，听取反映后再修改定稿成文，公之于世。报告论文由于受时间、听众心理等客观条件的限制，写法有一定的局限性；论文的主体部分要写得条理清楚明白，往往用精练的小标题形式显示，关键之处要作重点强调，而其他内容（如引言、结论等）可概括阐述，分析论证则要尽可能详细，主次分明，以便给读者留下集中而深刻的印象。

2.3.1.2 学位论文

学位论文是为了取得学位而撰写的科技论文。国家标准《科学技术报告、学位论文和学术论文的编写格式》中的定义是："学位论文是表明作者从事科学研究取得创造性成果或有了新的见解，并以此为内容撰写而成，作为提出申请授予相应的学位时评审用的学术论文。"学位论文是论文答辩委员会决定是否授予学位的重要依据。因此，学位论文是大学生、研究生毕业时，或申请学位的同等学力人员必须撰写的作业，也叫学位论文，包括学士学位论文、硕士学位论文、博士学位论文等。

（1）学士学位论文

根据《中华人民共和国学位条例》第四条规定，大学本科毕业生只要较好地掌握本学科的基本理论、基本知识和基本技能，具有一定的从事科学研究的能力，通过学位论文答辩就可取得学士学位。这就是说，学士论文侧重于考查学生运用所学知识解决某问题的基本能力。学士学位论文是在限定时间内（一般为半年左右），在教师指导下进行的首次科学研究的实践总结。因而，它选题一般较小，篇幅一般在1万字左右，内容不太复杂，要求有一定的创新性，能够较好地分析和解决学科领域中不太复杂的问题。

（2）硕士学位论文

硕士学位论文是攻读硕士研究生学位的学位论文，其学术水平比学士学位论文要高。它必须能够反映出作者所掌握知识的高度，有作者自己的较新见解。《中华人民共和国学位条例》第五条规定，高等院校和科学研究机构的研究生，或具有研究生毕业同等学力的人员，只有在本学科上掌握坚实的基础理论和比较系统的专门知识，具有从事科研工作和专门技术工作的独立能力者才可通过论文答辩，取得硕士学位。这就是说，硕士学位论文强调作者在学术问题上应有自己的较新见解和独创性。与学士学位论文相比，应该说对硕士学位论文的要求有很大提高。它要求作者在论文中提出自己的新见解，反映作者具有独立从事科学研究的能力，因此，规定硕士学位论文对所研究的课题应当有新的见解，表明作者具有从事科学研究工作或独立担负专门技术工作的能力。

（3）博士学位论文

博士学位论文在攻读博士学位阶段为申请博士学位准备的论文，它是非常重要的科研成果的文字描述。要求作者必须在某一学科领域中具有坚实而深广的知识基础，必须有独创性的成果；应有较高的学术水平和学术价值，能够对别人进行同类性质问题的研究和其他问题的探讨有明显的启发性、引导性；在某一学科领域中起先导、开拓的作用。在学位论文中能反映出有所发现、有所发明，并在研究中做出创造性的成果。

博士学位论文应该是一篇内容完整、论述严密的高水平科研报告。它的突出之处是研究成果的创新性，在理论上或实践上能够超越前人提出见解，或者纠正别人的不妥之处，对人们认识客观世界、改造客观世界具有指导意义。

根据中华人民共和国学位条例暂行实施办法的规定，学士学位由国务院授权的高等学校授予；硕士学位、博士学位由国务院授权的高等学校和科学研究机构授予。

关于学位论文的基本要求，除了上述要求外，各个学校和科研院所还都制定出自己的可依循的办法或条例，供执行参考。例如，有的学校规定，硕士学位论文工作一般应占研究生全部学习时间的1/2，论文所研究的课题应当有新的见解，其研究成果（学术论点和实验方法等）有一定的学术理论意义和应用价值，能反映作者在本学科上掌握坚实的基础理论和系统的专业知识，具有从事科学研究工作或独立承担专门技术工作的能力等。

一般来说，学位的授予单位对学士学位、硕士学位、博士学位的授予，持十分慎重的态度。例如，有的学校明确规定硕士研究生、博士研究生答辩前必须在一定档次期刊上发表相当数量的学术论文。有的学校明确规定，凡属下列情况之一者，硕士学位论文不予通过：

①论文只是简单地综合他人成果，或纯属资料的综合，没有自己的独立见解者；

②不是由个人独立完成，或论文中有抄袭剽窃他人成果者；

③重复前人的实验，得出的结论是显而易见的，或虽解决了工程中的部分实际问题，但在理论上没有创见，不具备理论水平或没有实践价值者；

④计算不严密，或理论计算方法有错误，数据不能符合论证的基本观点者等。

因此，作为学位论文的撰写者，必须遵循这些要求并严格执行。

2.3.2 按写作形式分

科技论文根据写作形式的不同，一般分为理论型论文、综述型论文、实验研究型论文、描述型论文和科普型论文五种类型。

2.3.2.1 理论型论文

理论型论文以报道科学技术研究成果为主要内容。一般是从认识论的实践中或前人的论述中发现或提出问题，通过分析、推理、论证及证明，得出新的结论、结果或新的规律、新的定理，使问题得到解决。这类论文应反映该学科领域最新的、最前沿的科学技术水平和发展动向，对科学技术事业的发展起着重要的推动作用。其内容涉及科学实验、调查研究、革新创造、发明创造等。

理论型论文一般是用数学工具和逻辑推理来证明自己的新见解和新成果；研究的对象是比较广泛的科学专题以及和这些专题现象之间的关系；研究方法主要是数学推导、理论证明、综合分析等。这类论文应用十分广泛，每个学科领域都有，有的推导出一个公式，有的是提出某一概念或定义，有的是对某一专题的分析比较，还有的是对某些专题的结论和合理性的综合考察等。这类论文应具有新的观点、新的分析方法和新的数据和结论，并具有科学性。从这些论文的数量和质量可以看出一个国家、一个地区、一个单位的科学技术水平。

理论型论文在写作格式上没有严格的规范性，只要求围绕主题取材，论证严密而合乎逻辑，文句准确而有说服力。下面以研究主题不同，分别说明此类论文的特点。

（1）以抽象理论为研究主题的理论型论文

理论型论文的正文常见结构形式有下述三种：

➢ 证明式：即给出定理、定义，然后逐一证明。其证明往往是逐层深入的关系，但有时要同时分别证明几个定理，这时几个部分之间又是并列的关系。

➢ 剖析式：即将原理或理论分解为一些方面，逐项研究。

➢ 验证式：即先给出公式、方程或原理，然后进行计算推导，最后运用于实例进行验证。如果同时运用几个定理和公式，则可采用并列式逐个计算和说明。

（2）以观测资料和文献资料为研究对象探讨规律的理论型论文。

这种理论型论文的正文结构形式有下述三种：

➢ 时间式：即以时间先后和事物发展过程为顺序的结构。这种结构式有时不标明时间，而是按发生、发展、结果的顺序来写的，也是一种时间结构。

➢ 空间式：即以事物的方位和构成部分为顺序的结构。

➢ 现象本质式：即先摆出观测的现象和有关资料，然后进行分析，找出本质和规律。

除上述结构形式外，还有以因果、特征、组分、性质、种类、功能、作用、意义为顺序的各种结构形式。这些结构形式有时还会同时、复杂地交织在一篇论文中。理论型论文的正文结构，不管怎样复杂，它们都应该是事物本身的逻辑顺序和人们认识的条理性的反映。

2.3.2.2 综述型论文

综述是指对某一问题在纵的方面不限于某一时期，在横的方面不限于某一专题、专业纵横交错的综合论述。其目的是使读者用较少的时间，对某一专题所论述的内容有一个比较全面的了解。其内容是综合介绍、分析、评述某学科（专业）领域里国内外的研究新成果，发展新趋势，并表明作者自己的观点,以做出学科发展预测,提出比较中肯的建设性意见和建议。综述型论文与理论型论文的不同之处在于它不要求在研究内容上的创新性,但一篇好的综述型论文也常常包括有些先前未曾发表过的新资料或新见解。这类论文研究的对象是在科技发展上有重要价值的新发现和新技术,主要研究方法是描述和比较,其特点是篇幅较短,一般没有复杂的论证和推理,要求描述精确、细致,善于抓住特征进行比较。

综述型论文采用的写法通常分两类:一类以汇集文献资料为主,辅以注释,非常客观,少加评述;另一类写法则是提出合乎逻辑的具有后发性的评价与建议。综述型论文的写作要求比较高,具有权威性,一般具有一定的学术水平的学科带头人才能写出高水平的论文。此类论文往往对所讨论的专题或对学科的进一步发展起到引导作用。

2.3.2.3 实验研究型论文

实验研究型论文研究的对象比理论型论文要单一,它的主要特点是对实验进行观测和分析。这种论文在科技领域运用最为广泛,它有比较固定的结构格式,要求将实验结果和理论分析结合起来。实验研究型论文的正文一般有材料和方法、结果、讨论三个部分,但也可因材而异,灵活运用。

2.3.2.4 描述型论文

描述型论文是指人类对新发现的事物或现象进行的详细叙述,是由观察和积累之中得到的。描述型论文的主要研究方法是描述说明,目的是介绍及其所具有的科学价值,重点说明这一新事物是什么现象或不是什么现象。因此,描述型论文是科技论文的重要类型之一。描述型论文的正文的结构形式比较固定,大多有描述和讨论两个部分。

2.3.2.5 科普型论文

科普型论文的特点是用深入浅出、生动活泼的语言,论说科学道理,从而使深奥的科技知识得以普及。爱因斯坦创立"相对论",开辟了物理学的新纪元。然而相对论很抽象、深奥。爱因斯坦为了宣传他的科学发现,除了四处讲学以外,还写了不少科普书籍,如《相对论的意义》、《物理学的进化》等,通俗地解释了空间弯曲、光线拐弯、宇宙膨胀等奇妙的现象和术语,从而在全世界掀起了一股"相对论"的热潮。

2.4 科技论文的写作要求

由于科技论文的特点,使得科技论文在写作过程中应该是在研究工作的基础上进行"再创造"的过程。因此,科技论文写作要达到以下基本要求:

2.4.1 主题明确，中心突出

科技论文写作中不可下笔千言，离题万里；不可走题、改题、文不对题。主题是全文的灵魂，不但要明确确切，而且要十分突出，成为一切资料、论证绕其运转、为其服务的轴心。对论文来说，主题也即论点，偏离了主题，便丧失了意义。

2.4.2 结构严谨，层次分明

结构是论文的骨骼、构架，没有结构，论文便肌肤难附，那便不可能让人再去推敲和相信论点。严谨而分明的层次和结构，能将主题阐述得淋漓尽致，细致深入。

2.4.3 逻辑严密，自成系统

科技论文不同于文学创作，它讲的是道理，要紧的是逻辑。逻辑是知识的"格局"，它保证的就是思路的清晰，论文的贯通从前提到结论的必然性，这正是论文的力量所在。论文的每个组成部分，又应当是系统的各个组成部分——它们必须相互协调、相互制约、相得益彰，组成一个严密的整体，牵一发而动全身。如果论文的构成部分相互间毫不相关、甚为松散，只是一些资料的堆积、事实的罗列，那么论文就要大大丧失其说服力。

2.4.4 论证充分，说理透彻

论文的特性就是论证，论文的功能就是证明。论文的论点是带有创新性、开拓性甚至独树一帜的观点，或者是为了补充被前人忽略了的东西，或者是纠正被他人曲解了的东西，所以必须言之有据，言之有理，能够确凿而有力地证明自己的论点。因此，论证既是论文的根本特征和主要使命，也是论文的最重要的内容。论证必须要充分，说理必须要透彻，论点才能得到全面而确凿的证明。

2.4.5 提出问题，解决问题

论文要能够提出值得思考、探讨、研究的新问题，提出自己的观点和看法。为了使自己的观点和看法能说服他人，就要对问题进行透彻的分析、有力的证明，从而得到确切的结论，以回答和解决自己提出的问题。论文所需要的就是提出问题、分析问题、解决问题，它所培养和造就的，也正是这种研究能力和开拓能力。

2.4.6 语言简洁,概念准确

对于论文来说,其任务既然是为了阐述与证明,它也就不能像文艺性的作品那样以大量修饰形容语句装点论文,以提高其艺术性与感染性。论文要做的是说理,说理所要求的就是简单明白、直截了当,因而在语言上也就要求简洁。科技论文要正确使用语言,其基本要求是准确性、鲜明性、主动性、简洁性。同时,科技论文的每一个概念都要求十分的准确、精确,不允许有任何歧义发生。否则,证明就不能对准焦点、对准论点,就不能得到单值、唯一的必然结论。

2.5 本章小结

本章对什么是科技论文,为什么要写,该怎样写好科技论文进行了综述。从而对科技论文写作的重大意义、写作方法及要求进行说明。按不同标准,对科技论文进行了划分。

3 科技论文写作格式标准化

3.1 科技论文编写格式标准化的意义

1987年5月5日国家标准局发布了《中华人民共和国国家标准（GB 7713-87）——科学技术报告、学位论文和学术论文的编写格式》，为科技论文编写格式标准化提供了指南。

所谓标准化是"为在一定范围内获得最佳秩序，对实际的或潜在的问题制定共同的和重复使用的规则的活动（上述活动主要包括制定发布及实施标准的过程）（GB 3935.1-96）"。标准化的重要作用是改善产品、生产过程和服务对于预定目标的适应性，消除贸易壁垒，以利于技术协作。科技论文编写格式标准化是根据上述精神，进而扩展到科学技术研究领域的活动，其目的是保证学术活动中便于信息的交流、储存、检索和传播；清除在信息的交流、储存、检索和传播过程中一些不必要的障碍。

科技论文编写格式标准化是标准化运动的一个方面，它附属于标准化运动而成为其不可缺少的一个组成部分。同时，标准化本身并不是目的，科技论文编写格式标准化，在信息的传播与交流过程中，可使读者、同行专家节省时间，扩大论文的效果，使之得以充分利用并发挥其学术作用。

2006年，中国科技人力资源总量约为3 800万人，科技人力资源总量中大学本科及以上学历的人数为1 600万人。2006年，中国R&D人员总量为150.2万人年，其中，R&D科学家工程师为122.4万人年。他们职称评定和相关考核都需要提交论文。数百万计的本科生、数十万计的博士、硕士研究生毕业都需要提交相应的学位论文。如此看来，科技论文的写作已经覆盖整个科学技术领域。为了使科技论文编写格式规范化，以促进学术论文写作水平的日益提高，国家发布编写格式标准是十分必要的。

3.2　科技论文编写格式标准化的主要组成部分

按国家标准规定，论文的编写格式由四大部分组成：前置部分、主体部分、附录部分和结尾部分。前置部分又分 3 项，主体部分含 5 项。现根据编写科技论文的实际需要，将必须遵循的编写格式分 8 项叙述。

3.2.1　题名

题名是选题用文字而固定的一种表述形式，同时也是论文的内容、主旨的集中反映。国家标准 GB 7713-87 规定：题名是以最恰当、最简明的词语反映报告、论文中最重要的特定内容的逻辑组合。这个规定中有 3 处用"最"字突出了对拟定题名的要求。"最恰当"指题名与论文的内容应相符；"最简明"提出了对词法、修辞的要求；而"最重要的特定内容的逻辑组合"则提出了对题名的内涵与外延以及逻辑性的要求。规定中之所以如此深刻地提出了对题名的要求，是因为题名首先给读者提供了论文内容的主要信息，在一定程度上为读者判断此论文有无阅读价值提供了可能性。

国家标准对题名还作了规定：如题名语意未尽，可利用副标题补充说明论文的特定内容。论文题名的字数，国家标准规定：中文题名一般不宜超过 20 字；外文题名一般不宜超过 10 个实词。对题名字数的限制，其目的主要是为了简明。当然简明是与"特定的内容"相一致的。如简而不明，则不符合题名的要求。

有许多作者从思想上不重视题名的拟定，事实上，只阅读题名的读者要比阅读全文的读者不知多出多少倍。

3.2.1.1　题名与选题的关系

题名与选题在创作过程中是两个不同的概念，而在论文中两者关系至为密切。一篇成功的论文其题名与选题是相互联系的，其联系主要反映在以下三个方面：

首先，题名应该反映出选题的内容；

其次，题名的内容必定受选题内容的制约；

再次，更为重要的是通过题名与选题之间关系的处理，反映了作者的思维方式、构思能力与文字表述能力等方面的素质。

有了理想的选题又有好的题名，必定会增强论文的交流与传播效果。

作者拟定题名时，反映出决定于作者的思维方式、构思方法与语言方面的素质。

3.2.1.2 选题的原则

选题与题名确有密切关联，科技论文的选题原则分为宏观与微观两个方面。

在宏观方面，主要遵循以下几点：

（1）面向世界新技术革命，反映科技发展的远景

科学技术无国界，当前世界新的技术革命正席卷所有的自然科学与社会科学领域，正吸引着世界，震荡着世界，冲击着科技界。新技术革命是以信息科学为主体，电子计算机为先导，生物工程、新材料为重点，光和激光、新能源、海洋开发、空间开发力等为前沿的一场多技术群的革命。在这样向高、深、精三个要求发展的新技术革命浪潮中，是科技精英大显身手的良机，我们科技写作的选题首先应着重于此。

根据新技术革命的内容，可从下面三个方面考虑选题：

➢ 新的科学理论；
➢ 当今世界科技发展的新特点；
➢ 科技发展的新趋势。

（2）为社会主义四个现代化服务

我国执行改革开放政策，其目的是加速促进社会主义建设现代化，而这个现代化首先要科学技术现代化。但由于在世界科技领域，我国基础薄弱，起步较晚，教育落后，诸多困难使科技发展步履维艰。这反映在科技研究方面，学科复杂、课题繁多，任重道远，我们既要直追世界科技发展的新潮流又要在我国具体的条件下，稳步前进。

（3）科学态度与重视实际

科技论文所描述的是科学技术现象。科学是实事求是的，因此，撰写科技论文也同样需要严谨的科学态度，这是文风问题，也是作者个人良好的科技素质的反映。对于科技论文的选题提出这项原则是为了充分发挥作者的科学技术方面的才智，保证论文的质量。科学研究是主、客观诸多因素的综合表现，而科技论文的选题同样决定于作者对主、客观诸多因素的合理组合与运用。具体地可分述如下：

主观方面：如知识覆盖面、智力结构、心理状态（如兴趣、情绪、意志等）。

客观方面：如时间、条件（资料、材料、资金等）、设备等。

所以提出这项原则主要在于：超越主观条件，在选题后且企图努力完成

课题，但力不从心，这就很可能出现模仿、抄袭等不良现象。如果不具备客观条件，即使主观条件很好，也会因客观条件的限制，难以完成课题，撰写论文也就失去基础。

在微观方面，主要遵循以下几点：

① 创新性。论文选题的创新性是写好论文的重要原则，因为只有创新才有科学技术的发现与发展。选题的创新性可表现为以下 8 方面即新理论、新观点、新解释、新规律、新现象、新工艺、新材料、新方法。其中前 4 项主要针对科学研究，后 4 项主要指技术发明。

② 论争性。论争是促进科学技术发展的催化剂，古希腊哲学家苏格拉底把争论叫做新思维的助产婆。科学技术的发展离不开观点与方法的探讨，因而经常不断地要出现不同观点与方法的论争。

③ 针对性。选题都需要有对象，有目的。选题的针对性最能反映出作者对某一时期、某一学科发展的新认识，这是选题中具有实际意义的选题原则。针对性主要反映在对新形势、新现象的认识。

④ 现实性。这项原则主要是面向社会。

⑤ 敏感性。这项选题原则主要表现为作者的思维素质与智力结构，具体地表现为对新信息的捕捉能力，分析与利用能力。

以上选题原则，无论是客观方面还是微观方面，它们既有各自的特殊要求又都相互联系，有些选题原则之间是难以严格区分的。

3.2.1.3 选题的信息源

选题的原则是指导性的，正确选题尚需掌握信息源。信息源是目前在科技论文写作中为作者所重视的一个"课题"，其中包括什么是信息源以及如何捕捉、利用信息。什么是信息源？一般认为，从内容上分可包括零次、一次、二次以及三次文献，从类型分有间接信息与直接信息。这样划分尚难以显示出信息的特点，因此，可将信息分为稳定型和瞬息型两种。

稳定型信息源，其特点是学术性强，科学性完整，可靠性大，体现在科技资料的积累，反映在连续性方面，这种类型的信息源有其特殊和重要的价值。这种类型的信息源，按《国外标准资料概况》一书介绍，其内容包括 10 种：科技期刊、科技报告、学位论文、政府出版物、企业出版物、会议文件、科技图书、专利文献、标准文献、其他。

瞬息型信息源，其特点是提供创新的思路与素材，其传递速度快，但不易捕捉，如广播、交谈，其产生的信息，瞬息即逝。另外，可靠性也不如稳定型，正因为如此，它又极易激起作者的联想，甚至爆发灵感。其提供的信息量可能不大，如报纸、广播所传出的信息，文字均比较简洁但其容量往往是无限的，能正确利用这类信息可以使论文的选题、主题、材料更具有创新性，论文的质量更具有学术价值。瞬息型信息源包括：报纸、广播、交谈、调查、观察等。

3.2.1.4 拟定题名的方法

拟定题名的具体方法可归纳如下：

➢ 明确撰写科技论文的目的性。目的性指社会功能如投稿、会议论文或科研成果。无论是投稿或向会议提交论文均有一个"对象"问题，如向何种刊物投稿，向何类范围的会议提交论文，依据不同的刊物、不同的会议拟出不同的题名。同样的一篇论文根据不同的要求拟出不同的题名，这是作者的写作艺术的体现，也是作者思维与语言综合能力的反映。

➢ 作者在确定选题之后，在撰稿过程中，由于思路的变化或从新的联想突然爆发的灵感中对主题有了新的开拓，或者在撰稿过程受到有关资料的启发，改变了已拟定的主题，这种情况是经常发生的。所以，题名也就要随主题的变化而变化，也就是说题名不仅受选题的宏观制约，还要受主题的具体制约。面对这种情况，对初步拟定的题名就要进行修改。

➢ 即使题名已经符合选题和主题内容的要求，还有如何选定适当的词、词组或利用何种句式的问题。这种语言上的加工也是非常必要的，因为只有选用更加形象、明朗、内涵稳定的词或词组，再辅之以恰当的句式才能使题名更具有吸引读者的作用。

3.2.2 署名

一篇论文或一部著作一定有著者，对署名作具体规定，使之标准化是有现实与实际意义的。

3.2.2.1 署名的原则

关于署名，国家标准（GB 7713-87）中规定：在封面和题名页上，或学术论文的正文前署名的个人作者，只限于那些对选定研究课题和制订研究方案、直接参加全部或主要部分研究工作并做出主要贡献以及参加撰写论文并能对内容负责的人，按其贡献大小排列名次。这项规定充分肯定了学术成果与成果创造者的关系，论文或著作与作者的直接关系，反映了劳动成品与劳动者的关系。遵守这项规定将可以解决署名之争，不正之风亦可得到有效遏制。

关于署名，国家标准（GB 7713-87）中还作了如下补充规定：至于参加部分工作的合作者、按研究计划分工负责具体小项的工作者、某一项测试的承担者以及接受委托进行分析检验和观察的辅助人员,均不列入。这些人可以作为参加工作的人员——列入致谢部分或排于脚注。这样就将署名的范围作了严格的区分。

3.2.2.2 署名的作用与意义

国家标准对署名的规范除有其广泛的现实意义之外,还具体地反映如下四个方面的问题:

第一,肯定成果的归属。一篇论文或一部著作一旦公开发表,它是作者劳动的结晶,劳动结晶的归属问题是劳动者的权力问题,署名是对作者劳动的正式肯定,理应受到法律的保护。

第二,署名表现了编辑或出版者对作者的尊重。一篇论文或一部著作既然是劳动的结晶,作为编辑或出版者为表示对作者的尊重,故一向重视作品的署名,这反映了编辑或出版者的职业责任感与职业道德。

第三,署名便于读者与作者之间的联系。许多读者在阅读作品之前,一般都要看看署名,这意味读者与作者之间即开始产生一种认识。作者通过作品表达了对客观事物的观点,而读者也通过作品了解到作者的观点。通过作品两者之间又进一步产生了感情的联系,其间或出现争论,或产生更深远的正面影响,这就形成了社会效益。

第四,署名也同时表示作者对作品的负责。一篇文章一经发表,它就属于社会所公有。作者的立意、思想、观点直接作用于社会,在社会上产生不同的影响。署名表示了作者对这种影响的完全负责。因而署名绝非名与利的问题,实质是对社会负责的问题。

3.2.3 摘要

对于论文的摘要,国家标准(GB 7713-87)规定:"摘要是报告、论文的内容不加注释和评论的简短陈述。"这说明摘要的对象主要是报告、论文的内容,一般应说明研究工作目的、实验方法、结果和最终结论,而重点是结果和结论;摘要是对报告、论文的内容的客观反映,不应加注释和评论;对摘要的撰写要求简短。

摘要的作用主要有以下三点:

➢ 读者通过摘要,能够决定是否有必要进一步阅读全文;
➢ 读者不阅读全文也可以获得必要的信息;
➢ 摘要可以引用,可以用于工艺推广;作为情报资料,它也可供文摘等二次文献采用。

因此，摘要具有以下特点：它应具有独立性，是一篇完整的短文，可以独立使用。

在撰写摘要时，国家标准（GB 7713-87）的规定中也提出了一些注意事项：中文摘要一般不宜超过 200~300 字；外文摘要的字数不宜超过 250 个实词。但是，学位论文为了评审，学术论文为了参加学术会议，可按要求写成变异形式的摘要，不受字数规定的限制。

另外，除了实在无变通方法可用以外，摘要中不用图、表、化学结构式、非公用的符号和术语。

3.2.4 关键词

题名、选题、选题原则、选题的信息源四者之间形成了如下的关系：选题原则、选题的信息源决定着选题；选题与题名的内容应是一致的；题名最好能概括选题内容，而且反映在关键词上。所以，这四者关系又集中反映在关键词上。关键词作为学术论文中的一个独立项目，它位于摘要的左下方。何为关键词？国家标准（GB 7713-87）规定："关键词是为了文献标引工作从报告、论文中选取出来用以表示全文主题内容信息款目的单词或术语"。

在提出学术论文的关键词时，国家标准（GB 7713-87）的规定中也提出了一些注意事项："每篇报告、论文选取 3~8 个词作为关键词，以显著的字符另起一行，排在摘要的左下方。如有可能，尽量用《汉语主题词表》等词表提供的规范词"。

一般而言，关键词是从题名中能提出的，如果从题名中提不出关键词，可以再从全文中提取关键词。

3.2.5 引言

引言或称绪论，在正文之前，国家标准（GB 7713-87）规定："引言（或绪论）简要说明研究工作的目的、范围、相关领域的前人工作和知识空白、理论基础和分析、研究设想、研究方法和实验设计、预期结果和意义等"。图 3-1 显示了引言写作的结构图。

国家标准（GB 7713-87）还规定："学位论文为了需要反映出作者确已掌握了坚实的基础理论和系统的专门知识，具有开阔的科学视野，对研究方案作了充分论证，因此有关历史回顾和前人工作的综合评述，以及理论分

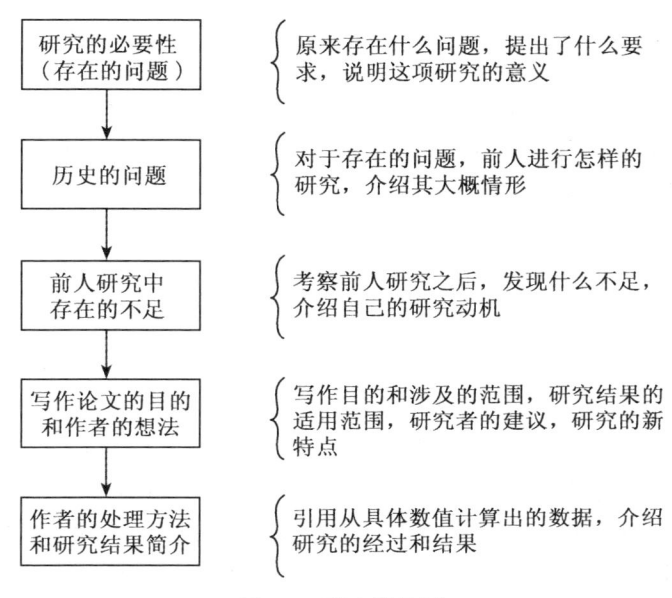

图 3-1 引言结构图

析,可以独立成章,用足够的文字叙述。"撰写引言时应注意:要尽可能言简意赅,最好不要成为摘要的注释。

3.2.5.1 引言的作用

引言是论文的编写格式中的一个组成部分。首先,引言是正文的先导。树有根,水有源,作者从事写作也总是有个目的。引言的作用就在于它在正文之前首先阐述作者写作的意图、动机或目的,以使读者了解能从论文中获得什么或解决什么问题。一段有水平的引言往往在作者阐述写作目的的同时,引起读者阅读正文的兴趣,激起读者追求知识的愿望。

其次,引言是思维活动的诱发。人们认识一种事物、研究一个问题总有一个思维活动的过程。这个过程一般地说是从具体到综合,从形象思维到抽象思维。作为一篇论文如果没有引言部分,从思维活动过程而言,就如同路过了形象思维直接进入抽象思维,它有悖于思维活动的规律。

3.2.5.2 引言的写作方法

引言的作用已如上述,无论是正文的先导还是思维活动的诱发,其目的就是提示内容、启发思路、酝酿情绪。根据引言的这些作用,可以从三个方面研究引言的写作方法。

①引言的内容按国家标准规定，主要是提示内容。所以，引言的写作必须提示写作意图、论题的中心或带有结论性的观点等，以此告诉读者这篇论文的写作目的、作者的论题以及其基本观点。

②引言的写作应具有一定的启发性，以开拓读者的思路。为使引言的写作达到这个目的，应该重视语言的运用，其中包括语法、修辞。

③论文要有社会效益，就要进行交流，交流就要有对象，而对象（即读者）的知识结构、心理素质都有所不同，所以著者有针对性地运用思维科学、心理学，从引言入手将读者吸引到论文中来，提高阅读兴趣，这就是所谓的酝酿情绪。

3.2.6 正文

关于正文的内容，国家标准（GB 7713-87）规定："可以包括：调查对象、实验和观测方法、仪器设备、材料原料、实验和观测结果、计算方法和编程原理、数据资料、经过加工整理的图表、形成的论点和导出的结论等。""由于研究工作涉及的学科、选题、研究方法、工作进程、结果表达方式等有很大的差异，对正文内容不能作统一的规定。但是，必须实事求是，客观真切，准确完备，合乎逻辑，层次分明，简练可读"。另外，明确规定了图、表的绘制要求以及数学、物理和化学式、计量单位、符号和缩略词的使用中应注意的一些事项。

3.2.6.1 正文的内容

关于正文的写作内容，将科技论文分为三种类型，分别表示如下：

（1）理论型论文

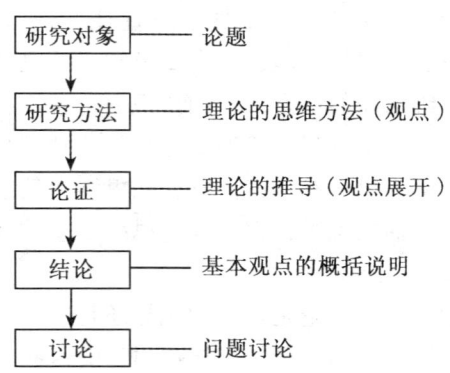

(2) 理论、实验结合型论文

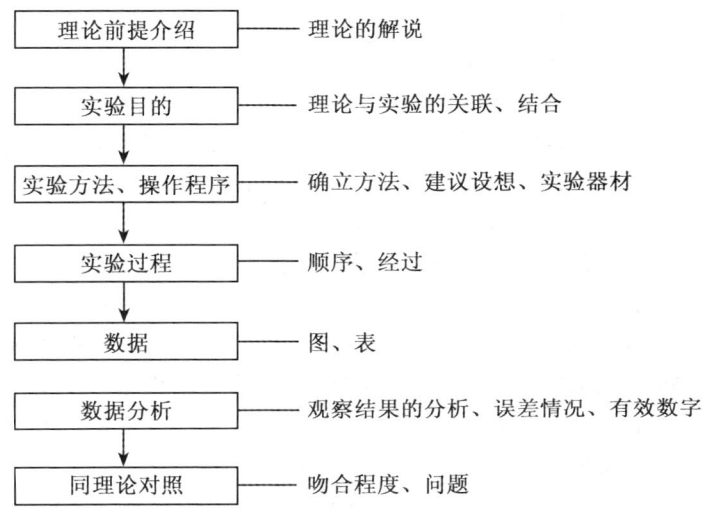

(3) 技术型论文

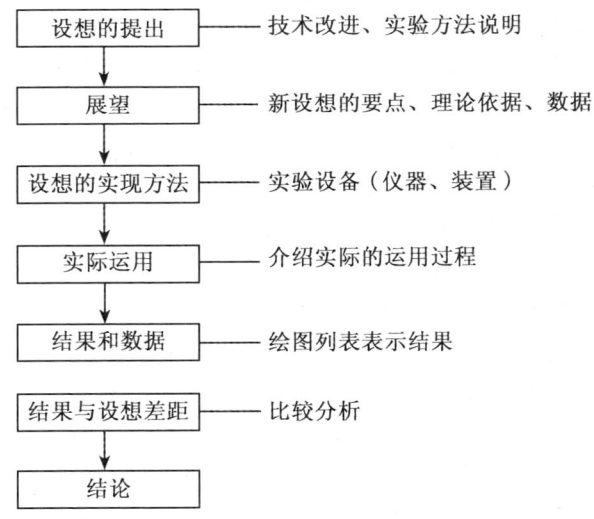

3.2.6.2 正文的写作方法

由于不同的学科有不同的研究方法，故在写作方法上不能做统一规定，这不仅缘于上述原因，还在于作者的思维方式、方法的不同，故正文的写作是"各有千秋"。但是如何运用正确的思维方式、方法，怎样撰写才能达到逻辑严密、语言运用恰当呢？从思维、逻辑、语言等三个方面加以规范是有必要的。下面主要探讨这三个方面与撰写正文的关系。

（1）撰写正文与思维的关系

思维是人脑的高级活动形式，是人脑对客观事物间接的和概括的反映。思维如作为理性认识，即思想；如指理性认识的过程，即思考。

思维实际上包括三个方面内容，即思维方法、思维形式和思维方式。思维方法是指一个人按照确定的思路、过程、逻辑程序进行观察和处理客观事物。

思维形式是指一个人在实践基础上形成的概念、判断、推理等抽象思维、形象思维和灵感思维。思维方式是指一个人的思维方法和思维形式已形成的比较稳定的思维模式。正文写作的构思主要是指思维方式和思维方法。思维方法与思维方式往往表现为理性认识，因而又与人对事物认识的观点、思路有着密切的关系。

在撰写科技论文时，作者应重视改变心理定势的影响，要勇于创新。思维方法与思维方式的创新反映在写作方法上就是要根据不同的内容采用不同的方法，而避免用同一种写作方法去撰写不同内容的论文。故正文的写作应重视思维素质的培养，重视思维方法、方式的训练。

（2）撰写正文与逻辑的关系

逻辑一般是指思维形式。逻辑作为一门独立学科，自从提出思维科学这个新的科学概念之后，逻辑又是思维科学中的一个重要组成部分。

逻辑可以分为形式逻辑、辩证逻辑、数理逻辑等，这里主要讨论形式逻辑在写作中的作用。

形式逻辑有三种思维形式即概念、判断、推理。在正文写作中需要大量地运用思维形式。形式逻辑在正文写作中的运用，有助于论文内容更富于创新性、论证性、论争性、科学性和可读性。

形式逻辑在科技论文正文写作中，主要体现在以下几个方面。

①逻辑组织的升华作用。科技论文的内容重在"创新"。"新"的来源有二，一是从已有的科技研究成果基础上进一步提高、改进；二是从尚待发掘的领域中探讨研究，通过分析总结开拓新的科学技术领域。

逻辑学所研究的推理，就是根据一个或几个已知判断得出另一个新的判断的思维形式——即从已知的知识推导出新的知识。我们从事科学研究、撰写科技论文的目的，也就是从已知的原理推导出新的理论，在已有的科学技术基础上建立新的科学技术。

例如：逻辑学中研究的推理方法，如演绎推理、归纳推理、类比推理等都是我们撰写科技论文所必须运用的推理方法。尤其是归纳推理、类比推理更是撰写科技论文时普遍运用的。可以这样说，只有在归纳推理、类比推理的基础上，才能确定前提，有了前提才能导出结论——即最后运用演绎推理的方法，导出正确的、新的判断。

我们在撰写科技论文的过程中，总是要通过推理，得出结论，也就是结论在推理之后，而不是在推理之前。一般的科技论文所运用的撰写形式，常见的有以下两种：

➢ 通过特殊的或个别已知的知识，推出一般性的结论。

如：列举一系列数据、试验结果、科技成就、中外科技史上的科研现状、自然界和社会上的各种现象等进行分析，再提高到理论加以印证，然后得出新的结论。这就是归纳推理。

➢ 分析对象之间已知的相同或相似之点，并在此基础上得出对象之间未知的相同或相似之点，进一步推出新的结论。这就是逻辑学中所谓的类比推理方法。

古往今来许多科学技术的创新中，类比推理的思维形式起了巨大的作用。我国古代匠师之祖鲁班发明锯就是运用了类比推理的思维形式。而近代的一门新兴科学——仿生学，则是类比推理思维的结晶。近几年，交叉学科的发展有了新的突破，而类比推理在产生学科之间交叉效应方面起到了关键性的作用，尤其是在迅速转移交叉学科新成果上，在迅速转移相关的多学科综合研究上，在迅速转移横断学科方法论研究上，类比推理成为交叉科学研究的基本方法。

在科学研究中需要培养运用类比推理的思维形式，科技论文写作中也需要恰当地、熟练地运用类比推理，以使内容达到创新的目的。

值得重视的问题是：归纳推理和类比推理是前提与结论之间没有必然联系的推理形式。如果要使前提与结论发生必然性的联系，除了两者之间必须有相同或相似之点外，还要进行理论与实践方面的探讨、实验与研究，否则容易得出不可靠的或错误的结论。

综上所述，在撰写科技论文时，必须依靠逻辑思维形式将所占有的材料，围绕论题，将其合理地组织起来；同时，也只有运用逻辑推理的形式才能使已有的科技成就或已知的知识升华，达到创新的目的。

②逻辑的鉴别辨析作用。撰写论文时，从命题（题名）到整个论证推理过程，直至最后的结论，总是涉及对一系列客观事物的属性认识和事物之间关系的判断，这就需要撰写者应具有较好的鉴别辨析能力。不论是客观世界上的任何事物或者是事物之间的关系总是在认识上存有真伪之分、正确与

谬误之分，这就需要进行判断。逻辑学所研究的判断就是对客观事物有所肯定或否定。判断在科技论文写作中有着特殊意义，它具有三个特点：

➢ 真理性

科学技术应该反映客观事物的内在本质和规律，否则就不是科学。判断的作用就在于必须对客观事物进行真与伪、正确与谬误的区分，以反映出客观事物的真实属性。这就要求判断必须具有真理性。

针对某一科技理论、科技现象，在某一阶段，真理有一定绝对性，如凡是金属均可导电，还有许多著名的定理、定律等。但是，由于科学理论的不断充实，技术的持续发展，人们对客观世界的认识能力也在不断加强，过去认为是真理的理论，今天又发生了新变化，出现了新的判断。例如：长期以来，逻辑等于理性，非逻辑等于非理性的公式成了不证自明的公理，这其实是不能成立的。非逻辑的直觉、灵感、幻想等不能被排除在理性之外。

现在，由于科学技术的迅速发展，人的思维能力空前活跃，对一些科学技术现象提出了许多的新理论和观点，如控制论、信息论、系统论、极值原理等，这些新理论、新观点在其解释过程中，都必须运用严格的判断，反映出其真理性。当然，由于人的认识和知识的限制，实验设备的约束，或由于个人的素质因素等原因，我们还不难发现目前有许多缺乏真理性的判断，或者一时尚不能被承认具有真理性的判断。

➢ 时间性

客观事物错综复杂，人们认识客观事物的本质和规律总是有一个过程，这个过程就反映为时间性问题。从科学史上我们会不断地发现这种现象，如亚里士多德对物体运动曾做过这样的判断："推一个物体的力不再去推它时，原来运动的物体便归于静止"，这一错误判断曾统治历史两千年，被认为是真理，直到被伽利略予以纠正。

对传统的学说、理论、观点提出质疑是人类认识客观世界、认识历史的必然现象。客观世界扑朔迷离，其实质往往被长期掩盖，因而发现新的理论都需要一些时间。如：17世纪以前，医学界一直认为人的血液产生于肝脏，存在于静脉中，进入右心室后渗过室壁沉入左心室，经过动脉，遍布全身就消耗干净。这种错误判断一直保持了一千多年，并享有绝对科学权威。直到17世纪提出血液循环说，才纠正了这个错误判断。

科学技术的进步是随着时间转移而延伸，科学技术领域的许多判断也必然随时间的转移而发生巨大变化。

➢ 确认性

判断的确认性反映在两个方面，一是理论上的确认；二是被社会实践所确认。一般地说，通过推理，综合判断而形成理论，理论上一般无懈可击，在客观上即被确认，如超导理论。通过实践，判断是正确的并且被社会所确认。

为使判断符合上述三个特点，我们在撰写正文时，必须注意：凡是涉及判断，一定要重视理论上的可靠性和严密性，能经得起推敲和反驳，要遣词造句，尤其是带有观点性的文字要反复研究，以正确发挥判断的鉴别与辨析作用。

③逻辑的概括限制作用。撰写各学科的论文，特别是科技论文写作的基本建筑材料是语言。科技论文写作除必须运用文学语言外，其特殊的语言形式是科技语言。科技语言包括专业语言、术语、定义、图表符号。一般地说，文学语言有三性，即准确性、鲜明性、生动性，而科技语言（主要指专业语言和术语）也有三性，即单义性（准确）、概括性（抽象）、普遍性（国际交流）。无论是文学语言还是科技语言，以逻辑学的要求必须反映出一定的概念，所谓概念，在逻辑学中认为：反映事物的特有属性的思维形式就是概念。概念的表征是语言。语言必须反映一定的概念，在科技论文写作中，这种概念的特殊意义，就是起到了概括和限制作用。

概念的概括作用，体现为一个词语可以用最少量的字，准确地包容较多的含义。概念的限制作用，体现为科技语言所反映的概念有一定的专业领域或反映一定的科学技术内容。如："相干辐射"是物理学中的专用术语，"相干参考"是电子学中的专用术语，而"相干系统"则为通信技术中的专业术语。

在阅读科技论文时，一般地说，从论文所使用的语言，尤其是术语，即可以了解到论文所阐述的学科领域，这就是概念所产生的限制作用。又如在阅读科技论文时，有的论文给读者留下通畅、明白、生动的印象（概念），有的则给人留下别扭、生硬、梗阻的感觉，这都与概念表述有关。

由于交叉学科的发展，综合性学科领域的扩大，许多新的专业语言、术语不断涌现，在撰写科技论文时，尤应注意每个术语或专业语言的基本概念，如"情报"与"信息"、"信息论"与"信息技术"、"知识网络"与"知识化"等，它们所反映的基本概念都是不相同的。

过去，曾有人认为科技语言，即语言所反映的概念，应该像法律条文那样严密、明晰，这是很有道理的。

总之，科技论文写作格式标准化是指写作形式，撰写科技论文的内容都必须符合于逻辑，否则内容杂乱无章、思路紊乱、语言模糊，就不能符合科技论文写作要求。

（3）撰写正文与科技语言的标准化

科技论文所使用的语言除文学语言之外，还要求使用大量的科技语言。科技语言包括专业语言、术语、定义、图表。科技语言的特点有三性，即术语性、单一性、符号性。现就科技语言的不同类型与特点分述如下：

①术语与专业语言：即第一、二次科技浪潮之后，20世纪70年代在科技发展史上又形成一个新的浪潮——即所谓的"第三次浪潮"。这次浪潮较之前两次更为宏伟、深入，并迸发出许多新兴学科。如：以物理为基础新产生的边缘学科有化学物理、工程物理、地球物理、天文物理学等。而光导纤维的研究，更是涉及化学、物理学、结晶学、热力学、材料力学、物理化学等10多门学科。

这些新学科的诞生反映了学科群的形成以及科学与艺术的结合。加之本来已形成的为数众多的科学技术术语，如今又骤然增加了不知多少倍。这些新的科学技术术语又与各门学科的专业用语交融，不仅为科技写作充实了内容而且也促进了语言学的发展。

从语言学角度来研究科技语言，可以发现：语言学正向更高的综合与更深的精度发展，它要求语言人才应数理化，数理人才应文学化，进而要求语言学更加科学化与综合化，建立起诸如计量语言学、形式语言学、心理语言学等新的语言学分支，而术语学又是语言学中突出新技术革命的一个重要分支，目前术语学在我国已经取得了长足的进步。

为了适应科学技术的发展和科学技术的广泛交流，术语学已在国外成为一门独立的学科，术语的标准化也提到日程上来。我国对于科技术语的研究起步较晚，1985年4月经国务院批准，正式成立了"全国自然科学名词审定委员会"，开始对科技术语进行审定工作。可见，科技术语既反映了科学技术的新发展，也成为科技界致力研究的新课题。

什么是科技术语？科技术语是指自然科学及技术领域能指明一个特殊科学概念的词或词组。

为什么国际标准化组织以及我国科技界如此重视术语标准化的工作？因为术语不仅是科学技术的思想载体，而且也是人类知识在科学技术领域的具体化，知识是用术语固定和传递的。因此，术语对科学技术的交流具有核心的作用。

科技术语在科技论文的正文撰写过程中，它又恰如汉语语法中的名词，起着连接语句作用，并对语句的语意起着关键性的作用。

科技术语的形成有一定的过程。一般地说，术语是诞生于专门语言所必须要求的精确和清晰的基础上。专业语言的特点是简明性、精确性和客观性，而术语的特点则要求体现单义性、概括性、普遍性和专业性。

术语与专业语言另外一个重要区别在于术语反映的概念是逻辑学所要求的概念，它的内涵与外延必须明确，而专业语言所反映的概念，则恰如汉语语法中的固有名词，它只反映出一般的专业概念。

目前，我国的自然科学名词术语还很不统一，该混乱现象对科研、生产、科学工作十分不利，对于科技写作也同样造成一定困难，所以，我们在科技论文写作过程中应重视术语与专业语言的正确运用。

②术语的定义：因为我国的术语研究工作正在开展，对术语的审定工作刚刚开始，所以，对术语的标准化要求还难以有统一的标准，我们在科技写作过程中，只能参考一些重要的国内外期刊、教科书、专著中通用的一些术语，而避免杜撰。但如对某些术语下定义却应高度重视，我们在科技论文写作过程中随时都会涉及对某些术语的内涵和外延进行说明，这时，应注意以下两个方面：

首先，为术语下定义态度必须严肃，力求体现其科学性并符合术语的定义要求。

以"信息"这个术语为例，据不完全统计，对"信息"这一术语所给予的定义已有30余种，其中随意程度很大，实用性观点比较突出，例如：立足于经济，则"信息"就是财富；立足于科技，则"信息"就是知识；立足于采矿，则"信息"就是宝藏；立足于创作，则"信息"就是源泉，而一般定义，则"信息"就是消息。

以上均未能揭示"信息"的内涵，只能是"信息"这一概念的外延部分。甚至对"术语"这一概念所下的定义，也很值得商榷，如《辞海》对术语所下的定义为："各门学科的专业用语"；也有的书籍中定义为："自然科学及技术领域的专门用语"，这些定义均未能揭示出"术语"这一概念的内涵。

类似以上为术语下定义的文例很多，它说明：我们过去对术语研究工作尚不够重视，所以我们今后在科技论文写作过程中，必须以严肃认真的态度，做好术语的定义工作。

其次，要明确科技术语定义与一般逻辑学中对概念所规定的定义相比还有更高的要求。术语学中的定义必须按严格的规则进行，这些规则正在国际范围内取得标准规则的地位。

概括起来这些规则要求：

➢ 定义项不能出现在定义中；
➢ 定义中必须包括概念的内涵和外延；

➢ 定义应根据概念的外部特征而且应特别依据概念的内部特征；
➢ 定义必须完全但不包括任何无用或多余的内容；
➢ 定义必须适应其使用者。

科技术语的定义形式应包括三部分：被定义项（被定义的概念）、联结项和定义概念。关于为术语下定义的方法，可根据不同的读者对象、文章的思路以及不同需要采取不同的方法。定义可长可短，可以用一个词、一句话，也可以用整段甚至整本书来下定义。

在正文写作中，术语的定义位置亦可视具体情况而定，如：可在文章正文中，可在脚注里，有时亦可置于结尾的术语汇编或附录。

③图、表：图、表是科技语言中的一种形象语言。图、表的作用，可归纳为四点：a）辅助文字表达；b）代替文字的难以表述的思维、叙述、说明；c）节省文字；d）便于交流（不同语言可共用）。

一篇科技论文应以文字描述为主，图、表为辅，在科技论文中，文字与图、表的关系甚为密切，尤其是在技术性较强的论文中，图、表的作用尤为显著。目前我国的科技论文，大多倾向于纯文字叙述很少插有图、表，这实际上会降低读者的阅读兴趣，在心理上易于产生疲劳感，也不利于智力的开发。

在图表的绘制中已出现一种新的倾向，即要求图、表应具有清楚、简要、形象的特点，也应该力求达到科学与哲学（逻辑学）、文学与美学之间的相结合。所以，无论绘图或制表必须精心构思，运用各种知识，以发挥图、表在科技论文写作中的应有作用。

在国家标准《科学技术报告、学位论文和学术论文的编写格式》中，对图、表的绘制仅做了必要的规定，如：图、表均应编排序号；图的序号与题名应置于图下，而表的序号与题名应置于表上；每一个图、表还应有简短确切的题名。

应该再说明的是：图、表序号标明"图1-1"、"图1-2"和"表1-1"，其序号中前一个"1"表明为第1章，后一个序号"1"，表明为第1章中的第1图。表的长宽比例，图的大小，可视版面尺寸，排版格式而定，作者应根据上述情况慎重考虑。前文曾提到科技论文中应适当增加图、表，但根据我国目前出版业的实际情况，如制版、排版的技术问题，以及成本等情况，对于图、表尚不宜用之过多，这是一个矛盾。解决这一矛盾的关键，图、表的绘制贵在少而精。关于绘图、制表的有关细节，可遵照有关国家标准的规定执行。

科技术语除上述主要内容外，还涉及符号、缩略词、公式、计量单位等，可遵照国家标准之规定执行。

3.2.7 结论

国家标准（GB 7713-87）规定："报告、论文的结论是最终的、总体的结论，不是正文中各段的小结的简单重复。结论应该准确、完整、明确、精练。"对科技论文的结论部分下面分为两个问题讨论。

3.2.7.1 对"结论"的理解

科技论文的结论应该是全文的一个精华部分。所谓结论即在全文论述的基础上，从总体上予以概括以突出其主要的理论或观点。因此许多有造诣的作者无不重视结论的写作。他们为做好一个结论同样需要一定的时间，浪费一定的精力，认真构思，字字推敲，不仅重视概念还要注意表述方法。但也有些作者对结论写作不够重视，反映为草草收兵，既不重视结论写作对全文的作用，也不考虑结论对读者的心理影响，这种倾向需要纠正。

下面就结论的写作提出三个方面的要求。首先，结论应该是思维的聚光。结论应该是全文内容的高度浓缩。一段理想的科技论文的结论是哲理性与科学性的有机结合，给人以启发并激发读者继续不断地思考。

其次，结论应该是知识的曝光。撰写科技论文的过程，是作者对科学技术领域的某一点、某一方面知识的集中表述，其中既有科学理论的阐发，也有作者观点的申述，行文过程就是阐发与申述过程，而结论是这个过程的终结，它应该像百米竞赛中最后的冲刺，是精神与力量的集中反映，所以，是写作过程中的知识曝光。

最后，结论应该是语言的闪光。作者的思维和知识是通过语言表达的，结论的语言不仅反映了作者的语言修养水平，更反映了作者的思维与知识的素质。国家标准对结论的写作要求提出 8 个字（准确、完整、明确、精练），其中"准确"、"精练"就是针对语言运用的。结论语言的准确性主要指两个方面；一是用词，二是判断。语言的精练，还包括语言的逻辑性和形象性。一段好的结论，通过准确、精练而形成闪光的语言，则会给读者留下理性的思考、感情的融合。

3.2.7.2 结论的写作方法

结论的写作方法虽然没有固定的格式，但根据上面对结论概念的理解，以及通过对若干科技论文结论的比较分析，可以有以下几种写作方法作为借鉴。

➢ 分析综合：即对正文内容重点进行分析并进行概括，突出作者的观点；

> 展望：即在正文论证的理论、观点基础上，对其理论、观点的价值、意义、作用推导至未来，预见其生命力；

> 对比：即对正文阐述的理论、观点，最后以事实做比较形成结论；

> 解释：即对正文阐述的理论、观点做进一步说明使作者阐发的理论、观点更加明朗。

以上列举了四种结论的写作方法，这四种写作方法也不同程度地体现了对结论写作的三方面要求。当然结论的写作方法是多种多样的，其他如"存疑"、"篇末点题"等写作方法，也是常用的。总之，写作中应以知识为基础，充分发挥思维与语言的作用，认真地写好结论。

3.2.8 参考文献

伟大的科学家牛顿曾说过："知识是人类远见的积累"，"如果我过去看得远一些，那是由于我站在巨人们肩膀上的缘故"。牛顿的谦逊说明一个极其重要的科学真理——科学的新发现都离不开前人的创造和前人所创造的丰富的知识。

科学发展史告诉我们：没有前人的幻想就不可能产生今天许多重要的科学成就；没有前人对已形成科学认识的质疑，就不能产生正确的科学理论；没有前人建造起来的科学堡垒就没有今天新学科的诞生。

所以，从事科学研究，做科学技术研究的记录——撰写科技论文总是要在前人研究的基础上，在前人总结的理论、观点基础上进行创新，研究——继承——发展，如此循环不已，科学的发展才永无止境。正由于这样一个科学发展的规律，在科技论文写作过程中就必须查阅资料、翻阅文献以验证我们的理论、观点论证并发展前人的理论和观点。

3.2.8.1 著录参考文献的意义

参考文献与撰写科技论文的关系，已如上述。为明确著录参考文献的意义，首先应正确理解"文献"的概念。

所谓文献是指具有历史价值的图书、资料，也可以指与某一学科有关的重要图书、资料。所以，文献不是一般的图书、资料。现在，根据"文献"的概念，如何确认什么样的图书、资料可以称为"文献"，可具体地划分如下：历史科学名著、现当代科学家的名著、国家正式出版的图书、资料、辞典、手册还有国家出版社出版的刊物（包括国家新闻出版单位批准出版的报纸）。出版单位一般是省级以上者。不能形成文献的如手稿、自编教材，或非正式出版社出版的印刷品。

在撰写科技论文时，参考某些文献并予以著录有三个方面：

第一，反映出真实的科学依据。在行文的论证过程中都需要可作为论据的有史实、史料、名家名言等。在写作中确切地、适当地引用上述内容做论据可以增强说服力，提出科学的依据进而印证作者个人所提出的理论或观点的正确性。

第二，一般地说，凡引用的参考文献都要注明，反映出作者的严肃科学态度。引文或引证的材料一般都要加引号以资区别外，还要著录。因为著录不仅可供读者阅读查找引文或引证材料的原文也证明作者对引文的负责精神。

有的作者只将引文或引证资料加以引用，这是不完全符合要求的。

第三，著录后的参考文献表示作者对前人（或他人）科研成果的尊重。对引文或引证的资料既不加引号又不著录者，当有剽窃之嫌。

所以，著录参考文献对于作者是科学精神与治学精神以及科学道德的具体表现。

著录参考文献时，应注意：著录的文献一定是作者亲自阅读过的，是最主要、最新的和关键的文献。一般性的可不必著录。

3.2.8.2　参考文献的著录格式

国家标准规定需要著录的参考文献有：专著、连续出版物、专利文献、专著中标出的文献以及连续出版物中标出的文献。现仅就专著、专著中析出的文献、连续出版物、连续出版物中析出的文献及其著录格式及示例，提示如下：

（1）专著著录格式

作者./书名./版本./出版地：/出版社，/出版年./页数.

（2）专著中析出文献的著录格式

析出文献主要责任者./析出文献题名.//专著主要责任者./专著题名./版本./出版地：/出版社，/出版年./页数.

（3）连续出版物著录格式

题名./作者./版本./年./A，/卷（期）./出版地：/出版者，/出版年./页数.

（4）连续出版物析出文献著录格式

析出作者./析出题名./原文献题名，/版本.

著录时应注意事项：

➢ 著录的顺序不宜随便更动。

➢ 应按规定正确使用标点符号。著录中只用四种标点符号：句号、逗号、冒号、括号。

> 国家标准规定著录所用的标点符号，没有我国传统使用的书名号。
> 严格地按照著录格式著录。

3.2.8.3 引用参考文献的标准方法

国家标准规定：专著正文部分引用的文献标准方法可以采用顺序编码制，也可以采用"著者—出版年"制。

顺序编码制是按文章正文部分引用文献出现的先后顺序连续编号并将序号置于方括号中（方括号位于标准文献的上角）。

专论正文部分引用的文献采用"著者—出版年"制，即各篇文献的标注内容由著者姓名与出版年构成。

国家标准关于学术论文（科技论文）的编写格式其主要规定项目如上，但还有几项应该说明。

①关于章、节的划分、编号和排列格式。国家标准规定：报告、论文章、条、款、项的编号参照国家标准 GB 1.1-81《标准化工作导则编写标准的一般规定》的有关规范采用阿拉伯数字分级编号。

②关于封面。国家标准规定：封面是报告、论文的外表面，提供应有的信息，并起保护作用。

封面不是必不可少的。学术论文如作为期刊、书或其他出版物的一部分，无需封面。如作为预印本、油印本等单行本时，可以有封面。

根据国家标准的上述规定精神，如科技论文为提供参加学术会议使用，则应有封面。封面可包括下述内容：于左上角注明会议名称，用大号字将题名标注于明显地位，著者姓名，需要时可注明作者职称、职务、学位、所在单位等。

③关于数学、物理和化学式的书写格式和要求以及计量单位、符号和缩略词等参阅国家标准。

3.3 本章小结

本章主要讨论了科技论文写作过程中涉及的题名的拟定、署名、摘要的写作、关键词的选取、引言、正文和结论的写作、参考文献的标注等应该注意的一些问题。

4 学术论文发表

科技论文的发表是科技论文写作的初衷,为此,在论文写作完成投稿前,作者自己或作者委托他人,对论文进行评审,分析科学性、创造性、理论性、可读性,以及论文存在的其他问题修改以提高论文的刊用率。

本章主要论述科技论文的发表形式、评审、科技论文发表的要求等内容。

4.1 科技论文发表的形式

科技论文发表的形式大致有:学术会议发表、期刊发表和网络发表。因此,了解科技论文发表的形式,对作者正确选择论文的载体、提高刊用率具有重要作用。

4.1.1 学术会议发表

在国际上都有相关组织定期或不定期举办学术交流会议。国内也有全国性和省级学术交流会。这些学术交流会在举办前,一般发布信息,征集稿件,只要符合评审条件的论文都可提供发表。同时,提交给学术交流会的论文具有内容丰富、新颖、信息量大、专业性强、学术水平高,富有一定的创造性等特点。许多重要发现和许多专业的重要进展,大多是在专业性学术会首次公布的,有参考价值。另外,参加学术交流会的论文作者,还可以面对面地进行讨论,对丰富科学技术,促进科技发展有重要的作用。因此,在学术会议上发表的论文,在职称晋升、任职考核中可以作为发表过的论文给以承认。

4.1.2 期刊发表

作者根据自己的专业范围,分别向国际、国内学术期刊投稿,符合论文发表条件的可录用刊登。目前,可供选择的各种专业科技期刊很多,以下介绍几种科技期刊的类型。作者投稿时,应充分考虑所写科技论文的内容,刊发目标与所投科技期刊的性质类别、地位和层次是否达到相对一致。

(1) 根据期刊的性质和内容,可分为综合性、学术性、技术性、检索性和科普性科技期刊。

➤ 综合性科技期刊

主要刊登国家科技发展战略、方针政策、法律法规、预测评价、管理动态或某一科学技术领域中多学科专业的研究成果和发展动态等方面内容的论文。其特点是政策性、指导性和业务性强。适合科技领导干部和管理干部、科研人员和技术人员阅读。

➤ 学术性科技期刊

主要刊登具有学术研究性质的研究报告、学术论文、综合评述等方面内容。其特点是学术性、理论性、专业性强;反映各学科的前沿研究成果。适合中高级科技人员、科研管理干部、高等院校教师和研究生阅读。

➤ 技术性科技期刊

主要刊登具有技术创新的技术、工艺、设计、材料等方面内容,同时也刊登少量的学术论文。其特点是主业性、实用性强。

➤ 检索性科技期刊

主要刊登对原始科技文献进行加工整理后,根据一定著录规则编辑而成的题录、文摘、简介、索引等方面内容。其特点是报道的文献类型多、涉及的学科专业广,检索的速度快,适合科技人员和高等院校师生阅读。

➤ 科普性科技期刊

主要刊登科普知识论文。其特点是内容丰富,体裁多样,图文并茂,通俗易懂,适合各个层次、种类人员阅读。

(2) 期刊出版形式

科技期刊的出版形式可分为正式期刊和非正式期刊。

➤ 正式出版的科技期刊

正式出版的科技期刊是指经国家指定行政管理部门审核批准,在省级以上出版局登记注册,具有期刊"登记证"并编入"中国标准刊号"(CN),也叫"国内统一刊号"的期刊。正式出版的科技期刊分为公开发行和国内发行两种形式。公开发行的科技期刊编有"国际标准刊号"(ISSN)和"中国标准刊号"（CN），可以国内外公开征订和发行。国内发行的科技期刊只编有"中国标准刊号"，仅限于国内公开征订和发行，不能向国外发行。

> 非正式出版科技期刊

非正式出版科技期刊是指经国家主管部门或省、市自治区、直辖市新闻出版局同意，并在相应批准部门登记注册，具有"内部报刊准印证"，而没有编入"中国标准刊号"的期刊。它不能公开征订和销售，只在本地区、本行业内部进行交流。

（3）其他分类

按照科技期刊的不同特征还可以对科技期刊进行不同分类：

> 依据主管部门分类

按科技期刊的主管部门的行政级别，将科技期刊分为全国性和地方性科技期刊。这种分类只反映部门的区别，而不反映科技期刊和论文的质量和水平。

> 依据评价体系分类

依据各种期刊评价体系的评价结果，将科技期刊分为核心（重点）期刊和一般期刊两类。核心期刊是指被《中文核心期刊要目总览》等评价体系经过统计分析后收录确认，或由相关权威机构发布指定的期刊。一般期刊是指未被评价体系确认和权威机构指定为核心期刊的科技期刊。这种分类基本上能反映出科技期刊的学术质量和学科地位。

> 依据学术领域分类

依据学术领域的不同，可将科技期刊分为不同的专业性学术期刊，重点刊载各个学科专业领域内科技论文。

> 依据文献级次分类

依据文献产生的先后次序，可将科技期刊分为一次性期刊、二次性期刊、三次性期刊。一次性期刊是指刊载原创性科技论文的期刊。二次性期刊是指对一次性期刊论文加工浓缩后，以题录、文摘、简介、索引为主要内容的期刊。三次性期刊是指刊发通过二次文献检索，选用一次文献内容，加入作者研究成果等主要内容的期刊。

> 依据外部特征分类

依据外部特征可以将科技期刊分成不同的类型。如按载体方式可分为印刷、缩微、光盘、网络等类型。

> 按出版周期

可分为周刊、半月刊、月刊、季刊、双月刊、半年刊、年刊、不定期刊等类型。

还可分为中文期刊、外文期刊、国内期刊、国外期刊；按写作方式，可以分为著述类期刊和译文类期刊等。

4.1.3 网络发表

由于互联网的兴起，出版业与网络联姻，出现了网络出版这一新兴领域。这种出版模式就是以互联网为纽带，将出版业和作者、发行渠道、读者连接起来，它可使读者增加了自由度，增加了作者与读者的互动性，使出版空间巨大，作者得到了多方位的出版自由。

4.2 科技论文的评审和发表要求

一篇论文，从作者开始写作、投稿到正式发表，要经过漫长的时间，少则数月，多则几年，作者焦急的心情是可以理解的。论文从投稿到正式发表之间要经过审稿、退修、编辑、校对、印刷等步骤。而评审是论文能否刊出的重要工作。因此，作者只有了解评审条件，才能写出符合刊稿的论文，从而提高论文的刊稿率。

4.2.1 科技论文的评审条件

一篇好的科技论文应具有以下条件：
➢ 论文应具有较高的学术水平，在理论上要有所创新。
➢ 对某一学科的技术和生产建设的发展有实际指导意义，具有较好的经济效益或社会效益。
➢ 主题明确、推论清楚、数据可靠、结论严密、逻辑性强、文字简洁、流畅。
➢ 论文涉及的范围有一定深度、广度和难度。

当然，具体到论文本身所具有特点而言，在评审时，主要着眼它的思想内容和表达形式，具体地说要看论文的选题、立论、结构、论证方法以及语言文字方面的评审等。

4.2.1.1 论文选题方面的评审

论文选题方面的评审主要包括以下方面：

（1）学术性的评审

如果论文的基本内容是侧重于对事物进行抽象概括论述，使之上升为理论，并且这种理论具有"新"的特征，那么，这篇论文就有学术价值。

（2）创新性的评审

创新性是指科学研究的主要特征。作为研究成果表达形式的科技论文应重点突出创新性，其内容的表达应给人以新知、新见、新的启迪。所以，论文所提出和论证的问题一定要有新意，能够提供独到的见解和全新的信息。这种创新有的是材料上的独特性；有的是方法上的创造；有的在研究结果中有新的发现；有的在观点上有新的突破。对此，编辑应以敏锐的洞察力、以自身的知识储备和信息积累对论文内容进行仔细审查，突出论文所表达内容的创新性。同时，对应用性研究论文，还应结合生产的实际需要，突出研究的实用价值和实际应用的可行性。虽然不可能每一篇论文都达到理论与实际的高度统一，但只要在某一方面比较突出，能解决实际生产中某个具体问题或针对某一生产环节提出新的见解哪怕是一点一滴，都是很有价值的，可以说这也是一种创新。

（3）可读性的评审

一篇科学论文的可读性是至关重要的，应当引起作者的特别重视。可读性是由如下因素决定的：

➢ 研究工作是否取得了实质性进展，所得结论是否可靠，结果是否深刻和有启发性。如果是阶段成果，它对后续的研究有什么指导意义，是否是重要发现的前奏。如果研究工作没有获得阶段性或最终的结果，就不应动手写论文，靠一个平淡的研究工作概论是写不出一篇好论文来的，因而也不可能是一篇具有可读性的论文。

➢ 作者要对论文进行完整的构思，体现严密的逻辑思维，一项研究课题经长期努力工作而得到结果时，应一丝不苟，精雕细刻。对论文的论述方法，内容的取材、学术思想的解释等需要反复推敲，仔细斟酌，以期做到论文的结构严谨、内容充实、论述完整、逻辑性强。如果做不到这一点，那么论文就难引起读者的阅读兴趣了。

➢ 在论述方式上，要做到深入浅出，表达清楚、简练、专业术语准确，前后一致，语言要规范、生动。

➢ 文字与插图恰当的配合。国内相当多的论文在利用图、表来生动地阐述学术内容方面还显不足，随着计算机三维可视化方法的普及，论文中采用彩图、立体图的趋势将会增加。这可避免过多的文字说明，而且效果也比较好。

4.2.1.2　立论方面的评审

有的论文选题很好，标题也标得不错，那就要看它的内容了。看它是否树立新的论点，是否提出新的学说。所谓"著书立说"就是要建立新说，做出新论。看这新说新论是否严密、准确、深刻，这就是具体的审评过程。

科技论文不同于一般的公文，它是极其多样化的。"文无定则"、"文无定法"、"文无定格"，虽然是指一般的文学作品，对于科技论文也大体适用。文如其人，一人一面，一篇科技论文如一个面貌，各不相同。概括起来，大体上具有上述特点之一的，就有一定的学术价值。

评审论文内容的真实性和材料的确凿可靠是评审过程中的重要环节。对论文中所提供的研究材料和方法，各种统计数据和结论都应该进行认真推敲。在编辑实践中，有时所涉及的材料，并不全部都是真实可靠、经得起考验的。然而，有的论文根据作者提供的方法不可能得出文中的结果；有的数据计算有误；有的从实验结果中并不能推导出现有的结论；还有的材料出现张冠李戴，甚至有的人将别人的研究数据作为自己的实验结果，等等，这些问题有的可能是作者疏忽，没有对原来的资料进行核实，但有时也不排除伪科学和作假的情况。对此编辑在对稿件的加工处理中都要仔细核查辩证，使论文内容翔实可靠，如实地反映实验事实。

4.2.1.3 论文结构的评审

科技论文一般都由科学实验结果产生。文中有数字计算结果，公式推导的理论，系统的分析论证及通过图表等资料处理结果的再现等。因此，论文材料的组织安排、结构层次、内容的表现形式等均有其独特的规律性。结构紊乱、标题层次不清、论证缺乏逻辑，则直接影响研究内容的正确表达。

首先是仔细审查全文结构，审查论文的层次安排是否符合论文写作格式，节段的层次划分是否合理，每一段的中心是否突出，前后是否连贯、呼应，有无重复、脱节、交叉混杂等情况。

4.2.1.4 论证方法方面的评审

所谓方法是指逻辑方法、论证方法、现代管理方法、实验方法、检测方法等。这实质就是论文的科学性问题。逻辑方法、论证方法运用不当，论文的内容就会显得不够真实可信，有片面性。

科技论文中有时涉及现代管理方法。这些方法运用要得当，如果不得当，论文内容的准确性就会受到影响。论文中所运用的实验数据取决于实验方法、检测方法。实验方法和检测方法不科学、不先进，论文就会显得不成熟。

4.2.1.5 语言文字方面的评审

科技论文的语言好不好主要指字、词、句是否正确，是否搭配，是否符合修辞语法；标点符号运用得是否得当；计量单位、数字公式的写法是否符合文稿规范等。同时也指语言在遣词造句上是否具有艺术性。好的语言应严谨、简练、客观、通顺。这是使科技论文具有可读性的先决条件。

4.2.2 科技论文发表的要求

出版单位对论文的要求非常全面而具体，既有对论文思想自身的要求，又有对论文表达形式的要求；既有对论文本身质量的要求，又有对论文社会价值的要求等。

4.2.2.1 对科技论文正文内容的要求

对正文内容的要求可分为政治性要求、社会价值要求及科学性要求三类。

（1）对正文内容的政治性要求

正文内容必须观点正确，能够用马克思主义的辩证唯物主义和历史唯物主义的观点与方法来分析阐述问题。内容必须实事求是，所述事实不能捏造，不能任意夸大，要反映事物的本来面貌，各种政策界限、保密界限以及国际关系问题等要把握准确。如在引用经典著作和党政领导人的言论时，字句、标点都要十分准确；在涉及领土主权问题时对我国某些地区如台湾地区、南海诸岛等的提法要正确；图稿中的国界线要标画准确；对某些新独立国家的用名和领土的提法要与我国政府的规定相符；在叙述我国科技成果和自然资源时不能泄露国家机密；涉及少数民族问题的内容要符合党和政府的民族政策，尊重少数民族的民族习惯等。

（2）对正文内容的社会价值要求

第一，作者的创作材料不论是来自国外，还是过去的经验和作者的主观推测与想象，都应该与当前的现实结合。正文内容不能脱离实际。

第二，要求正文中提出和解决的问题，应当是当前存在的、主要的、具有普遍性的问题。这样才能使叙述的问题具有典型意义，从而拥有较大的读者群。

第三，正文内容要有创造性。叙述的问题应该是前人没有涉猎过或讨论不深入的问题，也不能是人云亦云的陈词滥调，或者东拼西凑的大杂烩。

总之，要使论文内容具有较高的社会价值，最基本的要求就是使正文内容具有现实性、典型性、创造性。

（3）对正文内容的科学性要求

应努力反映科技先进水平，并且材料可靠，论证充分；正文中传播的知识应准确、实用，包括概念、原理、定义应确切，图表、数据、公式等要适当，对历史事件、人物、时间等要核对准确，评价要客观公正，等等。

4.2.2.2 对正文表达形式的要求

正文的论述应当文字简洁，结构严谨，简明扼要地将主要观点叙述清楚。要做到简洁，就要求作者在论文当中尽量挤掉水分；论述应是科学讨论，不要掺入感情因素、令人眼花缭乱的枝蔓、不必要的旁征博引、目的不明的历史考察、炫耀才华的材料堆砌、引文堆砌、辞藻堆砌。

正文中的小标题应紧扣内容、合乎逻辑、繁简适度、整齐清晰；相同的标题层次应采用统一的表示体例；各级标题下的内容应与各自的标题对应，不要出现文不对题现象。

论文中所用的名词术语和物理量符号应当统一，量和单位必须按国家标准 GB 3100~3102-93《量和单位》中的规定执行，使用"中华人民共和国法定计量单位"。

正文中的表格是文字表达的组成部分，它必须同文字叙述有直接联系，同文字叙述脱节的表格必须删除，表格中的内容不得与正文矛盾，每个表格都应有自己的标题与表序，编序方式应与插图的编序方式统一。

正文中数字的用法要正确、统一；带有计量单位的数字或算式中的数字、公历世纪、年代、年、月、日和时刻，一律用阿拉伯数字表示；不定量词（如两种、五次等）以数作名词或形容词、成语、天干纪年法、历史年号中的数字用中文数字表示；正文页码用阿拉伯数字表示，辅文页码可用阿拉伯数字或罗马数字表示；中文序数词可用中文数字或阿拉伯数字表示，外文序数用阿拉伯数字表示；大于 999 的数和小数点后多于三位数的小数，小数点前每隔三位不再加千分撇号"，"，而是在小数点向左移动三位数时，加一个 4 分空隔开。

4.2.2.3 对正文书写格式的要求

汉字书写要规范化。汉字简化字的书写要以 1956 年国务院公布的《汉字简化方案》中的简化字和 1964 年中国文字改革委员会、文化部、教育部《关于简化字的联合通知》中的偏旁简化字为准；同时，1955 年文化部和中国文字改革委员会发布的《第一批异体字整理表》中规定淘汰的异体字应停止使用。1977 年公布的第二批简化字暂不使用。书写字迹要清楚，笔画要端正。

正文中的注释可采用脚注和尾注两种格式，但如果是书稿，最好采用脚注，不提倡随文注（即正文夹注）格式。正文中需注的地方，在右上角标出注释符号①②③上角数码，注文直接与上角数码呼应，不另加"注"字，用小于正文的字破格书写页稿纸的下方，靠左边框用一条横线即脚注线（长约稿纸宽的 1/5）与正文隔开。注释符号的顺序以稿纸的一页为准计算，同时必须从头开始，不得续接上页。注文只限于写在注释符号出现的同页，即便是较长的注文也应在抄写正文时妥善安排，当页写完。

4.2.2.4　对论文插图的基本要求

插图是论文内容的重要组成部分，它能将论文中的知识进行直观、形象的表述，从而增强论文的价值。因此，科技论文若想达到发表水平，对插图也有严格的要求。下面是对各类插图的具体要求。

（1）线条图

机械图、电气图和土建图均应符合各自相应的国家标准的要求。

（2）照片图

要用黑白、彩色照片或裁制好的黑白、彩色图片充当图稿。提供制版用的照片应当景物轮廓清晰、层次分明、重点突出。照片与技术内容无关的背景，应在洗印放大前修改掉。照片正面应无可见的缺陷，如变黄、褪色、折痕、指纹、墨水或糨糊、胶水残迹等。照片的尺寸边长不得小于40mm。

（3）坐标图

图中主线和曲线本身的意义不得与论文内容矛盾。坐标图必须是用仪器绘制的墨线图，不得徒手勾画，也不能使用铅笔图、蓝图和油印图。

坐标图中的文字书写格式要全书统一。横坐标的文字应由左向右横写，纵坐标的文字可沿坐标方向由下向上横写，也可由上自下竖写，图中的坐标必须有确定的物理量，定量图中的坐标必须有量的单位和数值分度，而且分度必须准确和疏密适当。一幅图中两根以上不同意义的曲线，应用阿拉伯数字标注，并用图注形式。

（4）结构图

书稿中的结构图（包括视图、轴测图、透视图、设备斜体组装图等），绘制必须符合国家制图标准中所规定的各项要求。投影关系、比例关系、剖面要求等要统一图线的粗细比例、尺寸线和引线的标准、图字的书写方向。

结构图中的零件名称应用阿拉伯数字的零件号（不加圆圈）代替，数字所代替的零件名称以图注形式写在论文中，件号不得中断，也不得有件号而无注文。

4.2.3　科技论文常见的语法修辞问题

（1）常见的语法错误

➤ 语句搭配不当。语句搭配不当是语言中常见的毛病，多属于逻辑性不合理，部分是语意含混或语法结构不当。

➤ 句子成分残缺。句子成分残缺是指句子里缺少某个必要的成分。科技论文中最常见的是主语残缺或谓语残缺。

➤ 语序颠倒。汉语的显著特点之一是句子中词语的次序比较固定。汉语的词缺少形态变化，表示词与词的关系主要依靠它的排列次序。

➤ 非类并列。把几种不同种类，不同性质的词或词组并列起来作句子的同一成分，往往会使整句的意思含混。

➤ 主语偷换。一个句子由多个分句陈述同一事物，而前后部分的主语不一致。

➤ 词性滥用。不同类的词在句子中有不同的用法，在行文时，如将甲类词误用为乙类词，称词性误用。

➤ 指代不明。运用代词指代什么必须明确，否则易使人产生误解。

➤ 语序混乱及其他。各民族语言不同，语序也不同。

（2）常见的修辞问题

➤ 不合逻辑。所谓逻辑，就是说在道理上一定要讲得通，不能自相矛盾或主客颠倒，因果无据、时间先后不明等。

➤ 费解。话说的不明白，让人猜测。

➤ 层次不清。科技论文中长句较多，或讲叙的方面较多，行文时如不细加推敲，往往层次不清。

➤ 累赘。所谓累赘，多是由于语言堆砌，或前后内容重复。篇幅用了不少，所谈内容却不多。

（3）常用而又容易用错的词

在用词上出现的问题：一是"因为"、"所以"、"由于"、"因而"、"因此"几个连词和介词用得不好；二是结构助词"的"、"地"、"得"也有不少人用不好。

① "因为"、"所以"、"由于"、"因而"、"因此"

一般说来，"因为"表示原因或理由，可与"所以"连用，也可单用。"所以"也是表示因果关系的连词，可用在下半句表示结果，也可以用在上半句主语和谓语之间，提出需要说明原因的事情，下半句说明原因。"由于"是介词，表示原因和理由，不可以与"所以"、"因而"连用，"因而"也是连词，表示结果。"因此"的含义是"因为这个"，不可以与"因为"、"由于"连用。

② "的"、"地"、"得"、"所"

它们同属于助词，置于词或词组的后面，表示一定的结构关系与附加意义，在具体用法上则有所不同。

"的"一词用在名词或介词之后，表示领属关系，如"心脏的"、"神经的"。也可用在形容词之后而紧接出现的又是名词时，如"大面积的创伤"。"的"字还可以附在实词或词组之后，组成"的字"结构，如"受到照顾的"。"的"字结构具有名词的语法作用,可以用作主语或宾语。

"地"一般用于形容词之后,修饰动词,如"仔细地观察"。

"得"用于形容词和动词之后,修饰副词或形容词,表示它后面的成分有补充说明作用,如"复述得好"、"强壮得很"。

"所"一般用于动词之前,组成名词性结构,如"所见"、"所述"。

有关语法修辞的内容很多,以上所述仅为其中一些最基本、最常用且在平时容易出错的内容进行简析,以提醒大家在工作上注意。

4.3 科技论文的投稿策略

对于大多数作者来讲,撰写论文的初衷就是要发表,希望得到社会的承认。如何提高科技论文的刊用率,或者说,如何使论文能尽快公之于世,是每个论文作者都很关心的问题。作者如果能够把握住投稿中的一些小诀窍,对于论文的尽快发表将会起到积极的作用。

4.3.1 投稿前应做的工作

4.3.1.1 投稿前的准备

作者在投稿前应注意以下几个方面:

(1) 论文要达到用稿要求

论文的撰写要字迹清楚、工整,论文的文面应整洁、清晰,达到用稿规定的要求。投稿最好用计算机打印。

(2) 选好投稿期刊

如何选择期刊,这是决定论文能否尽快问世的一个重要因素。选择期刊应注意以下几个方面:期刊级别的高低,是否采用外稿,所投稿件的内容是否符合期刊的要求等。

一般来说,级别越高的期刊,论文的质量要求也越高。这样,可以客观地认识自己论文的质量和评估期刊的质量就成为选择期刊的关键。比如说,想在国家一级期刊上发表科技论文,则论文的质量必须极为过硬。作者倘若没有很自信的把握,最好不要向这类期刊投稿,以免石沉大海浪费时间和精力。因此,作者一定要正确评估自己论文的质量,如果质量一般,则不妨向一些普通学报投稿,把握相对来说就会大一些。

另外,期刊的内外向性,也是作者选择期刊时应该注意的问题。如果将论文投给了不用外稿或用外稿甚少(内向性强)的期刊,其前途很难乐观。所以,投稿时应该选择一些外向性较多期刊,即采用外稿较多的期刊。那么，如何知道哪家期刊不用外稿呢？最好的办法是阅读期刊的简要介绍和约稿启事（一般情况下，多数期刊会在每年度第一期或最后一期刊登说明），或者去信到编辑部索取说明，询问有关方面的要求。在尽可能的情况下，还应阅读作者期望投稿的期刊内容，并多阅读几遍，从中获取稿件来源的信息。看期刊是否刊载自己论文所属领域的论文，也是投稿时需要注意的问题，不要死盯住这家期刊不放。另一方面，如果明知某期刊在社会学方面学术品位很高，发表这方面的论文很多，投稿时也最好"敬而远之"，应该选择那些"有"而"不多"的期刊。

（3）选择投稿的适当时机

投稿时，"时机"也不可忽视。有的科技论文也有一定的时效性，如果投稿时机选择得好，则往往容易发表。

（4）尽量与编辑取得联系

作者平时应设法接近编辑，使编辑了解自己，这是一门学问，下面重点介绍几种方法：

①登门自荐。投稿者到编辑部去登门拜访编辑，在与编辑直接接触中自我推荐。登门自荐的目的，主要是了解情况，与编辑建立初步联系。因此，除了实事求是地简单介绍自己的情况外，主要是虚心倾听编辑的谈话。

②书信联系。登门自荐仅仅方便居住同一城市的作者，更多作者则没有条件做到这一点。那么，通过书信联系，是相当重要一环。许多编辑坦言，如果作者寄稿时附一封短信，哪怕只是短短的几行问候性的话，他们心中就会涌起一种"亲切感"，而那些"光秃秃"的来稿则相对显得缺乏一点"人情味"。因为得到别人的尊重是人的一种精神需求，作为编辑也毫无疑问需要得到作者的尊重和对其辛勤工作的理解与支持。书信联系应当注意两点：第一，不要太草率，最好斟词酌句，反复推敲，而且必须格式正确。因为书信可以综合反映出作者的各方面能力，所以也往往是编辑考察作者的依据之一。第二，书信的内容，除了对编辑简单的问候外，最好有些具体内容。比方说可以对编辑所编期刊进行评论。读者对编辑所编期刊的反映，是编辑们最为关注的问题，通过阅读对期刊的评价，编辑往往对作者会产生一种特殊的情感。

作者评论期刊，可以是对该期刊的特点与优点的分析和赞扬，也可以是善意而坦诚的批评，还可以是对某个版块或栏目的独立见解或建设性意见。只要分析中肯，文笔流畅，定能引起编辑的注意。

不少投稿者与编辑结识，就是由书评文字开始的。另外，如果作者有发表过的作品，一定要介绍给编辑，特别是代表作品，及作品发表后的社会反响。

③通过第三者沟通。投稿者想与某位陌生的编辑认识，如果不想唐突，可以找一个中间人进行沟通。在投稿者与编辑之间充当"第三者"角色的，可以是以下两类人：一是投稿者熟悉的发表过论文的作者，这些人通过和编辑打交道，逐渐了解了编辑的性格、水平与要求，同时与编辑建立了信赖关系，编辑对其推荐的人容易信赖；另一类是投稿人熟悉的编辑亲属与师友，通过此类人的推荐，也能较快地与编辑建立联系。

作者与编辑联系，有助于稿件的被采用，但是联系时必须注意以下问题：

➤ 作者与编辑的联系，是正常的业务联系，必须以自身具有真才实学为前提。自己的论文若根本达不到发表的水平，而硬想靠世俗的关系使自己的论文跻进发表的行列，到头来害了编辑，害苦读者，也害了自己。

➤ 作者要抱真诚的态度与编辑交往。人与人之间交往，最重要的原则就是真诚，作者与编辑交往，也必须持真诚的态度。一是要讲真话，自己怎么想就怎么说，坦率地表述自己的观点，而不是吞吞吐吐、含含糊糊；二是不回避双方之间的意见分歧，也不固执地坚持己见，而是通过争辩和分析，吸取编辑意见中的可取之处，达到求同的目的；三是对自己不懂的东西不装懂，对自己了解得多的东西不卖弄；四是要防止一切为自己打算的实用主义交往观。

➤ 作者与编辑交往中，既要谦虚谨慎，又要自尊自重。作者与编辑之间，在年龄的大小、学问的深浅、能力的强弱、反应的快慢等方面可能存在着差别，但这决不代表人格的高低，也决不影响作者与编辑之间的平等关系。因此，作者在与编辑交往中既要谦虚谨慎，又要自尊自重。

当然，要使科技论文尽快问世，最关键的问题还是要有较高质量，只有在这一前提下，把握投稿的诀窍才会显出意义。

4.3.1.2 投稿前应注意的事项

在向选定的目标投稿时，需要注意以下事项：

①选择好期刊论文要寄给谁，这要根据不同的期刊来决定。

寄稿前，最好通过打电话或发 E-mail 咨询。一般有以下几种选择：

➤ 大多数杂志社都希望作者把论文寄给编委会或编辑办公室；

➤ 论文寄给部门助理编辑进行初步审稿后再交给相应的审稿编辑；

➤ 论文寄给执行编辑，或某位预审员，或者是由编委会指定的。

②仔细检查稿件内容并重温所选期刊的特殊要求，确认已满足于这些要求。

③作者需要随稿附上一封简短的投稿信，若有必要，可再加上由著名学者和教授写的推荐信，这一点对于使论文尽快发表是很有帮助的。

④如果你的论文寄往一家发表几种类型论文的期刊，就得说明你认为你的论文所属的类型。如果你的学科是高度专业化的（也只有在这种情况下），编辑可能会要你提供合适的审稿人的姓名，你可以在期刊的"作者须知"中找到有关这方面的说明。

⑤给国外期刊投稿，附上作者或版权持有者寄给你的许可信的复印件，表明你可以引用未发表的内容，或者复制表格、插图及以前发表的材料中超过 50 个词的内容简介。

⑥别忘了留下你的地址；若你是通过书信给编辑部投稿，你仍不妨附寄一张写明自己通信地址的明信片或信封，以便编辑用来通知你。

⑦邮寄论文时应当非常小心仔细，以免寄出的稿件和相关内容受到损坏。

⑧其他细节：

➢ 不要装订论文，以免在装订时或在稿件收到后被拆开时受损，最好使用较大的回形针或纸夹来固定论文。

➢ 使用较厚实的牛皮纸信封或特制的邮件袋，而且最好在封口处再贴上粘条来加固。

➢ 如有必要，可对论文的附属内容采取一些保护措施以避免其受损。如在图片周边加上薄纸板或其他保护罩；将独立的图表、照片和图片用纸盒或竹筒封装寄出。寄往国外，要支付够航空邮件的邮资，并在邮件上标明"航空"。

4.3.1.3 投稿论文常犯的错误及建议

（1）投稿论文常犯的错误

➢ 内容组织和陈述的问题散乱，未指明研究的问题和意义，无总结，未举例说明，未能引用前人的研究成果。过多的细节信息，图表不清楚，未提到不确定性，技术错误。

➢ 论文未能遵循期刊对论文的要求。

➢ 一般性问题：不了解期刊的内容范围；写稿前没有阅读几期准备投稿的期刊，不了解该期刊登载的是什么类型的论文；过于注重公关，自吹自擂；论文价值不大，未达到专业水准。

➢ 表达不清晰、不简明，不适合读者阅读，使用过于专业化的术语。

（2）对投稿论文的建议

➢ 论文方面：遵循期刊对论文的要求与文体指南，投递一份干净整洁的论文。
- ➢ 表达方面：清晰、明了、简洁；表达明确，不用深奥难懂的术语；在投稿前多修改几遍。
- ➢ 内容组织和陈述方面：考虑读者的兴趣；告诉读者研究意义，并强调有关内容。
- ➢ 恰当地列举相关研究，省去不必要的参考内容。
- ➢ 注意论文陈述研究的问题、内容的组织、研究的意义和结论；不要试图在一篇论文中塞入过多细节。
- ➢ 注意一般性问题，不要匆忙打印，一篇好论文胜过几篇差论文。
- ➢ 注意修改，请同事评论；把论文放置一个月到三个月，然后再修改。
- ➢ 不要催促和烦扰编辑，接受审稿建议。
- ➢ 投稿前应了解期刊的投稿须知或约稿。各期刊的投稿须知要求是有差异的，应注意这些差异。

4.3.2 投稿后应做的工作

（1）稿件的追踪

稿件投出以后作者最关心的是两件事，一是编辑是否收到了稿件，二是论文能否被接受。一些期刊收到新稿后，会给作者发一份正式的收到稿件的通知函。对于不发收稿回执的期刊，作者可以在投稿时附上一个署有自己通信地址的明信片，以便编辑收到稿件后通知你。如果投稿两周仍无任何有关稿件收到的信息，也可打电话、发 E-mail 或写信给编辑部核实稿件是否收到。国内外知名期刊十分重视期刊的质量控制，而审稿过程又被认为是质量控制的最重要环节。因此，除"给编辑的信"等一些小论文外，"原著"、"综述"等长篇论文均需经过严格的审稿把关。

期刊的审稿通常首先由期刊编辑对来稿的总体学术水平进行评估，考察来稿主题是否在期刊的征稿范围内，即是否适合于本刊的读者对象。如果不是，即使作者在投稿信中如何客气地提出建议，编辑也会毫不留情地立刻退稿。然而这一决定并不是对论文论据和结论的否定，采取的措施应该是：试投另一期刊；另外，如果稿件主题与期刊匹配，应检查稿件格式（如是否隔行或隔两行打字，稿件是否一切材料齐全，无缺页、缺表或图等）。是否达到期刊的要求，如果不是，也会立刻退稿，或至少待缺项或不符之处修正以后再送审。大多数期刊的编辑部不愿意用准备不充分的稿件去浪费编委会成员和其他审稿专家的宝贵时间。一些著名期刊 50%的自由来稿在此内审阶段被退稿。内审阶段未被退稿的稿件由编辑送给两位相关专业的专家和一位统计学专家（若论文涉及统计学处理）进一步审稿，然后再由主编或经审稿会决定稿件的最终命运：接收、退修或退稿。

稿件的接受与否的决定一般在4~6周内做出。如果超过4~6个月稿件取舍的最后决定尚未形成，编辑往往会给作者写一份耽搁缘由的解释信。而作者若在投稿8周后未得到任何有关稿件的音讯，可写信询问；超过2个月，直接往编辑部打电话亦无不妥。

（2）稿件的退修

几乎所有的经审查学术水平达到出版要求的自由来稿，在发表前都需要退给作者修改其表述及编辑格式，如压缩论文篇幅、重新设计表格、改善插图质量、限制不标准缩写词的使用等。然而退作者修改的稿件并不代表论文已经被接受，论文最终接受与否取决于作者对论文关键性重要内容和表述方式的修改能否达到审稿专家及编辑的要求。

通常退给作者修改的材料包括原稿、审稿专家意见和一封编辑的信。当作者收到退修稿后，首先应该仔细地阅读退修信和审稿专家意见。然后应考虑能否或愿意接受审稿专家或编辑的要求修改稿件。如果退修意见较少，且为非实质性问题，那么应该遵照退修意见认真修改。如果编辑要求作者对论文做重大修改，应记住并非所有审稿专家的意见都是正确的，都必须无条件接受的，应注意区分以下几种情况：

➢ 审稿意见正确。

对于论文中存在着重大错误，作者应根据退修意见重新撰写。

➢ 部分审稿意见不正确。

根据可接受的建议修改论文时，附一封说明信，一条一条地对不能接受的审稿意见进行陈述。如果你陈述意见正确且具有说服力，编辑有可能采取妥协态度。

➢ 审稿意见几乎完全错误。

若一位或两位审稿专家和编辑未能或未能很好地理解作者的原意，这时作者可选择两种方法：一是另投他刊，以希望自己的论文得到更公开的评价；二是不放弃原投稿期刊。采用后一种方法时，一定要注意策略。虽然期刊编辑都希望对论文做出"科学"的决断，但若你在给编辑的信中对编辑所选择的审稿专家使用不友好，甚至不礼貌的语言，那么你的论文将不会再被进一步考虑而会立即退稿。实际上，每一位编辑都知道并非每一位审稿专家的意见都正确。因此，如果你平心静气地给编辑写信，陈述自己的理由，编辑就有可能将你的稿件送给其他专家再审，以重新评估你的论文的科学价值。

应该注意，不同期刊对退修稿返回的时间和修改方法要求不一，作者一定要在编辑规定的时间内将修改稿返回，否则稿件将从被考虑发表的论文中剔除，按退稿处理。

许多期刊均要求，在修改稿返回的同时寄送修改稿的软盘，以减少输录，并有利于降低论文的差错率。

（3）核改校样

校样指论文在期刊上发表前供校对用的印刷样张。国内一些期刊在论文发表前将校样送给作者核校。

➢ 核校内容。

期刊编辑部发给作者校样的目的只是为了让作者纠正校样中可能存在的错误，主要是印刷错误，而不是让作者重写或大修论文。因为在校样阶段改动太大，一是会延误期刊的按时出版；二是有可能因版面调换而出现新的更大的错误；三是费用较高。因此，校样应尽量少改动（仅作必要的改动）。另外，校样应在规定的时间内按要求尽快返回编辑，以免拖延期刊按时出版，或因编辑部等不及校样而使错误不能得到更正。

通读校样时应注意校对以下内容：确为原稿内容；摘要、正文、图和表中的研究或观察数据及结果一致；在打印过程中无任何遗漏注意转行或打印错误；核查图表数据及照片的方向。

➢ 正确使用校对符号。

期刊往往要求作者用标准的校对符号校稿。而英美国家使用的校对符号与我国编辑出版界使用的校对符号不完全一致，他们往往使用双重校对系统，即不仅在文中需修改的部分做出标记，还在文旁再作标记以引起注意。因此，作者应了解并会使用校对符号。

4.3.3 常见的退稿原因

期刊退稿原因很多，最常见的退稿原因有以下几种：

（1）内容不符期刊宗旨

每种期刊都有其独有的内容范围。有些期刊名字虽然只有一字之差，却是两种性质不同的期刊。因此，作者在投稿时，一定要选择对口的期刊。一篇科普论文写得再好，学报类期刊是不会刊用的；同样，科普期刊也不刊用学术气氛太重、一般百姓难以看懂的学术论著。这都是由其办刊宗旨决定的。

（2）缺乏科学性，无法弥补

科技期刊中的每一个内容、图表、每一句话都要求具有严格的科学性。

科学是非常严格的,以假充真是经不起科学检查验证的。

(3) 内容陈旧,缺乏先进性、新颖性

许多稿件缺乏特色,缺乏新颖性和创造性,只是指导意义和理论意义。

(4) 资料残缺,空洞无物

科技论文既有一定的框架,又有丰富的内涵。资料残缺不全,极不完整,内容空洞无物者,不能称为论文。只有再研究、再积累,待资料完整后,经过再加工,撰写成有分量的论文后,才能发表。

(5) 违背实验设计三原则

有的作者,在科研中没有严格按实验设计三原则(随机、对照、重复)进行,其科研结果缺乏真实性。这种论文是不能令人信服的。有些论文更为严重,连最基本的加减法、百分比都计算错误,至于统计学处理中的错误更是屡见不鲜。由于上述错误,往往导致论文结论的完全错误,对整篇论文加以否定。因此,期刊社对上述错误常给予足够的重视。如果错误无法纠正,这种论文肯定是不能发表的。

(6) 错字连篇,词不达意

错别字特多,词不达意,究竟写的是什么意思,编辑们研究了半天也搞不清楚。像这样的论文,只有退给作者。所以,论文写好后一定要清楚,一定要校对好,完全无误时方可发出。

(7) 与该刊已发表的论文内容雷同

有的论文投稿后,与该刊已发表的论文内容相同,这包括两种情况:一是不同单位研究的课题相同,所得结果一致,先后投入同一家期刊;二是同一单位研究同一课题,写论文者则是各写各的,导致内容雷同。一种期刊,不可能发表内容雷同的论文。一般先刊登最先收到的课题论文,并在论文结尾注明收稿日期,以免引起成果纠纷。

4.3.4 给投稿者的建议

针对退稿中出现的问题,向投稿者提出以下建议:

(1) 应进一步明确投稿目的

首先明确投稿的目的不是单纯为了晋升职称而投稿。一般编辑认为,从论文的质量上看,国家级及各级自然科学基金资助项目、重点攻关课题,或有研究计划的研究论文,目的性强,内容较新,质量也较高,其发表的概率较单纯为了晋升职称等而临时撰写论文的概率要高。

(2) 作者应研究并做好投稿前的准备

选题应考虑以下几个方面:

> 选题

选题有足够的科学依据，主要考虑以下三个方面：一是要持续关注国家近期和远期科技工作的重点，特别要注意重点攻关项目的研究课题；二是要有创新意识，不断追踪国内外本学科、本领域的进展情况；三是反映当前某领域或某一方面的热点问题。做到心中有数，避免出现选题不当、重复他人的研究、无新意等问题，导致屡投不中。

> 选择好期刊

由于目前科技期刊较多，有全国性、地方性和院校办的期刊，各刊的性质、报道范围、读者对象等均不一样，作者对此应有一个大致的了解，结合自己的研究成果选择适合的期刊。这方面可通过浏览期刊，特别是要仔细阅读各期刊的稿约，或通过互联网检索文献及专家或同事介绍等途径进行了解，做到有的放矢。

> 熟悉科技论文的写作要求

尽管科技论文的写作在大体上相差不多，但每种期刊都有自己的要求。因此，需要通过仔细阅读有关的书籍和期刊的稿约等，进行了解。

（3）研究并掌握做好科研的方法

正确的研究设计无论对于科学研究或撰写论文都至关重要，这是作者在研究工作和论文写作中应重点注意解决的问题。要想解决这一问题，应重视在实践中学习并掌握科研设计方法和基本原则；提倡并坚持科学、严谨的工作作风和文风，讲究认真二字；在具体实践中努力提高科研设计水平。这里主要强调的是，科研工作的整个过程，从选择课题、制定设计方案、选择统计方法、质量控制措施，到数据处理、撰写和修改论文的每一个环节，都必须坚持严肃的态度、严谨的学风和严密的方法。选题，要有足够的科学依据；设计，注意采用的材料和选择的方法要有充分的可比性和必要的随机性；观察研究，应体现真实性、准确性和全面性；推理和结论要有推理的逻辑性和结论的严谨性。注意克服主观盲目、粗疏和不求甚解等与科学研究相违的致命的缺陷，或片面强调困难、不思进取的畏难情绪。

（4）认真做好论文写作

科技论文的特征是科学性、创新性、理论性和可读性。论述的内容要具有可靠性，绝不允许凭主观臆断或个人好恶随意地取舍素材或给出结论，特别要注意杜绝抄袭、剽窃他人的研究结果，或为达到某种目的而凭空杜撰所谓的论文。在撰写论文时，首先要注意结构布局，只有整体结构完整，各部分布局合理，才能思路清楚，层次分明，说理透彻，详略得当。在论文的结构中，资料和方法是重点反映科研设计方面的内容，应详细说明研究的对象、所用材料和采用的方法（包括科研设计方法和统计学方法等），凡用于保证科学性和提供重复验证的必要信息应尽量列出，包括某些细节。结果段是论著的核心部分。应将研究过程中所得到的各种资料和数据进行分析、归纳，经过必要的统计处理，然后用文字和各种图表加以表达。需有足够的、可靠的、精确的实验数据或观察记录和正确的逻辑推理作为依据，不能有任何虚假或含混不清，强调以下三点：一是观察指标应能正确反映所要研究的目的，防止结果与数据不符的现象发生；二是在论文撰写前后，特别是打印后，均应反复核对全部数据，使之准确无误，防止在计算数据或打印出现的简单错误；三是注意立论基础必须根据自己研究足够和可靠的实验数据或观察现象，防止出现结论与结果不符，或导出主观武断的结论，特别是对于一些设计有些缺陷或与他人同类研究结论不大相符时，下结论时更要慎重，并留有余地。在讨论段主要是对研究结果进行阐明、推理和评价，强调推理的逻辑性和结论的严肃性。应注意要紧紧围绕自己的研究结果进行分析讨论，并与国内外的相关研究进行比较，防止出现讨论的空泛、长而缺少深入的分析。为使科技信息迅速、有效地交流和传播，撰写和编排格式还应予以规范。如正确书写作者姓名及其单位（很多稿件在此出现问题）。规范中英文摘要、图表等的格式，用法定计量单位，注意相关数据的有效位数要一致，正确引用参考文献并按顺序排列参考文献表，并按要求著录等。这些方面均成为评定科技论文质量高低的标准。

（5）做好稿件退修

在收到编辑部寄来的稿件退修单后，要仔细阅读全部内容和了解每一条审稿意见，并逐一改正。对审稿意见不清楚，或拿不准的可主动与编辑部联系（在退修单上有编辑部的联系电话和电子邮箱的地址）；或请教有关专家，包括本专业、相关专业及统计学家等。对需要说明的内容可在修改稿上附信说明，但应在正确全面理解审稿意见的基础上进行说明，而不是片面地坚持个人观点，以致出现反复退修仍有许多问题而影响发表。在一般情况应按照退修时间及时退修，如有特殊原因可及时与编辑联系说明原因，防止出现因退修时间超过3个月而被退稿的情况。

作者接到退稿时，在退稿通知书上常常写着"限于篇幅"或"与本刊宗旨不符"，建议投其他期刊。这是因为上述写法，容易被作者接受。如果既退稿，又把稿件讲得一无是处，作者往往是难以承受的。那么接到退回来的稿件可按下述方法处理。

➢ 弄清退稿原因，找出差距。接到退稿通知后，应细看退稿通知书上所提出的意见，对退稿的原因进行分析，找出差距，重新再写。一般可将编辑部退回去的稿件分为三类：一是可以发表的稿。稿件被退了回来，但不适合该刊宗旨的稿件；研究课题太深，审稿从未见过的稿件。有时名作家的专著也会遭到退稿的命运，所以不必大惊小怪。二是修改后仍可刊用的稿件，但字迹潦草，错字太多，中心不突出。三是需要总结经验，改正错误，重新再写的稿件，如选题不新，违背实验设计三原则，资料欠缺，缺乏科学性的稿件。

➢ 仔细改正不足。对退回的稿件，要根据退稿的几条常见原因，对号入座。如果是不合宗旨，就要另选期刊投寄；如果"资料欠缺"，可再做些观察、实验，多看些参考文献，补充缺乏的资料，充实论文内容，再行投寄；如果"内容丰富，但未写好"就要重新构思，提笔改写；如果"违背了实验设计原则"就要重新设计、重做实验；如果"选题不新"应当重新选题。

➢ 百折不挠。任何人不可能要求自己写的稿件编辑部100%地给予刊登。因此，"退稿"或"打入冷宫"的事是时常发生。世界上比较有威望的期刊用稿率一般在12%~16%。这就是说有88%~84%的稿件被退回或者被"打入冷宫"。一个人写10篇稿件，如果能登出1篇~2篇就算有成效了。当然，写得多了，经验丰富了，刊登的机会也会增多。所以，要多看、多做、多练、多写，不断总结经验，不断提高写作能力，就一定能够提高刊用率。

总之，稿件被退回后，不要气馁。要知道，任何科学家、作家不是生来就会做研究、会写稿件的，他们都是经过学习和不断实践学会的。只要敢于开拓、敢于攀登，一定能够得到成功。

4.4 提高投稿录用率的诀窍

在充分了解期刊、编者、读者等方面的基本需求后，作者就可在政策许可范围内，有针对性地在论文撰写和投稿过程中采取一些相应的调整，从而有利于稿件的顺利发表、及时发表、在较好的期刊发表。本节罗列了一些能提高投稿成功率的实用经验，并对一些与投稿命中率关系密切的问题进行分析和探讨。

4.4.1 国内期刊投稿经验

（1）文章的署名

作者及其单位的地位和学术水平高，对期刊的学术声誉会有好的作用，所以期刊在一定程度上对高学历、高职称、学术权威的作者有好感，至少会在一定程度上影响编辑对作者文章的信任度。外籍作者的论文更是学术期刊所特别追求的，因为学术期刊的国际化是我国学术期刊的高级追求，国外作者数是学术期刊评价指标之一。文献批量研究还发现，学术水平高的论文一般合作者较多，这在自然科学领域更为明显。所以，论文具有一定数量的合作者是好事，期刊一般不喜欢只有一个作者的论文。合作者太多当然也不合适，一是影响排版，同时也有不合理挂名的嫌疑。所以，在合情合理的前提下，与学术权威、名人、外籍人士合作并署名论文，将有利于论文的录用。

（2）标注基金项目

只要有可能沾上基金项目的边，就应该标注该基金项目。一般来说，基金项目的标注是皆大欢喜的事，单位需要它，期刊需要它，基金项目本身也希望自己的项目能多产出论文，我们何乐而不为呢？

（3）参考文献著录问题

多用所投稿期刊发表的文献作为论文的参考文献，特别是该期刊最近2年内发表的文献，因为这样做可以提高该期刊的影响因子。期刊影响因子的计算公式是：

$$影响因子 = \frac{统计当年被引用的总次数}{期刊前两年发表论文总数}$$

你的引用会使该期刊的影响因子提高，期刊编者当然高兴。而引用两年以前的文献，则可增加该刊被引用的总次数，这也是期刊所需要的。

（4）针对相关期刊和相关栏目投稿

有些作者抱怨说，自己的论文质量并不差，但屡屡遭受退稿。其中的原因之一可能是选刊不准，或者你的文章在体裁等方面很难被归到该期刊的某一类型，或不配该刊所设置的栏目。所以，选准欲投稿的期刊，同时应寻找那些有适合你论文的栏目的期刊。如果能深入研究期刊的风格和特殊要求，则更能投期刊之所好。总之，适合的期刊和栏目、迎合期刊编者的写作风格，良好的写作规范都将对稿件的录用起到良好作用。

（5）使编者和审稿者省心的稿件有利于录用

作者撰稿前，要认真研究期刊的特色和风格。必须认真阅读该刊的撰稿投稿须知，以便充分了解编辑部对稿件的各种要求。最好能找到该刊最近出版的刊物，阅读类似的文章，这样更能领会该刊的选稿特征和编辑风格。根据这些信息调整好自己的稿子，使风格尽量与所投刊物一致。这样的稿件编辑和审稿人看得顺眼，有利于他们产生好感。

论文在形式、排版、图表制作、英文摘要撰写水平等方面都符合期刊要求的稿件比较容易被录用。因为这样的稿件编辑处理起来比较省心，这首先赢得编辑的印象分，所以作者必须认真准备稿件，应严格按照所投期刊的同类范文细致制作稿件。同样，让审稿者省心的稿件也有利于通过专家审稿关。

在撰写论文和投稿时，要考虑到审稿专家的需要。首先要考虑到审者可能会提出的疑问，你的稿件中最好能解答这种疑问，如果正文中不便给出太多的细节，可以用附录或附件的方式随文送出。良好的稿件外观（较大的行距、清晰的打印稿等）、美观大方的图表排版、详细的背景信息或资料链接等都体现对编者和审者的尊重，这些都将有利于稿件通过专家审稿和最终被录用。

（6）写好投稿说明信

寄送稿件时附上一封简单明了的说明信，简介一下论文的背景、创新点及其意义，并给出详细联系方式。如果论文具有很强的时效性，也应当向编辑指出。期刊一般需要抢先发表新观点、新进展、新技术等，你的提醒对期刊和读者都是有好处的。其他有利于打动编辑的信息也可以附上，但要注意简明扼要、措辞得体。提供有用信息的投稿信也是对编辑尊重的一种体现，能给编辑以良好的初步印象。有许多作者在投稿时，除寄送论文稿件外只字不提，尤其在用电子邮件投稿时，在邮件正文中一字全无的投稿邮件并不少见。这种投稿的态度，有可能给人以冷漠、傲慢的印象，在逻辑上也不合情理，作为收件人也可以这样理解：你是寄来了一篇供我参考的文献，或者你是发错了邮件，而且，在垃圾邮件猖獗的今天，这样的邮件还有可能被当成垃圾邮件而直接删除。

（7）适时与编辑部沟通

投稿后可以在适当的时候询问稿件处理情况，同时可以沟通信息，解决一些疑问，这样有利于加强编辑对你的印象。然而，这样的询问要注意时间，不能投稿不久就询问稿件处理进展，还要注意询问方式和通话技巧，要以沟通的角度、谦虚的态度、有亲和力的语气来进行。

一般说来，编辑部是希望与作者保持联系与沟通的，尤其是对优质稿源的作者。然而，由于作者人数多，过多的、不必要的联系会增加编辑不必要的工作负担，所以与编辑的沟通要注意方式方法。一般在以下几种情形下联系编辑比较适合：

➤ 在寄送稿件的同时，给编辑部写一封短信，简明扼要地说明论文的主要创新点或实用意义，以及其他有利于文章发表的背景情况，也可提示哪些地方需要编辑重点关注等；对于那些有重大创新的、有重要应用价值的、需要抢先发表的等情况，也应随稿说明，这样便于引起编辑部的重视，考虑优先处理。

➢ 稿件邮寄出后1周左右，或电子邮件发出后12个工作日后，可以询问稿件是否收到。不管你是否已经收到收稿回执，你可以利用这一契机与编辑部通话，也可利用这一机会与编辑部进行适当的沟通。

➢ 在接近期刊通常稿件处理周期时，可以电话询问稿件处理情况。

除了上述时期外，一般不要过多地打扰编辑部，尤其在投稿不久便经常催问稿件录用与否，这会使编辑心烦，那些本来正在考虑是否要进入下一处理程序的稿件，由于你的反复催问，编辑也许会在初审阶段就做出退稿决定，或者使那些本来可用作后备的稿件而被提前决定退稿。

(8) 提供各种详细联系方式

及时沟通非常重要。由于工作节奏加快，通信习惯改变，编辑在处理稿件时经常采用高效率的电话、E-mail 等途径随时与作者、审稿者沟通。编辑所遇到的一些问题，如果能与作者及时沟通，也许三言两语便可解决，但往往有些作者没有提供有效的联系方式，致使编辑难以及时解决该稿件的问题。这时，编辑可能有2种选择：一是通过信件与作者联系，当取得联系后再处理；二是退稿了事。实际上，由于现在学术期刊的稿件较多，编辑的工作量已经很大，大多数编辑会避轻就重地选择第一种处理方式，即使采取了第一种选择，也大大延长了稿件处理和发表的时间，这对作者和期刊均不利。所以，作者应当提供联系信息，包括电话（最好是手机）、QQ、MSN、E-mail 等。并且，为了便于编辑的工作，要在各种可能有用的地方标上这些信息，如打印稿的首页页眉、电子邮件、信封上等，以免编辑需要时到处寻找。

(9) 选准一个期刊反复投稿

对于一个撰稿新手，开始投稿不可能一帆风顺，退稿是经常的事。这时，作者最好事先突破一个期刊，可以采取"以情动人"的策略。集中向某一个期刊反复投稿，作者的诚意在一定程度上会赢得编辑部的同情和关注。在多次反复投稿的同时。对于退稿，作者还可以投向其他期刊。为了统筹安排投稿，一般应先向稿件处理周期短的期刊投稿，先向水平高的期刊投稿，先向能发挥自己稿件最大作用的期刊投稿。对于退稿，经过修改后可以投向其他期刊。但不要一次给同一家期刊投多篇稿件。而应该一次只投一篇稿。如果一次投多篇稿，即使稿件质量都好，一般也可能只录用其中质量较高的一篇。对于作者的多篇论文，应当分别投向不同的相关刊物，如果不被录用，可交换论文和期刊再投。

4.4.2 国外 SCI、EI 期刊投稿经验

对期刊质量的评价有许多方法，但都有局限性，目前比较公认的方法是以期刊影响因子为主的文献计量学指标评价体系。发布这些期刊评价指标的统计体系主要有中国的中文核心期刊评价数据库、美国的科学引文数据库（即 SCI）、爱思唯尔（Elsevier）公司的工程索引（即 EI）。世界各国都十分看重 SCI 和 EI 在期刊和论文的定量评价中的作用。从总体上看，SCI 和 EI 收录期刊所发表的科技成果代表着世界科技发展的水平。

在中国则更是把 SCI 和 EI 看成是高级学术期刊、优质学术论文和先进科学技术的代名词，所以国内学术界十分重视在 SCI 和 EI 期刊上发表论文。学术论文被 SCI 收录和引用已成为评价论文作者及其机构的学术水平、科研创新能力和论文质量的依据。国内多数高等院校都把发表 SCI 期刊论文作为晋升高级职称的必要条件之一。许多单位还对发表这类论文的作者进行较大的奖励。发表 SCI 论文已成为高等院校和科研机构的热门话题，如何提高论文被 SCI、EI 期刊录用的可能性是目前广大高级知识分子所普遍关注的问题。

（1）如何在国外 SCI、EI 期刊上发表论文

➢ 查找和筛选适合自己论文的国外学术期刊

首先是要选择适合本论文的期刊去投稿。这里所谓的"适合"应该包含两种含义：一是所选择的期刊要有录用本论文较高的可能性；二是最终发表本论文的期刊应该尽可能的高档次。为此，我们可以到 ISI 网站中占检索全部"SCI"期刊的详细信息，此外还可从汤姆森网站中的期刊搜索途径、DIALOG 系统、Elsevier Science 公司期刊网站等网址去查找 SCI、EI 目标期刊。查找 EI 期刊，还可以访问 EI 公司的网站，它的 EI Compendex 是全世界最早的工程文摘来源，通过这些文摘是了解 EI 期刊进一步情况的有效途径。此外，也可通过 EI 清华大学图书馆镜像服务去查找和了解 EI 期刊。

一般找适合自己论文的期刊要从期刊的专业对口、期刊的影响因子（Impact Factor）、期刊的稿件录用率等方面综合考虑。

专业对口是最基本的要求，但由于学科交叉等因素，专业基本对口的期刊一般会有很多，要在基本对口的基础上再考虑影响因子和录用率等。投何种档次的期刊，主要取决于论文的水平。论文被录用的可能性自然也主要取决于论文的水平，但也与选刊适合与否关系很大。作者可根据上述因素并结合自己的实际情况选定投稿期刊。在联系国外投稿期刊时，也可利用自己熟悉的国际知名学科带头人的影响，或者利用国际学术交流的有利条件，向那

些了解中国学术研究、信任中国学者的期刊投稿。

➢ 向国外学术期刊投稿的具体过程

首先从选定期刊的网站主页上下载投稿须知（或投稿指南）。在投稿指南上会详细介绍期刊的概况、对稿件的基本要求、投稿操作程序等。现在向国外期刊投稿主要采取网上投稿方式，多数国外学术期刊的网上投稿程序为：投稿人注册，通过 E-mail 或网上上传等方式向期刊编辑部发送稿件，如果是 E-mail 投稿，编辑部收到后应当给投稿者收稿回执，否则应当联系或重发邮件。如果是网络上传投稿，则成功上传后应当立即有成功上传的提示。接下来可能有期刊编辑部与作者之间的通信来往，主要是回答编辑和审稿者的有关质疑。然后是稿件返修过程。作者应当解决和回答返修意见中的所有问题，并要把编辑发来的原稿和修改好的稿件一起寄回编辑部。

对于稿件的修回，不要仓促，要反复阅读、理解审稿人和编辑提出的问题，对每一个问题都要逐条回答；在修回稿中要明确标明已修改的地方；对未修改的地方要说明理由。修改稿件时，除了回答返修的问题外，还要严格遵照投稿指南，对论文体例、语言、图表、参考文献的引用、插图及其说明等进行全面修改完善。

此外，还一定要附上一封说明信，信中可包含以下内容：①稿件内容系作者自己完成，并具有创新性；②没有一稿多投，并在稿件未做出决定前不会再投他刊；③论文中署名的所有作者均对文稿有确实贡献；④所有作者均已阅读文稿，且同意送稿；⑤通信作者地址、电话、Fax、E-mail 等；⑥通信作者的签名。有些期刊可能还需要作者推荐熟悉该论文专业情况的国际权威人士作为审稿候选人，需提供这些专家的姓名、学位、工作单位、电话、Fax、E-mail 等。收到返修稿并不代表论文已经被录用，最终录用与否取决于作者的修改是否达到审稿专家及编辑的要求。

➢ 投稿后续事项

①稿件追踪。如果投稿后没有收到来自期刊编辑部的任何信息，则应该通过电话、E-mail 或信函等联系编辑部，核实稿件是否收到。对于网络上传投稿，一般可以在该网址上进行在线查询。完成稿件返修后也要保持联系并追踪稿件处理的进展。为了稿件的顺利发表，投稿和返修后要保持与编辑部联系方式的畅通，千万不要因为你的传真不通或 E-mail 长期不收而影响论文的发表。

②签署版权协议。通常一篇文章被录用后，在接到录用通知的同时或稍后，你将收到版权协议书。此协议书的主要内容就是要你（们）正式申明，你（们）将把本论文的著作权专有许可使用权授予该杂志社，并保证该论

文是作者原创，没有在其他任何地方发表或投稿。填写版权协议书时，要求所有作者都签名（Signature），或者由通信作者代表所有作者签名。签名需要亲手签署，使用英文、中文都可以，甚至签署一个符号也行。

手写签署的同时，还需要用英语打印出作者的姓名，然后再填上填表日期（Date）。版权协议书必须在规定时间内返回杂志社，返回一般有两种方式：a）填完之后邮寄至表上注明的地址；b）传真传过去；c）填完之后扫描下来，作为电子文件附件发过去。各杂志社的版权协议书可能会有所不同，例如有的还需要填写作者的状态，有的还有详细的填写说明等。

（2）如何提高 SCI、EI 期刊录用论文的可能性

根据实践及有关文献介绍，笔者提出一些有可能提高论文录用率的参考建议。

①文章质量是根本。凡进入 SCI 和 EI 体系的期刊都是经过精挑细选的优秀期刊，加上全世界投稿数量巨大，它们对稿件的录取要求很高，没有明显创新价值的论文一般是不会被发表的。

②选题对口，并符合期刊所设栏目。各领域的科学前沿问题是科技期刊所普遍关注的领域，所以前沿问题的选题一般较易引起期刊编辑的重视。由于国外对中文文献不太熟悉，所以有中国特色的结果或中文文献综述也相对较易被录取。就论文类型而言，研究报告较易被录取，综述相对较难。对国际学术会议进行综述性的报道也比较为中外期刊所看重。

③根据自己论文的水平来选择适当级别的期刊投稿。各期刊的影响因子等统计指标一般可以反映它们的质量状况。一般影响因子高的期刊，其稿件录用要求会相对高一些。但影响因子高低的比较只有在同类期刊中才有意义，相近期刊之间的比较也有一定的参考价值，而在相似性很小的期刊之间，几乎没有比较的意义。投稿前可以对那些对口的期刊进行影响因子排序，选择其中适合自己论文档次的期刊投稿，这样被录取的可能性会大一些。

④针对所要投稿的 SCI 收录期刊，首先要认真阅读其撰稿要求和该刊近期文章，并严格按要求认真修改自己的论文。

国外高档次期刊对稿件格式有严格的要求，作者特别要注意在数据统计、图表制作、文章结构格式、参考文献标注等方面符合期刊规范，不要因为格式、规范、语言等方面的原因而在初步审查就被淘汰。为此，平时要多阅读这些 SCI 期刊的文章，投稿前更应重点关注与自己论文类似的文章。

⑤重视参考文献。国外期刊对论文参考文献的重视程度要明显超过国内期刊，所以需要特别小心参考文献的著录。一般要注意有较多的参考文献数

量，引用 SCI 收录期刊中的文献作为参考文献，文献应尽可能的新。参考文献著录方式也与国内核心期刊有所不同，一定要按照其"作者指南"中所要求的方式著录，或者可以参照该期刊的近期论文中的著录方式。

⑥目前 SCI 收录期刊极大部分是英文期刊，所以良好的英文水平是提高被 SCI 期刊录用率的一个重要因素。英文写作要注意英文表达习惯，要写成地道英语而不是中国式英语。对于英文水平欠佳的作者，定稿前最好请英语为母语的专家帮助修改。平时多阅读已发表的同类英文论文，从中学习一些专业术语和习惯表达方式等，这也是有针对性提高语言水平的有效途径。

⑦认真阅读和理解国际期刊的撰稿、投稿要求。在写文章前一定要认真阅读所投期刊的"作者指南"，一般"作者指南"都对投稿要求做了详细的介绍。作者根据自己文章的内容在投稿时注明文章类型。

⑧除了稿件，还要附上一封给收稿人的投稿信。信中一般可注明如下几点：a）说明此稿为原创，并没有在任何杂志上发表过；b）要有所有作者的亲笔签名，并注明谁是责任作者即通信作者；c）对论文主要内容的简单描述，并突出其创新点；d）说明论文类型；e）责任作者的详细联系方式，特别是工作单位和地址、E-mail、Fax、电话等。有些期刊可能还需要作者推荐熟悉该论文专业情况的国际权威人士作为审稿候选人，因此还需提供这些权威人士的姓名、学位、工作单位、电话、Fax、E-mail 等。

4.5 本章小结

本章主要讨论了科技论文发表的一些基本形式，科技论文评审和发表的一些基本要求，以及投稿过程中经常碰到的一些问题及其解决办法。

5 学位论文的写作与答辩

学位论文是指大学本科生、研究生在毕业前必须完成或毕业设计的总称，它是毕业生获取学士、硕士和博士学位进行的一项工作。

本章重点介绍学位论文的写作要求，学位论文的类型、撰写过程及学位论文答辩等内容。

5.1 学位论文概述

学位论文也称学术论文，按照国家标准的界定："学位论文是表明作者从事科学研究取得创造性的结果或有了新的见解，并认此为内容撰写而成、作为提出申请授予相应的学位时评审用的学术论文。"

学位论文是高等院校毕业生在毕业之前，按学科教育计划的要求，在教师的指导下，独立撰写的学术论文。它是本科毕业生、硕士、博士研究生完成学业的标志性作业，是对学习成果的综合性总结和检验，是从事科学研究的前期尝试，也是考核学生掌握知识的程度，以及利用所学知识，在科学研究过程中分析问题、解决问题的能力，并取得的创造性劳动成果的体现。

撰写学位论文能够培养学生对科学技术问题的观察能力、思维能力、分析能力、判断能力和文字表达能力，为日后从事科学研究工作打下良好的基础。

撰写学位论文并通过答辩，这是科学工作者学术生涯中的重要里程碑，也是取得高一级学位的重要一步。同时，还是作者独立从事一项比较大的研究工作的标志。

学位论文涉及的面很广，内容也更加深入，作者在课题的选择和组织方面也有更大的自由空间。

学位论文的最大作用在于，表明攻读学位的人完成了一项比较大的独创性的智力活动，也以此来证明自己有能力将自己研究的过程组织成书面表达的形式，供自己的第一读者评审，并以此作为获得学位的依据。

我国于1981年颁布实施了《中华人民共和国学位条例》，确定了我国的学位制度（以下简称《条例》）。这标志着我国为促进本国科学专门人才的成长，开发科研资源，促进学术水平提高和科学事业的发展有了可依据的规定。

5.1.1　撰写学位论文的意义

简单地说，学位论文是高等院校毕业生独立完成的一篇总结性的学术论文，主要由毕业生承担和完成。它是高等院校教学和考试制度的一部分，根据《中华人民共和国学位条例》规定，必须通过全部所学课程的考试，同时学位论文成绩合格，才准予毕业，获得毕业文凭。如果学位论文不合格，即使修满学分，各科成绩及格，仍然不能毕业。撰写学位论文有以下意义：

（1）学位论文是科学研究工作的总结

如果没有进行科学研究，就没有学位论文。对自己学习的专业技术的深入研究是撰写学位论文的基础，事实证明，许多完成的学位论文对科技进步有着显著的作用。

（2）撰写学位论文有助于提高科研能力和创造思维能力

通过撰写学术论文，可以发现自己在毕业设计和科研实践中的不足，并将其进一步完善和解决。通过对论文的反复推敲、完善，能使自己对某问题的思考更确切、缜密。所以，写作是一种思维手段，更确切地说，写作是一种思维描述的工具。人们进行科学研究、思考问题，只凭脑子想是想不清楚的，要在思考过程中不断记录、整理、推敲、修改，这样才能使创造性的思考逐层展开，逐步深入，并趋于完善，达到问题的解决。

写作论文的过程需要知识的积累和方法的训练，而完成这个过程会进一步增加知识的积累，并且对总结方法的训练产生影响。所以说，学位论文是对所学专业的总结，也是对自己的思想、理论水平的提高过程，有利于提高自己的科研能力和创造思维能力。因此，撰写学位论文有助于发现新问题，提高的科研能力和创造思维能力。

（3）学位论文反映学生综合素质和全面处理问题的能力

撰写学术论文可以反映出学生在某一学科达到的学术水平、研究能力和工作成绩。可以从以下几个方面反映学生的情况：

➢ 反映学生的专业基础知识掌握得是否牢固；

➢ 能反映学生的查找资料、筛选资料和运用资料的能力；

➢ 能反映学生的思维能力和理论水平；

➢ 能反映学生的学习能力、动手能力、写作基础和分析、综合、演绎、归纳、证明事物的能力，即从事科学研究的综合能力。换言之，写好一篇论文需要坚实的专业知识和专业基础知识，需要较强的研究能力和语言表达能力。

虽然在校修完已规定的学科，但并不能代表他独立运用所学知识开展科研活动的能力。有的学生在校虽然考试成绩不错，但完成的论文或在工作岗位上却表现平平，甚至难于胜任新的工作。

（4）学位论文是授予毕业生学位的依据

我国教育行政部门规定，凡高等学校的毕业生，都要撰写学位论文或毕业设计说明书，通过审核答辩合格后，才准予毕业。我国颁布的学位条例规定：本科学生申请学位者，必须提交学位论文，据此作为是否授予相应学位的重要依据。凡学位论文审核和答辩不符合要求的，不得授予学位。由此可见，学位论文是授予相应学位的依据，是发现、选拔和培养人才的一个途径。

5.1.2 学位论文的分类

同其他学术论文一样，学位论文因学科内容、研究方法和写作方式等因素而存在多样性。其论文类型划分也是多样的。

（1）学位论文的分类

由于学位论文本身的内容和性质不同，研究领域、对象、方法、表现方式不同，其分类方法也就不同。

➢ 按所涉及的专业分类

按学位论文所涉及的专业，可分为政治、教育、历史、文学、语言学科、经济学科、理工学科、农业学科、医学学科等学位论文。

➢ 按学位论文写作的形式分类

按学位论文写作的形式可分为以文字写作为主的学位论文，也有医学、工科学生的实验报告，还有毕业设计等类型。

➢ 按毕业生取得学科等级分类

由于学位论文是用以申请授予相应学位而提出，作为考核和评价的论文，它反映了学位申请者在某一领域中的学识水平、学术成果以及独立进行创造性、科学研究的能力，这是学位评定、授予的重要依据。

（2）学位论文的分级

《中华人民共和国学位条例》将学位论文分为学士、硕士、博士三个等级。

> 学士学位论文

学士学位论文是高等院校毕业生在教师的指导下，独立完成的毕业作业。论文应能反映出作者从事科学研究能力。《中华人民共和国学位条例》第四条规定，只有达到下列两条才可以取得学位：较好地掌握本学科的基础理论、专门知识和基本技能；具有从事科学研究工作或者担负专业技术工作的初步能力。

由于学士学位论文用来考核学生对专业理论知识、专业基础知识的掌握及运用这些知识分析解决问题的能力和水平的，因此，学士学位论文的选题不宜过大，篇幅不宜过长，内容不易过难。作者只要能够较好地分析并解决不太复杂的问题，就应该给以肯定。

学士学位论文的字数一般要求 1 万字左右。因此，学位论文只要能反映出作者具有运用大学期间所学得的基础知识分析和解决本学科内某一基本问题的能力就可获得学士学位。

> 硕士学位论文

硕士学位论文是硕士研究生在导师的指导下，独立完成的学位论文。《中华人民共和国学位条例》中对硕士学位论文的要求是：高等院校和科学研究机构的研究生，或具有研究生毕业同等学力的人员，只有在本学科上掌握坚实的基础理论和比较系统的专门知识，具有从事科研工作和专门技术工作的独立能力者，才可以通过论文答辩，取得硕士学位。硕士学位不光用来考核硕士研究生掌握基础理论、系统知识的深度和广度，同时更注重考核其独立从事科学技术研究工作的能力，以及对专业问题的独到的见解，因此同学士学位论文相比，硕士学位论文必须要有很大的提高。硕士学位论文要充分反映作者独立思考的能力；要充分反映论文的创新价值和学术价值。硕士学位论文的字数一般要求 3 万~5 万字。

> 博士学位论文

博士学位论文是博士研究生在导师指导下独立完成的学位论文。《中华人民共和国学位条例》对博士学位论文的要求是：在某一学科领域具有坚实而深广的知识基础，必须有独到性成果；应有较高的学术水平和学术价值，能够深入进行同类性质问题的研究，有明显的启发性、引导性，在某一学科领域中起先导、开拓的作用。在论文中能反映出有所发现、有所发明，并在研究中做出创造性成果。由于博士论文是内容完整、论述严密，系统而周详的科学论著，具有公开发表的价值，因此，无论在理论上还是在实践上都要有重大的科学意义,有超越前人的创新见解,能够推动学科的发展,促进学术水平的提高。博士学位论文的字数一般要求 5 万~15 万字。

5.1.3 学位论文的特点

学位论文作为学术论文的一种。学术论文所应具备的科学性、理论性、创造性、学术性和规范性的特点,在学位论文中,同样应当具备。撰写学位论文是为了使毕业生树立科学思想、培养科学精神、遵循科学规范、掌握科学研究方法及学位论文的写作方法,为今后独立开展科学研究和撰写学术论文奠定坚实的基础,因此,同学术论文相比,学位论文在具有学术论文特点的基础上,又有自身所特有的鲜明特点。

(1) 指导性

学位论文是在教师的指导下,由毕业生独立完成的。无论是撰写前的准备阶段,还是写作阶段及修改阶段,诸如选题的确立、文献、资料的查阅、研究方法的选择,结构的安排,文章的修改等,都需要教师给予认真的指导、耐心的帮助。引导学生独立地进行工作,可以说,学位论文水平的高低、质量的好坏,从一个侧面也体现着教师的劳动付出,反映出教师的治学态度。

(2) 练习性

学位论文是毕业生完成学业,申请学位的标志性作业,是毕业生所学专业理论知识和基础知识的综合、深化及提高,是科学研究的初步尝试和体验。从学位论文的写作目的来看,主要是对学生的专业,以及利用所学知识分析问题、解决问题能力的检验和考核,是对学生科研能力的培养和训练,为以后的科学研究奠定基础,做好准备。所以从这一层面上看学位论文属于习作性论文。

学士论文的作者,大部分都是第一次涉及科学研究的工作,而且是独立完成整个论文的书面起草工作的,从学习到科研是一种尝试,因此粗糙、幼稚、不成熟在所难免。尽管撰写论文要发挥作者的主动性、创造性,但基本上还是属于必须完成的习作性的文章。

(3) 专业性

专业性是理工科学位论文的一个本质特点,理工科学位论文又分为数学、物理学、化学、生物学、地理学学位论文等。无论在内容还是形式上,理工科学位论文都具有鲜明的专业性。

(4) 规范性

理工科论文,由于被内容、性质、特点、功用所决定,目前在格式上有着固有的规定性和规范性。为此，学位论文虽有文体、样式上的区别，但同一文体、样式，主要理工科学位论文的基本格式一般是固定不变的，有着约定规范，世界上许多国家都对学术论文（包括学位论文）的撰写和编排制定了国家标准，不同学科和专业的学术机构还制定了本学科和本专业的国际标准，在撰写时必须遵守并熟练地运用这些规则和标准。

5.1.4 学位论文的写作要求

学位论文的写作要求与前述的科技论文基本相同，强调以下几点：

(1) 立论要有独创性

立论的独创性是学位论文的价值所在。学位论文不是所学知识的全部或部分的总结，也不是知识介绍。虽然它着眼于毕业生科学研究能力的基本训练，但必须反复强调要有独创性这一要求，衡量独创性可从以下几个方面来考虑：

➢ 所提出的问题在本专业学科领域有一定理论意义或社会意义，并通过研究有自己独特的见解；

➢ 虽是别人已研究过的问题，但作者采取了新的论证方法对提出的问题结论在一定程度上能给人以启发；

➢ 应能以自己的分析，澄清别人在某一问题上的混乱看法，虽无新的见解，但能提出一些新的必要的条件和方法；

➢ 能用较新的理论、方法解决或在一定程度上解决生产中的问题，取得一定的效果或为实际问题的解决提供新的看法和数据；

➢ 用新发现的材料数据来证明已证明过的问题。

(2) 论据要充分、真实

论据充分、真实是学位论文的生命，学位论文应尽可能多地引用自己的实验结果作为证据，如果全篇论文的内容是间接得来的材料拼凑，没有或很少有自己亲自动手得到的东西，这样的论文就没有价值了。

(3) 论证要具有逻辑性

论证是用论据证明论点的方法和过程。从文章全局来说，提出问题、分析问题和解决问题要符合客观规律，符合人们对客观事物的认识程序，使事物的逻辑程序与人们的认识程序科学地统一起来，形成一个逻辑整体。从局部来讲，对某一事物的分析和某一现象的解释要体现出较为完整的概念、判断及推理过程。

(4) 体例格式要规范

学位论文在文体样式上有着基本的规定性。它必须以论点的形式构成全文的结构格式，以多方论证的内容组成文章的整体，以较深的理论分析反映全篇。为此，不能把一般的议论文、实验报告和一般的工作调查报告与学位论文等同。学位论文是学术性的文章，一般来说所论述的是抽象的理论问题，或以抽象的理论回答实践提出的问题，所以语言表达应准确、通顺、可读性好。

（5）内容具有真实性

学位论文的内容是对科学研究进行的系统总结、归纳和分析，必须绝对真实，不允许有半点虚构和夸大。学位论文的真实性要求客观地反映科学研究所取得的成果，涉及的理论、技术、方法、实验及有关的公式、数据和引用的文献资料均需准确无误，不能人为地编造、拔高和渲染，不能脱离实际，制造轰动效应，更不允许抄袭与剽窃。在遣词造句上要做到恰当、准确，避免产生歧义，发生争议。

5.2 学位论文的写作过程

如同科技论文写作，撰写学位论文一般要经过论文构思、拟定提纲、论文起草、论文修改四个阶段。

5.2.1 论文的构思

写作构思是学位论文写作必不可少的步骤，它确定了论文的框架和蓝图。应反复推敲、仔细琢磨、再三斟酌，使论文的轮廓由远而近，由粗略到详尽，达到全局在胸，思路清晰。

（1）构思的内容

构思应从以下几方面思考：思路、层次、顺序、段落、层次间的过渡、开头和结尾的呼应等。考虑论文主题时，中心要明确，各部分的中心、各段落层次的中心都应清楚。在这个基础上，精选材料，组织论据，严密论证，做到全文结构完美统一。

如果一篇论文包括好几个论题，应分清主次，选取由次要论题逐步向重要论题过渡的方法；或采取逐步递增进入高潮的顺序；或是采取相反顺序先写重点，渐及其他。前者适合于短篇论文，后者适合于较长的论文。

构思直接关系到论文的全貌，决定着论文水平。因此，作者必须具备一定的逻辑、语法和修辞能力。而这种能力取决于平日在工作实践、科学实验、调查研究、教学和学习过程中注意观察、揣摸、周密思考、善于发现、勤于阅读、勇于探索，必须逐步积累而达到轻车熟路。

(2) 构思的方法

构思是作者的逻辑思维能力在写作实践中的具体体现，但是只具备逻辑思维能力，不懂构思方法是不够的。因此，下面介绍几种常用的构思方法：

➢ 纵递式。纵递式是科技写作中议论文体常用的结构方式，在围绕中心论述时，采用由表及里、由浅入深、层层递进、步步深入的方法进而得出结论；或者先论述分论点，使分论点逐渐逼近、靠拢总论点，最后水到渠成，得出结论来。这种以纵向为线，按从属关系为序安排组合，由低层次到高层次，顺应事理的内在联系，显得层次分明，条理清晰。

➢ 横列式。这种结构方式是以横向为线，以材料的性质来分类并安排层次，各层次之间是平行并列的关系。全文围绕中心，不同的力度提出问题，分别加以论述。论文的各个层次既是相对独立的，又是相互联系的。各个层次从不同角度、不同方面论述总论点，有主有次，重点突出。

➢ 纵横交叉式。纵横交叉式是指以纵或横为主线，或纵中有横，或横中有纵，纵横交错，最后综合出结论来。这样达到虽繁而不杂，虽活而不乱的要求。

➢ 因果式。因果式的结构，是指前后部分之间形成因果关系，有的是先因后果，也有的是先果后因。这种结构方式，引人注目，容易理解，符合读者的阅读习惯。

➢ 时空顺序式。时空顺序式是指以纵向时间的推移或以横向空间方位的变换为顺序来划分论文层次的结构方式。它常常根据工作进行的步骤或事情发生的空间位置，由近及远、由前到后、由上到下、由内到外逐步地进行阐述。这种表达方式，一般用于科技论文中的记叙类文体、说明类文体等。

以上介绍的是比较常用的结构方式，但这些结构方式都不是单一的，也不是一成不变的。具体写作时应根据情况恰当地运用，切莫生搬硬套，要自觉地养成观察与分析的习惯。科技论文写作的构思能力不是凭空产生的，而是以客观事物为基础的，因此，认真观察分析客观事物，从而找出客观事物的内在规律及其本质，这是提高构思能力的重要途径之一。

要想提高科技写作的构思能力，首先要认真观察客观事物；其次要善于分析问题，不仅要看到问题的正面，而且要看到问题的反面，不仅要看到问题的有利因素，而且要看到问题的不利因素。这样动起笔来才能得心应手，思路才能开阔，写出论文来才能有条理，结构才能严密而又完整。

5.2.2 拟定论文提纲

拟写论文提纲是进入写作计划的一部分。它在确定了有价值、有研究基础的论文题目后，充分地做了搜集参考资料和阅读资料的准备工作以及酝酿形成论证角度和基本论点以后，开始进行，略述如下。

（1）拟定提纲的意义

论文提纲是一个反映论文基本观点、佐证材料、论证角度和步骤，以及依照逻辑关系层层展开的纲目体系，它是一篇论文的骨架和纲领，也是一篇论文的雏形和缩影。撰写学位论文时，一定要先拟好提纲，没有好的提纲，就很难写出质量较高的论文，拟写提纲具有以下作用：

➢ 有利于理清思路，突出重点，探求最佳的论证角度，层层展开讨论；
➢ 有利于建立框架，勾出论文雏形，组织剪裁材料；
➢ 有利于根据纲目结构，科学安排时间，分段写作论文；
➢ 有利于指导老师提出修改意见，按时做出修改、调整。

（2）拟定提纲的原则

由于论文是以纲目和纲目结构的形式表现出来的，因此拟写论文提纲应该遵循以下基本原则：

➢ 纲目要紧贴主题和论点。写提纲时，要确定选题和论点，确定从何角度，以何种方式立论，以及中心论点之间有哪些次要论点，文章的内容和结构要服从论文的立论，各级纲目都要围绕主要论点和从主要论点区分出来的次要论点展开，主次分明，从容序列，为全文的写作打好基础。

➢ 纲目结构要有逻辑性。由于科研工作研究的对象都具有自身的规律性，要揭示反映这种规律性及其多个现象之间的联系，论文的纲目结构必须要具有严密的逻辑性。论文的逻辑性主要表现在论文结构、论证、论述过程等各个方面，既在横向纲目之间，又在上、下层次的纲目之间，以及它们和它们所包含的内容之间。

➢ 纲目结构要完整齐备。由于论文内容反映的是一个完整的研究过程，要表达完整过程就要有一个完整的结构。完整的论文结构要求有合理的布局，将文章各部分有机地组织在一起，使整篇文章层次清楚、前后呼应、材料充实，文字疏密得当。这些都必须建立在纲目的完整性基础上。

（3）论文提纲的格式

论文提纲通常包括以下项目：标题、基本论点、论证方法和目录纲要。目录纲要由并列的二级标题组成，二级标题下再列出子目（三级）和纲目（四级）。四级以上的标题在国家标准《科学技术报告、学位论文和科技论文的编写格式》中分别称作章、节、款、项。论文提纲可简、可详。可以简单地写，列出章、条、款、项组成的目录。也可以写得比较详细，这就要求不仅列出章、条、款、项，在章、条、款、项等提纲之下，用句子或段落写出每一级提纲下的内容，必要时也可写出第一级目次下的论点与方法。论文提纲的目录纲要，是由章、节、条目、子目组成的一个逻辑图表，如下所示：

论文题目
作者名
作者单位

摘要

关键词

1 引言

2. 一级标题

2.1 二级标题

……

n 结论

5.2.3 起草论文初稿

在正式开始起草初稿之前，必须检查基础工作和由此产生的工作条件，并对执笔顺序和写作方法做出选择。

（1）起草初稿的条件

起草初稿是在拟写论文提纲和相关条件基础上进行的，拟写提纲完成后，还应慎重检查所有撰写初稿的条件是否已经具备。其条件如下：

➢ 选题已确定，并有足够的资料；

➢ 已确定好了论文的立论和研究方法；

➢ 通过对资料的分析，已对论文布局和结构确定，并拟定好了论文写作提纲。

一般而论，论文初稿就是论文提纲的细化和扩展，但在撰写初稿时，随着对提纲的细化和扩展往往会产生更新的观点，这时可能重新做局部甚至是全局的构思、修正，更改原先的提纲。

（2）修改提纲的方法

初稿的写作就是依据提纲，将课题研究的结果形成的结论和学位论文要求的规范表达出来，它是论文形成过程中最艰苦的工作阶段。其目的是要把所有想写的内容全部表达出，全部实验数据和资料进行详细的分析、归类。在初稿写作过程中，还可及时发现研究工作的不足或错误，它也是研究工作的主干，初稿写法有四种：

> 严格顺序法

严格顺序法是论文的常用写法，即作者按照研究课题内容结构，根据一定的顺序，如论文的结构顺序、研究内容顺序等逐一论述，先提出问题，然后进行论证，最后给出结论。

> 一气呵成法

一气呵成法是作者依据拟好的提纲照此方式起草初稿。作者沿着思路，没有中断，一鼓作气写下去。写作中不为较小的疑难或选择词句而发生停留，尽可能把头脑中涌现出的词句写出来，疑难问题留待初稿完成后再去推敲、修改。这会使论文初稿衔接自然、结构完整，产生良好的影响，也会使完成初稿花费时间少。对准备工作充分，拟定提纲后写作时间又比较集中的情况，通常可采用这种方式。

> 重点写作法

重点写作法是指从论文的核心章节开始的写作方法。若作者对论文的主要论点及论据已经明确，但一气呵成的条件还不十分成熟，则可采用重点写作法。这种写法不是按论文的自然顺序写，而是根据自己的构思，分解出主次，分别写作，最后组装成篇。

> 分段写作法

分段写作法是指作者从最先考虑成熟的内容开始动笔，先完成此段内容的写作，其余内容待考虑成熟或进一步研究后再行写作。全文写完后，再进行前后的对照检查，使前后文风格保持一致，层次间衔接紧凑、自然，避免冗余。当论文的主要论点已经形成，但论点的说明或阐述还需分若干段落、层次，则可采取分段写作法形成初稿。用这种写法，每一次最好完成一个完整的部分，以便下次接着往下写时，大体考虑一遍已写过的内容，就可顺势写下去。

(3) 起草论文初稿应注意的问题

在起草论文初稿阶段，有许多问题还是需要注意的，否则，就会功亏一篑，前功尽弃。

> 不要把初稿写成知识普及型的文章。但在实际写作当中，还是有人把论文写成"教科书"。这种情况主要表现在两方面：一是论证过程啰唆；二是选用材料不简略、不精。

> 引用材料过多。没有自己独到的见解和精辟的分析，论文成了一个材料库。

> 只提出问题，不分析问题的毛病。

5.2.4 论文的修改

论文的修改就是对论文初稿所写的内容不断加深认识，对论文表达形式不断优化选择直到定稿的过程。一篇论文的修改，不仅是在语言修辞等技巧上的修改，更重要的是对全篇论文的论点及论据进行再次推敲，使论文更趋于完美。学位论文的写作过程就是一个不断修改的过程。

（1）修改的范围

论文修改的范围主要包括对论文内容和形式两个方面的修改。对论文内容的修改，主要是指对论文的观点、方法和材料的修改。对论文形式的修改，主要是指对论文结构、语言及其表达方式的修改。具体包括以下五条内容。

➢ 修改观点

观点体现论文的价值是修改时首先应注意的问题。修改观点应从两方面进行：一是观点的修正，检查全文的论点及由它说明的若干问题是否带有片面性或表达不够准确，进行反复推敲。若发现新问题，应重新查阅资料，对实验方法及数据，给予增补、改换。二是观点的修改，应检查自己的论点是否与别人雷同，有无新意，若无新意，则应从新的角度提炼观点，形成自己的见解。

➢ 修改材料

初稿中的材料一般只是按序罗列。修改材料就是通过对这些材料的增、删、改、换，使文章观点明确，论点和材料达到和谐统一。

➢ 修改结构

结构是文章表现的重要因素，结构的优劣直接关系到文章整体大局和内容的表现效果。初稿完成后，首先要检查是否符合论文的结构要求，论点、论据、论证三个要求是否全部具备，层次、主次是否清楚，文章的各部分安排是否得当，开头、结尾、段落、层次、主次结构的各个环节是否合适。若存在不合适情况，则应对其进行修改。

➢ 修改语言

语言是科技论文要求的重要方面，要把作者自己的研究成果恰如其分地描述出来，让读者易于接受，就必须在语言上下工夫，要反复斟酌、反复修改。学位论文对语言的要求首先是准确，其次才是可读性。因此，语言的表达均应实事求是，切忌牵强。对自己的研究成果或结论，作者自己不应做出过多的评价，如有的作者常把自己的成果说成是"国内首创"，"填补了××空白"，这些语言不应出自作者之口，要让读者去体会、评价。论文一般不用第一、第二人称，因为第一人称往往给人以"听讲演，受教育"的感觉，容易引起读者反感，第二人称则会给读者以咄咄逼人的论战姿态使人畏而远之。另外，图表也是学位论文的特殊语言，在进行语言修改过程中，还应检查一下文章中图表数据是否可靠、形式是否规范、是否符合要求、标点是否合理表达语意等。

总之，修改语言的目的是使文章的观点能够准确、鲜明、简练、生动地表达论文的内容。

➢ 修改标题

初稿修改好后，最后对论文的标题进行再一次斟酌修改。虽然从总标题到子目标题和细标题，撰写初稿时已经拟订，但却不一定是最后确定的标题。总标题和其他各级标题，对整篇论文或对论文的各章、条、款、项有画龙点睛的作用，因此，要反复斟酌、推敲，一直到找到最切题、最具概括性、最适合表达所述内容的标题。

（2）修改的方法

根据学位论文的特点，一般有效的修改方法有以下几种：

➢ 通篇考虑修改

通篇考虑修改就是对论文初稿要反复阅读，考虑论文的基本观点、主要论据是否成立，全文布局是否合理、论据是否正确，结论是否自然、恰当，论证是否严密，全文各部分衔接搭配是否恰当等。

➢ 逐步推敲，及时修改

初稿完成后，在对全文通读的基础上，可逐字逐句、逐段审查，发现问题及时解决。

➢ 请教他人，帮助修改

由于初稿完成后，作者头脑已形成一个框框，同时，对自己写的论文难以割舍部分内容，这就很难保证论文的质量，最好的办法是请别人帮忙，将稿件送给同行或指导教师，请提意见，然后分析意见，再做修改。事实证明，这种方法可以避免大的失误。

➢ 暂时搁置，日后再修改

论文初稿完成后，一般要间隔一段时间再修改，这样做是为了遗忘习惯思维模式，以新的眼光、新的视角重新审视论文，以便发现初稿中的失误，把初稿改得更好一些。当然，如果时间紧迫，立即动手修改也无妨，这时对初稿中存在的问题记忆犹新，改起来也自有便利之处。

关于论文修改采用何种方式，常常取决于每个人的思维方式、写作习惯，不可强求一致。

5.3　学位论文的答辩和评审

学位论文完成后，首先要由指导老师审查、评定，但它不是论文评判的唯一形式，而论文答辩则是论文评判的另一重要形式，它是论文写作的继续。

5.3.1　学位论文答辩的意义

总体而论，学位论文答辩是审核论文并考察论文作者对课题的掌握程度以及综合研究水平的重要方式，也是锻炼学生反应能力和独立处理问题能力的有效手段，同时又是对答辩人的心理素质的一次检测和考验，它有以下意义。

（1）答辩是论文写作的继续

答辩是对问题的答复和辩解，它是由老师组成的评审组（或评委会）针对学生论文主题和内容质疑问题，由学生给予答复，最后由评审组给出答辩分数。

学生为了进行答辩，必须准备答辩过程，作者要继续熟悉自己论文的内容，同时要考虑到答辩提问的范围。因此，对论文观点的提炼和材料的运用等都要了然于胸，这正是论文写作的继续。

不仅如此，答辩也是一种新的训练，一种对口才、辩才和应变能力的训练，这种训练超出了论文写作的范畴，从过程、内容、形式等方面都相当于演说、讲授、辩论的训练，完全可以看做是教学内容的延伸。

另外，毕业答辩委员会一般由具有丰富实践经验和较高专业水平的教师和专家组成，他们在答辩会上提出的问题一般是本论文中涉及的带有基本性的问题，是论文作者应具有的基础知识，也是论文中没有阐述周全、论述清楚、分析详尽的问题，而论文中的薄弱环节和不足，通过提问和指点，可以了解自己撰写学位论文中存在的问题，作为今后研究其他问题时参考。而对自己还没有搞清楚的问题，通过答辩、讨论，还可以直接传教，以使学生有更多的学习机会。

（2）答辩是对指导教师评审论文的必要补充

学位论文是由指导老师给以评定，作为评定论文书面成绩的依据。然而，一个人由于其学术观点、知识面等原因的影响，往往带有片面性。而答辩由许多人组成评审小组，比一个人的意见更公正、更全面，对评审标准的掌握也会较为一致，它恰恰补充了指导老师书面评定的不足。

(3) 学位论文答辩是展示毕业生能力的良机

在当今社会，能言善辩已成为人们必备的素质。而学位论文答辩是大学毕业生学习、锻炼辩论艺术，全面展示自己的勇气、才能、智慧、风度和口才的一次机会。一个人如果掌握了较高的辩论技巧，他在事业上、在人际交往中就会如鱼得水，学位论文答辩是即将跨出校门的学习、提高辩论技巧、展示自己的良机。

(4) 学位论文答辩是倡导良好学风的保证

近期，由于高等院校不断扩大招生规模，越来越多的人进入高等院校学习，虽然这是社会的进步，但也不可避免地带来某些负面效应，个别在论文写作过程中抄袭剽窃现象时有发生，而答辩无疑是有效制止这种不良风气的措施之一。

5.3.2 学位论文答辩的准备

论文作者在提交了论文之后，应立即做好答辩准备，论文答辩准备一般分工作准备和论文报告提纲的准备。

(1) 论文答辩的工作准备

➢ 首先要明确答辩目的、过程和要求，要熟读有关规定，若能事先参加别人的论文答辩，则更好。

➢ 要熟悉自己所写论文的全文，尤其要熟悉主体部分和结论部分内容：①编写论文报告提纲；②准备其他辅助表达方式，例如，论文自述过程需要多媒体课件、图表、照片、挂图、幻灯、样品以及现场演示的实验等；③默讲和试讲，最好模拟正式论文答辩进行试讲，以便在规定时间内重点突出、条理清楚、层次分明。

(2) 论文报告提纲的准备

写好论文答辩提纲是答辩成功的重要一环。答辩提纲一般包括以下内容。

➢ 论文选题的意义。主要内容：为什么选择这个题目，其价值和意义，本课题研究的历史现状，前人做过哪些研究，取得哪些成果，有哪些问题还没有解决，自己有什么新的想法，提出并解决了哪些问题等。

➢ 论文使用的研究方法，包括实验的设计、数据的获得。

➢ 论文的重要成果，包括说明和解决了哪些问题、成果的创新点、有何理论或应用价值等。

另外还要对老师可能提出的问题回答的要点予以准备。

论文报告提纲不同于论文写作提纲，它是一个讲稿提纲，因此，最好写成演讲语体。总字数不能过多，幻灯片应清晰简洁，连续层次不能太多，最好写成标题或提纲的格式。

5.3.3 学位论文的答辩

（1）答辩过程

➢ 答辩开始。答辩开始由答辩委员会宣布答辩纪律及参加答辩人员名单，答辩次序及其他安排与要求等事项。

➢ 应试人做答辩准备。学生按报告提纲报告论文，必要时进行演示、板书，时间一般不超过 20 分钟。

➢ 问题答辩。论文报告完后，主答老师一般提三个问题，可让学生准备数分钟后回答，也可连续回答。其他老师也可以提问，答辩时间一般为 5~10 分钟。

➢ 结束答辩。学生答辩完后按主席的示意，礼貌地表示谢意后退场。答辩委员会集体根据论文质量和答辩情况，商定通过或不通过，并拟定成绩和评语。

（2）答辩应注意的问题

学位论文及其答辩得分各占一定比例，论文本身分数虽高于答辩分数，但若答辩不及格，则论文分数再多也不能及格，由此可见答辩的重要性。为此，答辩技巧就成为非常重要的事了。因此必须做到以下几点：

➢ 重新整理已经用过的资料，以便更加熟悉，更加全面掌握。

➢ 参加论文答辩会，要带上自己论文的底稿和重要资料，以备临时查阅。

➢ 在答辩过程中，一定要做到态度从容、语言流畅、观点明确、语言简洁。在遇到自己无法回答的问题时，要实事求是地说明。

➢ 答辩中，对回答不出的问题不可狡辩。学生对于不懂的问题要如实说明情况，虚心请教，切忌不懂装懂，乱说一气。当提出的超过论文课题的研究范围，也可作必要的说明。如果答辩委员会有相反的观点，学生可以辩论，但一定要抱着谦虚的态度，勇于补充论文的不足，不要坚持自己的观点。

➢ 答辩结束时，主持答辩的老师通常会对答辩情况做出小结，对论文及其答辩会给以肯定、补充和纠正，答辩者应虚心听取。最后答辩者表示感谢后离席。

5.3.4 学位论文的评审

学位论文是有特定要求和明确评定标准的，对论文的选题、论点、论述方法、论述依据、论文的框架结构、语言表述等都有明确的规定。学位论文的陈述不要平铺直叙地介绍论文的内容，而应该着重介绍自己为什么要写这篇论文、自己的创新点和论文的不足等。由于撰写学位论文的时间有限，加上种种客观条件限制，撰写的学位论文不可能尽善尽美。因此，对于不同学生完成一般来说，各个高校都制定了评价学位论文水平的量化标准，通常按照论文的水平将其分为优秀、良好、中等、及格和不及格五个等级，不同等级的具体标准大致如表 5-1 所示。

表 5-1　　　　　　　　本科生毕业设计评分标准

项目	权重	分值	优秀 (100>X≥90) 参考标准	良好 (90>X≥80) 参考标准	中等 (80>X≥70) 参考标准	及格 (70>X≥60) 参考标准	不及格 (X<60) 参考标准	评分
文献阅读 外文翻译 开题报告	0.20	100	除全部阅读指导教师指定的参考资料、文献外，还能阅读较多的自选资料，较好地理解课题任务并提出 2 500 字以上的开题报告实施方案，能出色完成规定的外文翻译，译文准确质量好	除全部阅读教师指定的参考资料、文献外，还能阅读一些自选资料，并提出 2 500 字以上较合理的开题报告实施方案，能较好完成规定的外文翻译，译文质量较好	能阅读教师指定的参考资料、文献，有 2 500 字以上的开题报告实施方案，能按时完成规定的外文翻译，译文质量尚可	能阅读教师指定的参考资料，有 2 500 字以上的开题报告实施方案，基本完成规定的外文翻译，译文无大错	未完成教师指定的参考资料及文献阅读任务，开题报告实施方案不合理，外文翻译达不到规定的要求	

续表

项目	权重	分值	优秀 (100>X≥90) 参考标准	良好 (90>X≥80) 参考标准	中等 (80>X≥70) 参考标准	及格 (70>X≥60) 参考标准	不及格 (X<60) 参考标准	评分
技术水平与实际能力	0.20	100	设计合理、理论分析与计算正确,实验数据准确可靠,有较强的实际动手能力、经济分析能力和计算机应用能力	设计比较合理、理论分析与计算正确、实验数据比较准确,有一定的实际动手能力、经济分析能力和计算机应用能力	设计比较合理,理论分析与计算基本正确,实验数据基本准确,实际动手能力尚可,论文中涉及经济问题	设计基本合理,理论分析与计算无差错	设计不合理,理论分析与计算有原则错误,实验数据不可靠,实际动手能力差	
创新	0.10	100	有重大改进或独特见解,有一定实用价值	有较大改进或新颖的见解,实用性尚可	有一定改进或新的见解	有一定见解	观念陈旧	
综合应用基础理论与专业知识的能力	0.20	100	对研究的问题能较深刻分析或有独到之处,成果突出,反映出作者很好地掌握了有关基础理论与专业知识	对研究的问题能正确分析或有新见解,成果比较突出,反映出作者较好地掌握了有关基础理论与专业知识	对研究的问题能提出自己的见解,成果有一定意义,反映出作者基本掌握了有关基础与专业知识	对某些问题提出个人见解,并得出研究结果,作者对基础理论和专业知识基本掌握	缺乏研究能力,未取得任何成果,反映出作者基础理论和专业知识很不扎实	

续表

项目	权重	分值	优秀 (100>X≥90) 参考标准	良好 (90>X≥80) 参考标准	中等 (80>X≥70) 参考标准	及格 (70>X≥60) 参考标准	不及格 (X<60) 参考标准	评分
文字表达	0.10	100	论文结构严谨，逻辑性强，论述层次清晰，语言准确，文字流畅	论文结构合理，符合逻辑，文章层次分明，语言准确，文字流畅，达到规范化要求	论文结构基本合理，层次较为分明，文理通顺，基本达到规范化要求	论文结构基本合理，论证基本清楚，文字尚通顺，勉强达到规范化要求	论文结构不合理，论证不清楚，文字不通顺，达不到规范化要求	
答辩情况	0.10	100	能简明扼要、重点突出地阐述论文的主要内容，能准确流利地回答各种问题	能比较流利、清晰地阐述论文的主要内容，能较恰当地回答与论文有关的问题	基本能叙述出论文的主要内容，对提出的主要问题一般能回答，无原则错误	能阐明自己的基本观点，答辩错误经提示后能作补充或进行纠正	不能阐明自己的基本观点，主要问题答不出或有原则错误，经提示后仍不能回答有关问题	
学习态度与规范要求	0.10	100	学习态度认真，作风严谨，保证设计时间并按任务书中规定的任务和进度开展各项工作，成果完全符合规范化要求	学习态度较认真，作风良好，能按期圆满完成任务书规定的任务和工作量，成果完全符合规范化要求	学习态度尚好，遵守组织纪律，基本保证设计时间，按期完成任务书规定的任务和工作量，成果完全符合规范化要求	学习态度尚可，在指导教师的帮助下能按期完成任务书规定的任务和工作量，成果基本符合规范化要求	学习马虎，纪律涣散，工作作风不严谨，不能保证设计时间和进度，没有完成规定的工作量，成果不符合规范化要求	

表 5-2　　　　　　　　　　本科生毕业论文评分标准

项目	权重	分值	优秀 (100>X≥90) 参考标准	良好 (90>X≥80) 参考标准	中等 (80>X≥70) 参考标准	及格 (70>X≥60) 参考标准	不及格 (X<60) 参考标准	评分
文献阅读 外文翻译 开题报告	0.20	100	除全部阅读教师指定的参考资料、文献外，还阅读较多的自选资料，并认真写出自己的读书心得和2 500字以上的开题报告，能出色完成规定的外文翻译，译文准确质量好	除全部阅读教师指定的参考资料、文献外，还能阅读一些自选资料，并认真写出自己的读书笔记和2 500字以上的开题报告，能较好完成规定的外文翻译，译文质量较好	阅读了教师指定的参考资料、文献，并能写出自己的读书笔记和2 500字以上的开题报告，能按时完成规定的外文翻译，译文质量尚可	能阅读教师指定的参考资料，写出自己的读书笔记和2500字以上的开题报告，基本完成规定的外文翻译，译文无大错	未完成教师指定的阅读资料，未写出读书笔记，开题报告、外文翻译达不到规定的要求	
学术水平与创新	0.25	100	论文有独到见解，富有新意或对某些问题有较深刻的分析，有较高的学术水平或较大的实用价值	论文有一定的见解，或对某一问题分析较深，有一定的学术水平或实用价值	论文能提出自己的看法，选题有一定的价值，内容能理论联系实际	选题有一定的价值，但论文中自己的见解不多	论题不能成立或有重大毛病	

续表

项目	权重	分值	优秀 (100>X≥90) 参考标准	良好 (90>X≥80) 参考标准	中等 (80>X≥70) 参考标准	及格 (70>X≥60) 参考标准	不及格 (X<60) 参考标准	评分
论证能力	0.25	100	论点鲜明,论据确凿,论文表现出对实际问题有较强的分析能力和概括能力,文章材料翔实可靠,有说服力	论点正确,论据可靠,对事物有一定的分析能力和概括能力,能运用所学理论和知识阐述有关问题	观点正确,论述有理有据,材料能说明观点,面也比较宽,但独立研究不足,论文缺乏一定的深度	观点基本正确,能进行一定论述,但缺乏分析概括研究能力,照搬他人的观点,拼凑的痕迹比较明显	基本观点有错误或主要材料不能说明观点	
论文撰写质量	0.10	100	论文结构严谨,逻辑性强,论述层次清晰,语句通顺,语言准确、生动	论文结构合理,符合逻辑,文章层次分明,语言通顺、准确	论文结构基本合理,层次较为清楚,文理通顺	论文结构中有不合理部分,逻辑性不强,论说基本清楚,但不严密、不完整,或说服力不强	内容空泛,结构混乱,文字表达不清,文题不符或文理不通,有抄袭现象	
答辩情况	0.10	100	能简明扼要地阐述论文的主要内容,能准确流利地回答各种问题	能比较流利、清晰地阐述论文的主要内容,能较恰当地回答与论文有关的问题	能叙述出论文的主要内容,对提出的主要问题一般能回答,无原则错误	能阐明自己的基本观点,对某些主要问题虽不能回答或有错误,但经提示后能作补充说明或进行纠正	不能阐明自己的基本观点,主要问题答不出或有原则错误,经提示后仍不能回答有关问题	

续表

项目	权重	分值	优秀 (100>X≥90) 参考标准	良好 (90>X≥80) 参考标准	中等 (80>X≥70) 参考标准	及格 (70>X≥60) 参考标准	不及格 (X<60) 参考标准	评分
学习态度与规范要求	0.10	100	学习态度认真，作风严谨，保证论文时间并按任务书中规定的任务和进度开展各项工作，论文完全符合规范化要求	学习态度较认真，作风良好，能按期圆满完成任务书规定的任务，论文达到规范化要求	学习态度尚好，遵守组织纪律，论文基本达到规范化要求	学习态度不太认真，组织纪律较差，论文勉强达到规范化要求	学习马虎，纪律涣散，论文达不到规范化要求	

论文答辩记录和评委关于答辩质量的评议，加上论文指导老师对论文的评语，是学位论文成绩计分的依据。通常，评分中论文质量占70%，答辩结果占30%，但必须以论文和答辩成绩都及格，总成绩才能及格。一般论文成绩评定如前所述，分四级：优（相当于百分制90分以上）、良（70~89分）、及格（60~69分）、不及格（59分以下）。

根据有关规定，学位论文不及格者不发毕业证书，也不能授予学士学位，可按结业处理。但允许学生在工作以后的一年内再回学校补充学位论文并参加答辩。学生在补做学位论文及格并通过答辩后，应换发毕业证书和补发学位证书。

5.4 学位论文的构成项目

一份完整、规范的学位论文应包括封面、前言、摘要和主体部分。

5.4.1 封面

封面可提供有关信息，又能起到保护作用，其登载的内容主要如下：

①分类号。分类号在封面左上角标注，一般应注明《中国图书资料分类法》的类号，同时也应尽可能注明《国际十进制分类法》的类号。

②本单位编号。本单位编号一般注在封面的右上角。
③密级。密级标注在封面的右上角,若无保密要求,可不标注。
④标题。要用大字号标于显著位置。
⑤责任者。责任者包括论文作者、指导老师、答辩委员会、评审人及学位授予单位。个人责任者的职务、职称、所在单位名称及其地址应当一并注明;责任者若为单位或集体,应当用全称和地址。
⑥申请学位级别。在学士、硕士、博士三级学位中,作者所申请的是哪一级学位要标注清楚。
⑦论文完成日期、论文答辩日期。

5.4.2 前言

作为学士学位论文的前言可包括于正文中(如前所述),但对于涉及的专业领域深、知识面广的论文,前言应专门列出一页主要撰写以下内容:

①本课题研究领域所涉及的学科及目前未能解决的问题、重点、难点、研究的背景;
②本课题分几个方面对所提出的问题进行研究;
③本课题研究解决了什么问题,得到什么结果;
④在完成本课题中,得到了哪些老师和同仁及单位的支持和帮助,并表示感谢……

5.4.3 摘要

学位论文摘要除学士学位论文,由于篇幅较小,可用前述科技论文摘要写法写作外,对于硕士、博士学位论文,由于涉及的内容广、深度深,所以摘要的写法可以不受字数限制,一般应包括:研究的目的、意义、对象、方法和结果等。对硕士、博士学位论文还应写英文摘要。

5.4.4 主体部分

学位论文的主体部分包括:引言、正文、结论、致谢、参考文献等,可按科技论文撰写要求写。

5.5 本章小结

本章主要探讨了学位论文的结构,以及学位论文写作、评审、答辩过程中常见的一些问题及其解决办法。

第二篇
文献检索

6 文献检索基础知识

6.1 信息、知识、情报

6.1.1 信息

（1）定义

信息一词是当今使用最广泛的词语之一，然而至今尚未有公认的定义，各种定义不下百余种。作为日常用语，指音信、消息；作为科学术语，广义上指事物属性的表征，狭义上指系统传输和处理的对象。实际上，任何一种音信和消息（如通知、报道、新闻等），或任何一个系统传输和处理的对象（如数据、事实、信号等），都不外乎是关于某一事物的某种属性（如状态、外形、构造、成分、重量、数目、运动、静止、声音、味道等）的反映，因此，信息的日常含义与科学含义、广义与狭义是相通的。

（2）功能

信息的功能主要包括：

①扩大了人们关于世界的科学图景，揭示了客观世界层次和要素新的一面，有助于人们认识宇宙发展中进化与退化的辩证统一。

②可以用来消除人们在认识上的某种不确定性。人类认识世界，就是不断地从外界获取信息和加工信息的过程。

③同物质、能量一样是一种资源，物质提供材料，能量提供动力，信息则提供知识、智慧和情报。

（3）类型

按不同的标准，信息可分为不同的类型。按生成领域可分为自然信息、社会信息和思维信息；按逻辑层次可分为语法信息、语义信息、语用信息；按接收过程可分为潜在信息、先验信息、实得信息；按存在状态可分为瞬时信息、保留信息。信息本身不是实体，必须借助某种介质才能表现或传播。

（4）属性

信息的属性是信息本身所固有的性质。作为特殊形态的客观事物，信息主要有以下性质：①普遍性；②客观性；③中介性；④增值性；⑤扩散性；⑥可储性；⑦可知性；⑧共享性。

6.1.2 知识

（1）定义

知识是人类认识的成果或结晶，是人类在认识和改造世界的社会实践中获得的对事物本质的认识。

（2）作用

知识在人类社会的发展中起着巨大的作用：

①知识是文明程度的标志。衡量一个国家、一个民族文明程度的高低，主要是看其创造、吸收、掌握、应用知识的能力。

②知识可以转化为巨大的生产力，劳动者素质的提高、工具的进步、劳动对象的扩大、经济的发展，都是知识推动的结果。

③知识是建设精神文明的动力，是科学教育的内容，能促进人类智能的改善。

（3）类型

知识的类型可以从不同角度划分：按反映对象的深刻性可分为生活常识、科学知识；按成熟程度可分为经验知识、理论知识；按存在方式可分为主观知识、客观知识；按可用性可分为个人知识、社会知识；按门类结构可分为基础知识、技术知识、应用知识；按描述内容可分为哲学知识、自然科学知识、社会科学知识、思维科学知识等。

（4）属性

知识的属性是知识本身所固有的性质。知识主要有以下性质：①意识性；②信息性；③实践性；④规律性；⑤继承性；⑥渗透性。

6.1.3 情报

（1）定义

情报是人们为一定目的搜集的有使用价值的知识或信息。

（2）功能

情报的功能主要是：①启迪思维，增进知识，提高人们的认识能力；

②帮助决策，协调管理，节省各项事业的人力、物力和财力；③了解动向，解决问题，加快人们各项活动的进程，以便在竞争中获胜。

（3）类型

情报的类型按内容范围可分为科学技术情报、社会科学情报、政治情报、军事情报、经济情报、技术经济情报、体育情报、管理情报等；按使用目的可分为战略情报、战术情报；按传播形式可分为口头情报、实物情报、文献情报以及文字情报、数据情报、音像情报等；按公开程度可分为公开情报、内部情报、秘密情报、机要情报等。

（4）属性

情报属性是情报本身所固有的性质。主要表现在以下方面：①知识与信息性；②传递性；③效用性；④动态性；⑤社会性；⑥语言性；⑦可塑性。

6.1.4 信息、知识、情报的关系

信息、知识与情报三者之间表现出来的辩证关系是：

（1）信息的概念十分广泛，既存在于人类社会，也存在于自然界，它统一于物质世界，其中被人们认知并系列化了的那部分信息转化为知识，在人们实践活动中有使用价值的那部分信息成为情报的一部分。

（2）知识仅存在于人类社会，是意识的产物。信息是产生知识的原料，信息在转化为知识时经过人脑的判断、推理、综合，同时转换了载体。其中，在人们实践活动中有使用价值的那部分知识成为情报的主要部分。

（3）情报属于人工信息的范畴，信息与知识都是它的来源。符合人们特定需要的信息和知识一旦成为情报之后，便具备了动态性、效用性、时间性等特征，未被人们作为情报而搜集、加工、存储、利用的信息则是一般意义的信息。失去时效性的情报又可还原为知识。由此可见，信息的范围比知识、情报大，知识只是信息中的一部分，情报则从信息与知识两方面获得。三者之间的相互关系如图6-1所示，转化过程如图6-2所示。

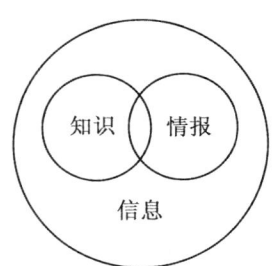

图 6-1 信息、知识、情报相互关系

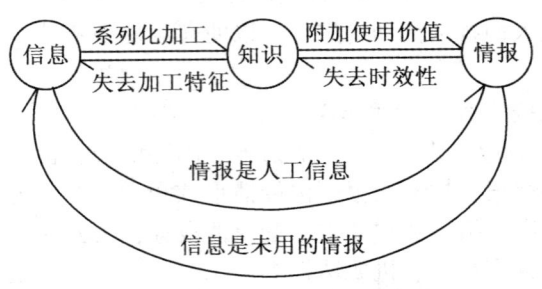

图 6-2　信息、知识、情报转化过程

6.2　文献

6.2.1　文献概述

(1) 定义

文献是记录有知识或信息的一切载体。文献是各类图书、期刊等各种出版物的总和。文献是记录、积累、传播和继承知识的最有效的手段，是人类在社会活动中获取情报的最基本、最主要的来源，也是交流传播情报的最基本手段。

(2) 要素

文献由三个基本要素构成：

①知识信息内容，这是文献的灵魂所在。

②信息符号，即揭示和表达知识信息的标识符号，如文字、图形、数字代码、声频、视频等。

③载体材料，如龟甲兽骨、竹木缣帛、金石泥陶、纸张、胶片胶卷、磁带磁盘、光盘、穿孔纸带等。也有人把记录的方式或手段称作要素之一。

(3) 功能

文献的基本功能是：

➢ 存储知识信息。

➢ 传递知识信息。

➢ 教育和娱乐功能。

6.2.2　文献属性与特征

(1) 文献属性

文献属性是文献本身所固有的性质，可概括为四个方面：
- 知识信息性
- 物质实体性
- 人工记录性
- 动态发展性

（2）文献特征

文献特征包括文献外表特征和文献内容特征两方面：
- 文献外表特征

它指文献载体直接可见的特殊表征，如文献的题名、责任者、序号、引证文献题名以及文献的类型、文种、出版事项、篇幅、开本、字体、出处等。它是识别文献的直接依据，某些外表特征具有检索意义，是检索工具著录的对象。文献外表特征是直观的、显而易见的，它影响着文献内容特征，也影响着文献的存储、利用和传递。

- 文献内容特征

它指文献内容所含信息和知识的特殊表征，如文献所属的学科门类、论述的主题对象、表达的基本观点和涉及的时间与空间范围等。它是判断文献价值的根本依据，具有重要的检索意义，是检索工具描述的对象，在检索工具中一般通过分类号、主题词、分子式、内容提要或摘要等表现出来。文献内容特征是蕴涵的，需要通过分析、归纳才能揭示出来，它决定着文献外表特征，也决定着文献的存储、利用和传递。

6.2.3 文献类型

（1）按文献载体分

文献类型主要有：
- 印刷型文献
- 缩微型文献
- 声像型文献
- 机读文献
- 光盘文献

（2）按文献加工深度的级别与层次分

文献类型主要有：
- 零次文献。尚未经过系统整理形成正式文献的零散资料，包括草稿、记录和谈话等。
- 一次文献。作者最初发表的原始文献，是作者根据自己的科学研究情况而发表的原始创作，主要包括图书、期刊等。

➢ 二次文献。以一次文献为基础进行加工整理后的产物，主要包括书目、索引、文摘等。

➢ 三次文献。以相关的一次文献和二次文献为基础进行广泛深入的分析研究之后综合概括而成的产物，主要包括述评、综述、文献指南等。

（3）按文献存在状态分

文献可分为：

➢ 白色文献。它指经出版社公开出版并在社会上流通的文献，包括图书、报纸、期刊等。

➢ 黑色文献。它指处于保密状态的文献，如没有解密的政府机关教育文件、档案、报告等。

➢ 灰色文献。介于"白色"文献和"黑色"文献之间的文献。

（4）按文献出版形式

文献可分为：

①图书。图书指具有独立的内容体系、相当篇幅和完整装帧形式的文献。国际标准化组织在《文献情报术语国际标准（草案）》（ISO/DIS5127/Ⅱ）中规定："凡篇幅达48页以上并构成一个书目单元的文献称为图书。"其内容特征是主题鲜明突出，内容系统完整，论述全面深入，知识成熟稳定，多是编著者长期经验和学识的积累。其形式特征是有相当篇幅，装订成册，完整定型，一般由封面、书名页、篇章目次、正文、版权页，封底等部分组成。图书编撰出版周期较长，内容有滞后现象，一般不含最新、最近的信息。

②期刊。期刊指按相对固定的出版周期成册刊行，有卷期或年月等标识，每年不少于两期的连续出版物，简称"刊"，又称"杂志"。它除了具备连续出版物的连续性、及时性、稳定性外，还具有以下特点：

➢ 原始性：多数期刊以发表属于一次文献的文章、作品为宗旨，其内容具有相当的深度；

➢ 群集性：期刊一般刊登多位作者的多篇文章，是同行切磋的重要园地；

➢ 兼容性：人们难以获得的会议论文、科技报告、学位论文等，往往在期刊上发表；

➢ 利用率高：据情报专家们调查，科研人员利用的各类文献中，期刊占65%以上。

③专利文献。专利文献指围绕专利制度产生的一系列文献的总称。其主

体是专利说明书,还包括专利公报、专利检索工具及有关的法律文件等。

专利文献具有以下特点:
> 法律性:专利说明书既是技术文献,又是法律文件;
> 实用性:从日常生活到尖端技术,几乎无所不包,全世界新技术90%以上发表在专利文献上;
> 可靠性:专科说明书等有关文件由受过专门训练的代理人会同发明人共同完成,并经过专利局的审查,叙述发明时力求准确完整;
> 新颖性:报道及时,发明者往往抢先登记,以争取获得申请优先权,世界各国也多采用早期公开制度,加快了新发明与公众见面的速度;
> 重复性:同一项发明可以分别向若干个国家提出申请,不少国家专利局在受理和审批过程中对发明说明书又不止一次地公布;
> 系统性:世界各国专利文献的编写格式是统一的,著录项目有统一的识别代码,编有专利文献编号,专利检索工具较完整;
> 难读性:专利文献需按专利法的有关规定撰写,从技术角度看显得烦琐;申请人为获得尽可能大的保护范围,多采用概括性很大的术语,语句较为难懂。

④标准文献。标准文献是与标准化活动有关的一切文献,其主体是标准,还包括标准形成过程中的各种档案,宣传推广标准化手册及其他出版物、揭示报道标准文献的检索工具等。一个国家的标准文献,反映着该国的经济政策、技术政策、生产水平、加工工艺水平、标准化水平、自然条件、资源情况,等等,是全面了解该国工业发展情况的一项重要参考资料。它在推广促进科学技术发展和最新科研成果、提高产品质量和生产水平、改进科学管理、扩大产品贸易、收集和审定外文新技术词汇等方面具有重要的引导和借鉴作用。

⑤会议文献。会议文献是产生于各类学术会议的论文、报告及相关文件的总称。其类型主要有:
> 会前文献,包括征文启事、会历、会议预告、会议通知书、会议日程表、代表名单、预印本、会前论文摘要等;
> 会间文献,包括开幕词、讲话或报告、讨论记录、会议决议、闭幕词等;
> 会后文献,包括会议结束后出版的会议录、汇编、论文集、会议报告、会议纪要、会议特刊等,是会议文献的主要部分。

会议文献的特点是:
> 传递情报及时,许多科学技术的新理论、新发现、新发明都是在会

议文献中首次公布的；
- 涉及论题比较专深，一般围绕某一个主题进行集中研讨，提交会议的论文大多经过挑选，质量较高，学术性较强；
- 出版形式多种多样，一般以连续性会议录、期刊、论文集、科技报告等形式出版，也有一些论文在会议结束后不再以其他形式发表。

⑥学位论文。学位论文是为获得相应学位而撰写提交的学术论文。
其类型主要有：
- 根据申请的学位可分为学士论文、硕士（或副博士、修士）论文、博士论文；
- 根据内容可分为总结性学位论文和探索性学位论文，前者参考大量文献，运用充分的数据，对某一问题进行总结和综论，系统性和概括性较强；后者有新颖的立论，往往根据前人的成果，又加上自己调查、实验和研究的成果。

学位论文的特点主要是：
- 探讨的问题较专，尽管各国学位论文质量参差不齐，但都有一定的独创性，高学位的论文一般质量较高。
- 产生于有学位授予权的高等学校或研究机构，在导师指导下完成，为证实学位或专业资格的候选地位而提交。
- 除少数在答辩通过后发表出版外，多数不公开发行，属非卖品。学位论文对研究工作与教学工作有较高的参考价值。

⑦报告文献。报告文献是说明个人、机构活动情况或成果的文献，简称"报告"。其类型主要有：
- 形成渠道可分为工作报告、会议报告、实验报告、调查报告、科技报告等，其中最重要的是科技报告；
- 按内容可分为专题报告、综合报告等；
- 按时间可分为年度报告、季度报告、月份报告等；
- 按活动进度可分为初步报告、进展报告、终结报告或总结报告等。

报告文献的特点是：
- 真实性，其反映的内容直接来自实际工作和研究，有大量的事实、数据、结论、建议。
- 新颖性，反映最新情况或成果，其内容为其他文献类型不多见。
- 动态性，随着工作的开展和研究的深入，反映不同活动阶段情况的报告会随之产生。
- 传播途径独特，或是下级机构向上级组织汇报情况的文件，或是研究单位向提供经费的机构提供的课题完成情况的说明。许多报告文献不公开发表。

⑧产品文献。产品文献指为向社会宣传和推销产品而印发的介绍产品情况的各类文献总称，又称"产品资料"。多数为生产厂家、推销商印制散发，也有少数为产品主管部门出版。产品文献类型有：产品样本、产品说明书、产品目录、厂商介绍、产品一览、产品数据手册、厂刊、外贸刊物等。产品文献的特点是：

➤ 介绍的是已投产或行销的产品，反映的是较为成熟的技术，所列的各种特征曲线、数据、表格等较为具体，但不详细；

➤ 图文并茂，形象直观，有较好的外观照片和结构图，文字介绍精练简短，印刷精美；

➤ 出版发行迅速，多为免费赠送，易于索取搜集；

➤ 宣传成分较多，随产品更新换代，产品文献易过时。

产品文献是工程技术人员设计、制造新产品的重要参考资料，是产品使用人员和维修人员的指南，也是决策、计划、采购、销售、外贸等人员了解厂商信息、产品出厂情况和动向的重要情报源。

⑨政府出版物。政府出版物是各国政府及所属部门发表的各种文献的总称，又称"官方出版物"。联合国教科文组织对政府出版物下的定义是：根据国家机关的命令，并由国家负担经费而出版的一切记录、图书、刊物等，均称"政府出版物"。

政府出版物的类型有：

➤ 政策性文件，包括法令、条约、政府报告、会议记录以及调查统计资料等；

➤ 科技文献，包括研究报告、技术政策、科学、教育、文化等统计资料。

其特点是：

➤ 内容广泛，涉及社会科学，自然科学等许多领域；

➤ 资料可靠性强；

➤ 出版发行方法多样，有些国家政府出版物的出版、发行由一个机构垄断，有些国家出版、发行则分开；

➤ 有些文献在未列入政府出版物前，由所在单位出版过，因此，政府出版物与其他文献有重复现象；

➤ 有些政府出版物在一定范围内使用，具有保密性；

➤ 售价低廉，有些是免费供应的。政府出版物对了解各国政治、经济、法制、文化、教育、科学、技术发展情况，方针政策及组织规划，是不可缺少的重要参考资料。

⑩科技档案。科技档案是在科学研究和生产建设活动中形成的具有利用价值，并归档保存的科学技术文件总称。它往往是针对一定的研究课题或工程对象而形成，包括任务书、协作书、技术指标、审批文件、研究计划、实施方案、技术措施、调查资料、设计计算、试验项目、设计图纸、工艺记录，等等。

其类型主要有：

➢ 按科技活动内容可分为自然现象观测分析档案、科学研究档案、工程建设档案、技术档案、设备管理维修档案等。

➢ 按专业领域可分为工业技术档案、农业技术档案、交通运输档案、城市建设档案、医疗卫生档案、地质档案、气象档案、水文档案、测绘档案、天文档案等。科技档案具有一定的保密性，是一个机构科学技术活动的直接反映，是科学技术管理的重要依据。

6.2.4 文献的特点、载体与结构

（1）文献特点

➢ 交流性：能跨越时空障碍提供情报，可反复使用、复制。
➢ 积累性：可将情报积累，保存下来供后世利用。
➢ 社会性：是人类社会的财富，受社会监督评价。
➢ 时效性：具有时间效益，文献也是确认成果优先权的重要依据。
➢ 可整理性：杂乱无序的文献可整理成具有优化结构的文献情报源体系。

（2）文献载体

文献载体是用以记载文献所含知识信息的物质实体，是人类传播与交流知识信息的媒介。例如：简牍文献的载体是竹木制成的简牍，写本文献与印刷文献的载体是纸张。文献载体的发展经历了三个发展阶段：一是纸前文献阶段，主要种类有泥版、金石、甲骨、简牍、缣帛、羊皮等；二是纸质文献阶段，纸张长期以来一直是普遍使用的文献载体；三是新型、非纸文献阶段，现代技术的进步使更多的物质材料成为文献载体，如磁性材料、感光材料、塑料、金属材料等。文献材料的发展趋势是存储量空前扩大、保存性能日益改善、存取速度不断提高。

（3）文献结构

文献结构指文献各个部分的组合，一般包括正文结构和辅文结构。不同

类型的文献结构有所不同，不同历史时期的文献结构也有所不同。现代印刷文献的结构较复杂，主要由护封、封面、扉页、题名页、序、凡例、目次、正文、附录、索引、版权页、附件、插图、封底等组成。但每一具体文献不一定都具有上述部分。

6.3 文献检索

6.3.1 文献检索概述

文献检索的定义有广义和狭义之分。广义的文献检索指的是指将文献信息按一定的方式组织和存储，并能根据用户的需要选取特定文献信息的过程。狭义的文献检索是指利用相应的方式与手段，在存储文献的检索工具或文献数据库中，查询特定用户在特定的时间和条件下所需文献或文献信息的过程。它为情报用户提供的是与情报用户的情报需求相关的文献或文献的某种表现形式。检索范围可以包括：论文的出处、书刊的收藏处所；某一主题、学科、著者、文种、时代的文献；一馆、一地、一国或世界范围内的文献，等等。

文献检索主要是一种相关性检索，它不仅要提供与用户的需求相关的情报，而且要提供相关的程度。其检索结果不直接解答用户提出的技术问题，而只提供与之相关的文献或文献线索供用户参考。文献检索是情报检索的核心部分，其检索内容丰富，检索方法多样。

6.3.2 文献检索的分类

（1）事实检索

它是从文献中抽取的事项为检索内容的情报检索，又称"事项检索"。其检索对象既包括事实、要领、思想、知识等非数值情报，也包括一些数据情报。事实检索是一种确定性检索，用户获得的是有关某一事物的具体答案。

（2）数据检索

它是以具有数量性质，并以数值形式表示的数据为检索内容的情报检索，又称"数值检索"。即检索系统中存储的是大量的数据，它包括物质的各种参数、电话号码、银行账号、观测数据、统计数据等数字数据，也包括图表、图谱、市场行情、化学分子式、物质的各种特性等非数字数据，并提供一定的运算推导功能。数据检索是一种确定性检索，情报用户检索到的各种数据是经过专家测试、评价、筛选过的,可直接用来进行定量分析。

(3) 文献检索

它是以文献为检索对象的情报检索。即利用相应的方式与手段,在存储文献的检索工具或文献数据中,查询特定情报用户在特定的时间和条件下所需文献或文献信息的过程。它为情报用户提供的是与情报用户的情报需求相关的文献或文献的某种表现形式,是情报检索的核心部分。它较之数据检索和事实检索内容更为丰富,方法更为多样。根据检索内容又可细分为书目检索和全文检索。

6.3.3 文献检索的途径

文献检索的途径是进行检索的出发点及路线。一般是指将文献的内容特征和外表特征,按照特定检索原理或排检法编制而成的某种逻辑次序或字顺次序。检索途径主要类型有:

(1) 分类检索途径

这是根据所需情报的学科专业特征,及其在特定知识分类体系中的特定位置查询情报的途径。使用的语言是分类语言,使用的检索工具有"分类目录"、"分类索引"等。用分类途径检索的优点是,它能把同一学科的文献集中在一起,便于检索;缺点是新兴学科、边缘学科在分类时往往难于处理。一些百科全书、图书馆的分类目录、多数检索期刊的正文等,都提供有分类检索途径。

(2) 主题检索途径

这是根据所需情报的主题特征和主题词的字顺次序查询情报的途径。使用的检索语言是主题语言,使用的检索工具有"主题索引"、"关键词索引"、"叙词索引"等。主题途径检索的优点是,它用文字作检索标识,表达要领准确、灵活,能把同一主题内容的文献集中在一起,便于特性检索。一些百科全书和年鉴的辅助索引、图书馆的主题目录、多数检索期刊的辅助索引、计算机检索系统等,都提供有主题检索途径。如果说分类检索是一种单学科的纵向途径,那么主题检索则是一种多学科的横向途径。

(3) 题名检索途径

这是根据文献的题名特征查询文献的检索途径。它把文献上记载的书名、刊名、篇名等作为文献存储的标识和情报提问的出发点。使用的工具有"图书书名目录"、"期刊刊名目录"、"会议资料索引"等目录或索引。这类检索工具一般都按图书、期刊、资料的字顺编排,多用于查找馆藏图书和期刊。

(4) 著者检索途径

这是根据已知著者名称特征查询文献的检索途径。使用的工具有"著者目录"、"著者索引"、"专利权人索引"等。用著者途径检索的优点是，通过著者索引可以检索到某著者对某一专题研究的主要文献；缺点是必须预先知道著者姓名，必须配合主题或分类途径使用，才能取得好的检索效果。

(5) 号码检索途径

这是根据文献的序号或代码查询文献的检索途径。使用的工具有"专利号索引"、"报告号索引"、"标准号索引"、"登记号索引"等。文献的序号或代码在识别文献时具有明确、简短、唯一的特点，因此，在已知某序号或代码的前提下，利用号码检索途径检索文献比较方便、快捷。

(6) 分子式检索途径

这是以化学物质的分子式作为检索标识来查找文献的途径。使用的检索工具是"分子式索引"。从"分子式索引"中查出化学物质名称，然后转查"化学物质索引"。该途径主要在美国《化学文摘》中使用。

(7) 引文检索途径

这是根据文献后参考文献或引用文献的特征查询文献的检索途径。例如直接利用文献后的参考文献或引用文献不断地追溯检索旧文献，或利用引文索引循环检索新文献。利用引文检索途径可查询到一系列彼此有一定引证关系的引用文献或被引文献。

6.3.4 检索效果评价

(1) 检索效果评价

根据一定的评价指标对实施文献检索活动所取得的成果进行客观科学评价，以进一步完善检索工作。检索效果评价的研究起步于计算机情报检索系统问世的20世纪50年代中期，旨在评价计算机检索系统在开展检索服务中的总体效果。常用的评价指标有：收录范围、查全率、查准率、响应时间、用户负担、输出形式等。其中主要的指标是查全率和查准率。

查全率（Recall）是指检出的相关文献数与库内相关文献总数之比，又称"检全率"、"命中率"。由肯特（A. Kent）等人于1955年最先提出，是衡量检索系统检出相关文献能力的一项指标。可用下式表示：

查全率＝（检出的相关文献数/文献库内相关文献总数）×100%

查准率（Precision）是检出的相关文献数与检出的文献总数之比，又称"检准率"、"相关率"，是衡量检索系统拒绝非相关文献能力的一项指标。它必须与查全率结合使用，方能全面说明系统的效果。可用下式表示：

查准率＝（检出的相关文献数/检出的文献总数）×100%

（2）检索效率

检索效率是评价检索系统性能和检索效率质量的各种比率。包括查全率（全）、查准率（准）、新颖率（新）、检索速度（快）、检索方便性（便）、检索成本效益比（省）等指标，最主要的是查全率和查准率。检索效率的高低既反映了一个检索系统的检索性能的优劣程度，也表达了对检索效果的满意程度。

6.4 检索方法、步骤与策略

6.4.1 文献检索的方法

所谓检索方法，是为实现检索计划或方案所提出的检索目的而采取的具体操作方法或手段的总称。根据检索条件的不同，检索方法可分为手工检索和计算机检索两种常用检索方法：

手工检索方法主要有浏览法、工具法、追溯法、循环法等。

①浏览法。这是科技人员平时获取文献的重要方法。它指科技人员对本专业核心期刊逐期浏览阅读，从中获得所需文献。该法的优点是能直接获取最新信息，深入文献内容实质，了解本学科发展的动态和水平。缺点是科技人员必须事先知道本学科的核心期刊，检索的范围也不够宽，漏检率较大。

②工具法。又叫检索工具法，是利用检索工具查找文献的方法，又称"常用法"、"一般查找法"。这种方法又可分为顺查法、倒查法、抽查法、渐进法等四种方法。

③追溯法。这是利用已知文献的引用文献或参考文献查找相关文献的方法，又称"追踪法"、"引追溯法"。包括两种情况：一种是利用原始文献所附参考文献进行追溯；另一种是利用各种引文索引进行追溯。前者一般利用与研究相关的综述或专著，因为其后所附的参考文献实际上相当于专题索引，以此为起点进行追溯，可以得到不少针对性较强的文献；后者则利用引文索引进行追溯，先知道一位有关文献的作者姓名，利用引文索引可以查到引用者的姓名和引用文献来源，再以此为起点进行循环追溯，可以查到许多相互引用的作者和文献。此法的优点是在没有检索工具或检索工具不全的情况下，借助于参考文献也能追查到一些相关文献。

④循环法。又称"分段法"、"交替法"。它是交替使用"追溯法"和"工具法"来进行检索的检索方法，即利用检索工具先检索到一批文献资

料，再利用这些文献所附的参考文献追溯查找。这样分期分段地交替进行，循环下去，直到满足检索要求为止。这种方法兼有工具法和追溯法的优点，是一种多向、立方体的查找方法，具有很大的灵活性，获取文献信息量较大，检索效率较高，尤其适用于检索历史悠久、文献信息量较大的检索课题。

计算机检索方法主要有积木检索法、引文串珠增长检索法、逐次分割检索法等。

①积木检索法。这是在计算机检索条件下，将检索课题分成若干组合检索，再进行组配检索的检索方法。此法的优点是能够比较清楚地提供检索逻辑式，便于以后回顾和进行检索式的保留与调用。缺点是耗费较多的存储容量和联机时间。

②引文串珠增长检索法。这是在计算机检索条件下，逐步扩大检索范围，使被检文献量逐步增长的检索方法。此法的优点是利用联机系统的交互能力，以动态的、实验性的方法去导出合适的检索式。缺点是检索者的浏览与思考过程会耗费较长的联机时间。

③逐次分割检索法。这是在计算机检索条件下，逐步缩小检索范围，提高专指度的检索方法。此法的优点是漏检较少（查全率较高），可以随时根据文献量的多少（大小）而灵活掌握限制条件，检索比较主动；缺点是需耗费较多的机时。

6.4.2 文献检索的步骤

文献检索主要是根据既定的课题要求，利用检索工具（或系统），按照一定的方法和步骤，把符合需求的文献挑选出来的过程。检索步骤与其检索的具体要求密切相关，而科技人员的检索要求一般是查找与某课题有关的针对性文献。其检索步骤如下：

（1）分析研究课题，明确文献需求

分析研究课题是检索工作开始的重要步骤，目的是使用户弄清楚课题要解决的实质问题，即它所包含的概念和具体要求及它们之间的关系。它是检索成功的基础。能否正确分析检索课题，决定着检索效率的高低。分析研究课题要明确以下内容：①课题的内容实质，包括课题的主题、学科、相关专业和关键点；②所需文献类型，是数据、事实，还是题录、文摘或原始文献；③所需文献数量，是全部文献还是部分文献；④所需文献范围，包括国家范围和时间范围等。

（2）选择检索工具，确定检索方法

①检索工具的种类繁多，所收录的文献类型、学科范围各有侧重，因此必须根据课题的检索要求选择检索工具，其选择方法有：

➢ 从常用检索工具中选择。所谓常用检索工具，是人们在长期检索实践中公认的著名检索工具，具有收录范围广，报道时差短和检索方便（包括全、准、新、快、便、省）等特点。

➢ 从检索工具指南中选取。为了获得良好的检索效果，我们还可利用中国科学技术信息研究所编辑出版的《国外科技文献检索工具书选介》、《国外科技文献单卷检索工具书简介》以及《国内科技文献检索工具书简介》等选取国内外检索工具。

②选择检索方法的目的在于寻求一种花时少，检索效果好的有效方法。检索方法多种多样，用哪一种方法最合适，主要应根据检索条件、检索要求和学科特点而定。

➢ 根据检索工具的条件。在没有检索工具可利用的情况下，可采用追溯法。在检索工具比较齐全的情况下可采用循环法，因为它们的查全率、查准率都比较高。

➢ 根据课题要求。检索课题通常要求快、准、全，但三者又难以兼得。若以全、准为主，应采用顺查法。顺查法适用科研主题复杂，研究范围较大，研究时间较长的科学研究。新兴的课题研究以快、准为主，宜用倒查法。

➢ 根据学科发展特点。检索课题属于新兴年轻学科，起始年代不太长，一般采用顺查法（也可采用倒查法）；检索课题属于较老的课题，起始年代较早，或无从考查，则可采用倒查法；有的学科在一定的年代里处于兴旺发展时期，文献发表得特别多，则在该时期内采用抽查法检索效果好。

（3）确定检索途径与检索标识

科技文献具有两种特征：一种是内容特征（即文献内部包含的知识信息中的潜在项目），如分类、主题；另一种是外表特征（即从文献载体外表上显而易见的项目），如篇名、著者姓名、号码（报告号、登记号、专利号、标准号等）、语种及出版事项等。拿到课题后，具体选用哪一条检索途径，需从课题对文献本身的特定要求和已掌握的线索而定。如系统查找某一课题的文献资料，一般应从内容特征的途径（内容途径，主要有分类途径和主题途径）查找；如需了解某一科学家、工程师近几年来的工作动态，则需从外表特征中的著者途径查找。

检索途径确定以后，就要根据课题要求拟定相应的检索标识，如分类号、主题词。按分类法编排的检索工具，或有正规分类表，或在文摘正文的前面或后面附有目录表，供选择分类号参考。按主题词编排的检索工具一般都载有或单独出版有主题词表，供选择准确的主题词参考。

（4）查找文献线索，获取原始文献

检索工具、检索方法、检索途径、检索标识确定以后，将检索提问标识与检索工具中的文献标识进行比较，检出符合课题要求的文献线索。如果需要文献原文，则根据查找的文献线索，选择原始文献收藏单位，联系借阅或复制原文。

6.4.3 检索策略

所谓检索策略是为实现检索目标而制订的检索方案或对策。它在整个检索过程中起着谋划和指导作用。其主要有：①分析情报需求实质；②明确检索提问；③选择检索工具、检索用词和检索途径；④确定检索方法和检索步骤；⑤拟定检索逻辑式；⑥编制具体的检索程序。

按照检索手段的不同，检索策略可分为两大类：

①手检策略。在手工检索条件下所拟定的检索策略。采用手查、眼看、大脑作判断而完成，它往往存在于检索者的大脑里，不必写成书面的表达语句，并且可以边查找边考虑，灵活地改变检索策略。

②机检策略。利用计算机进行检索时拟定的检索策略。情报提问与文献标识之间的对比匹配工作由机器进行，必须事先拟定周密的检索策略，用计算机能够理解和运算的形式加以表达，而后交计算机去执行。美国人鲍纳（Charles Bourne）比较全面地总结了五种机检策略：a）最专指面优先检索策略；b）最低登录量面优先检索策略；c）积木型检索策略；d）引文珠串增长型检索策略；e）逐次分割型检索策略。

6.5 本章小结

本章先讨论了信息、知识、情报的定义、属性等，以此为基础讨论了三者之间的关系。接着介绍了文献的概念、属性、类型并比较详细地介绍文献的几种主要来源。在此基础上，全面地介绍了文献检索的途径、方法、步骤与相关的策略。本章的重点是文献检索的相关方法、步骤以及相关的检索策略。

7 计算机检索

7.1 概述

计算机文献检索是指用户利用计算机或计算机网络终端设备，使用特定的检索策略，从计算机检索系统的数据库中检出所需信息，并由终端设备显示或用打印机输出的过程。从广义上讲，计算机文献检索包括文献的存储和检索两个方面，如图7-1所示。文献的存储是根据文献利用的目的和文献存储标准，从信息源中选择合适的原始文献，用检索语言进行分析标引，提出文献的主题词、分类号和其他文献特征，形成文献特征标识，按照一定的数据格式输入计算机（或存储在磁带、磁盘和光盘上），建立可供机检的数据库。

另一方面，文献的检索则是存储的逆过程。用户对检索课题进行概念分解和主题分析，明确检索范围，然后用系统语言表达主题概念，参照有关词表编写检索提问式，输入到选择的检索系统中，检索终端在系统检索软件的控制下进行逻辑运算，类比匹配，找出数据库中符合检索要求的文献。检索结果显示在屏幕上，若不符合检索要求，则调整检索策略，直到取得满意的检索结果。

7 计算机检索

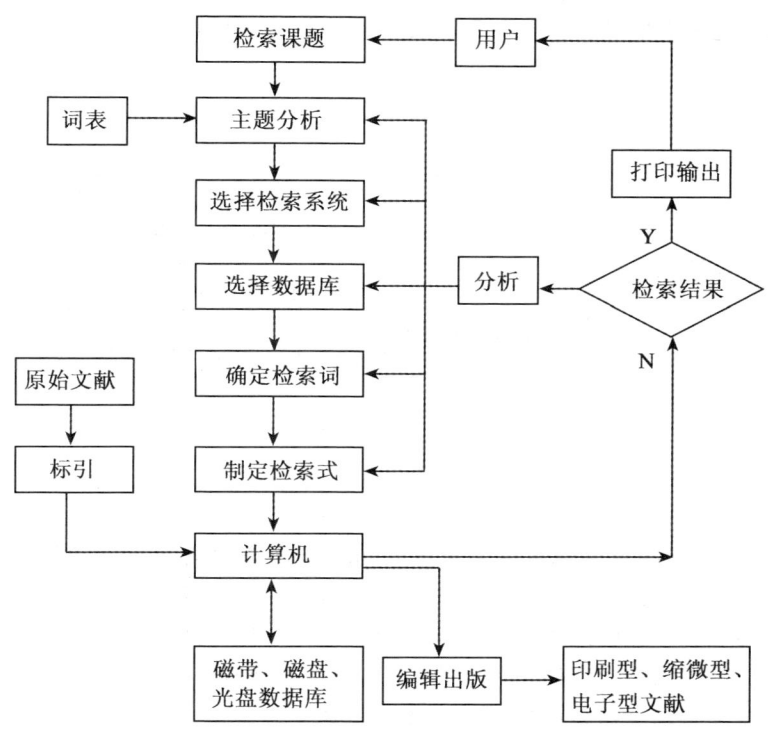

图 7-1 计算机信息检索示意图

7.2 检索方法

7.2.1 检索提问式组成要素

在计算机检索中，用户课题往往是通过主题概念的分析，把课题主题分解成若干个检索词，用算符（也称组配符）将它们连接起来，形成一个主题概念的逻辑表达式。

检索提问式是计算机文献检索中用来表达用户检索提问的逻辑表达式，由检索词和布尔逻辑算符、位置算符以及检索系统规定的其他组配符构成。因此，检索词和算符是检索提问式的组成要素。

（1）检索词

检索词是检索语言的基本成分，是表达用户文献需求和检索课题内容的基本元素,也是计算机检索系统进行匹配的基本单元。检索词,也称检索点,归纳起来有两类:一类是反映文献内容特征的检索词,另一类是反映文献外部特征的检索词,如图7-2所示。

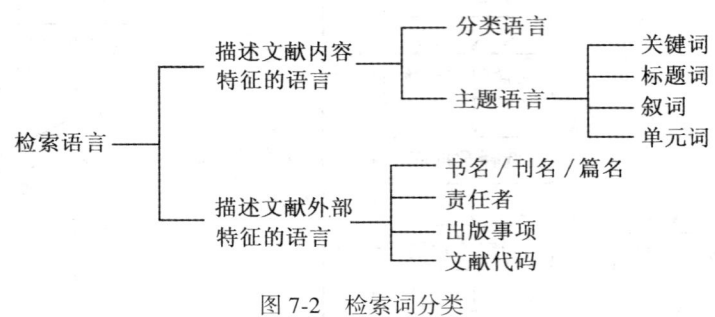

图7-2 检索词分类

在计算机检索系统中,几乎文献的每一个特征都可作为检索词(点)进行检索。检索词应满足检索匹配的要求。检索的匹配是通过检索语言的匹配来实现的。匹配的含义有两个方面:内容的匹配要求用主题概念转化成的检索词要准确、完整地表达检索课内容,这是由用户的文献需求决定的;形式的匹配要求用户检索使用的语言和相应检索系统使用的语言一致,检索词才能被系统识别,这是由检索的本质决定的。

检索词的准确选择至关重要,而且是一个复杂的问题。总的说来,规范词是优先考虑使用的检索词,使用规范词更容易获得好的检索效果。因为词表是数据库标引和检索必须共同遵循使用的检索语言,而规范词则是从待检数据库的叙词表或主题词表中选取的规范化的词或词组。

(2)布尔逻辑算符

利用逻辑算符进行检索词逻辑组配是文献检索系统最基本、最常用的一种检索方法。

➤ 逻辑与(AND)

逻辑与(AND)也写作"*",是具有概念交叉关系和限定关系的一种组配。若用逻辑与算符组配检索词A和检索词B,则表达式可写为A AND B或者A*B。这种逻辑关系可用图7-3(a)表示。

检索时,数据库中同时含有检索词A和检索词B的文献,才是命中文献。假设,检索词A命中文献篇数为M,检索词B命中文献篇数为N,表达式A AND B命中文献篇数为Q(图中阴影部分),那么,$\min(M, N) \geq Q \geq 0$,这说明逻辑与的使用缩小了检索范围,增强了检索专指性,提高了查准率。

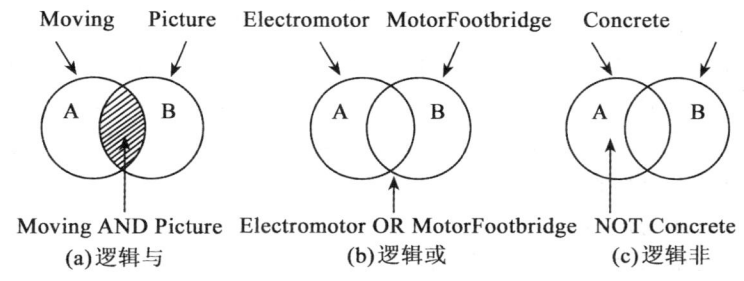

图 7-3 三种逻辑组配

> 逻辑或（OR）

逻辑或（OR）也写作"+"，是具有概念并列关系的一种组配。若用逻辑或算符组配检索词 A 和检索词 B，则表达式可写为 A OR B 或者 A+B。这种逻辑关系可用图 7-3（b）表示。

检索时，凡数据库中含有检索词 A，或者检索词 B，或者同时含有检索词 A 和检索词 B 的文献，都是命中文献。一般说来，M+N≥Q≥max（M，N），这说明逻辑或扩大了检索范围，降低了漏检率。

> 逻辑非（NOT）

逻辑非（NOT）也写作"－"，是具有概念包含关系的一种组配，可从检索范围中排除部分不需要的文献。若用逻辑非算符组配检索词 A 和检索词 B，则表达式可写为 A NOT B 或者 A－B。这种逻辑关系可用图 7-3（c）表示。

检索时，数据库中凡含有检索词 A 而不含检索词 B 的文献是命中文献。如果 A 与 B 无关时，Q=M；如果 A 与 B 有一定相关时，Q<M；如果 A 与 B 密切相关时，当 M>N 时，Q=M－N，当 M<N，Q=0。M、N、Q 三者的关系说明，逻辑非能够缩小命中文献范围，提高查准率。在使用逻辑非检索时要特别注意，否则会把有用文献拒之门外。

通常，在检索系统中，如果一个检索提问式含有多个布尔逻辑算符，逻辑运算次序是：有括号的逻辑运算先执行，括号有多层时最内层括号中的逻辑运算优先，然后依次为 NOT，AND，OR。但也有少数检索系统在逻辑运算次序上有自己的规定，例如：在 ORBIT 系统中，AND 和 NOT 按同级自然顺序执行，OR 其次。在检索时要熟悉具体系统的规定。

布尔运算的结果只反映检索词在命中文献中的出现规律满足检索逻辑，

而不能认定检索词之间的关系符合用户的检索要求。

（3）位置算符

利用布尔逻辑算符对检索词进行组配时，没有限定检索词之间的位置关系，因而会影响查准率。位置算符表示几个检索词之间的位置邻近关系。运用位置算符的全文检索（Full Text Searching）技术，是以原始文献中检索词与检索词之间的特定位置关系为对象的运算，增强了选词的灵活性，一定程度上弥补了布尔检索的不足。可以认为，全文检索是一种可不依赖词表而直接使用自由词的检索方法。

位置算符运算类型可从严密到宽松分为四个级别：词间位置检索、子字段或自然句级检索、字段级检索和记录级检索。词间位置检索要求检索词间的相互位置满足某些条件，它能够使检索结果更准确，但可能漏检一些不满足词间位置检索条件的与课题相关的文献。下列六种位置算符的检索为词间位置检索：（W），（nW），（N），（nN），（X），（nX）。子字段或自然句级检索要求检索词出现在同一子字段或同一句中，亦称同句检索，（S）算符的检索为同句检索，它比词间位置检索的条件更为宽松。字段级检索要求检索词出现在同一字段中，亦称同字段检索，（F）、（L）算符的检索为同字段检索，它比同句检索条件更为放宽。记录级检索要求检索词出现在同一记录中，（C）算符的检索为记录级检索，它具有较大的宽松度。

各联机检索系统都采用位置算符限定检索词之间的位置关系，以满足检索的需要。不同检索系统的位置算符有所不同，我们以 DIALOG 系统为例，论述主要位置算符的含义和使用方法。

➢（W）算符

W 是 With 的缩写。（W）表示在记录中此算符两侧的检索词必须按所列词序排列，两检索词之间不能有其他词，但允许有空格或标点符号。例如：Building（W）Construction 可检出含有 Building Construction 或 Building-Construction 等词的文献。（W）算符的严密性较强，连接成的多元词已成为固定的词组。

➢（nW）算符

nW 是 n Words 的缩写，n 为 0、1、2、3 等。（nW）表示算符两侧的检索词之间最多允许有 n 个词（实词或 an、the、and、of、by、to、for、from、with 等系统禁用词），两词的词序不允许颠倒。例如：Building（1W）Construction 能检出含有 Building Construction、Building-Construction、Building And Construction、Building Under Construction 等词组的文献。

➢（N）

算符 N 是 Near 的缩写。(N) 表示算符两侧的检索词位置可对换，两词之间不能插词，允许有空格或标点符号。例如：Money (N) Supply 相当于检出含有 Money Supply 和 Supply Money 两个词组的文献。

➢ (nN)

算符 (nN) 表示算符两侧的检索词之间最多可以有 n 个词，两词位置可对换。例如：Railway (2N) Bridge 可检出含 Railway Bridge、Railway of Bridge 或 Railway of the Bridge 等词组的文献。

➢ (X)

算符 (X) 要求算符两侧的检索词完全一致，并以指定顺序相邻，两词之间不能插词，允许有空格或标点符号。例如：Protein (X) Protein 可检索到含有 Protein-Protein 等词或含有 Protein，Protein 形式的文献。

➢ (nX)

算符 (nX) 要求算符两侧的检索词完全一致，并以指定顺序相邻，两词之间最多可插 n 个词。例如：Measure (1X) Measure 可检索到含 Measure For Measure 的文献。

➢ (S)

算符 S 是 Subfield 的缩写。(S) 表示两个检索词必须同时出现在文献记录的同一子字段（如文摘的一个句子就是一个子字段），两词的词序不限，中间插入词的个数也不限。例如：Frequency (S) Stability 相当于检出含有 Frequency Stability of the System 或 System Stability on the Frequency 等词组的文献。

➢ (F)

算符 F 是 Field 的缩写。(F) 表示两个检索词必须同时出现在文献记录的同一字段，两词的词序不限，两词之间的词的个数也不限。使用时必须指定查找的字段。例如：Transistors/DE AND (GHz (F) Internal) /AB 相当于检出在叙词字段中查出含 Transistors 词，同时在文摘字段中含 GHz 和 Internal 词的文献。

➢ (L)

算符 L 是 Link 的缩写。(L) 表示算符两侧的检索词之间存在词表规定的主从关系，用来连接主、副标题词，检索词要求同时出现在叙词字段中。例如：Air (W) Pollution (L) Control，命中记录的叙词字段中将有 Air Pollution-Control 的形式。副标题词 Control 用于修饰、限制主标题词 Air Pollution，两者之间有一定的从属关系。

➢ (C)

算符 C 是 Citation 的缩写。（C）表示两个检索词在同一篇记录中出现，不限制出现在哪个字段，两词的先后顺序也不限。它的作用和逻辑也相同。

在联机检索中，位置算符的选用有一定的依据和要求，位置算符相连的检索项必须符合检索课题的主题概念逻辑，反映科学技术的本质，不能任意搭配。如用（W）连接的检索词通常是固定词组或固定搭配；（N）连接的检索词次序虽然可以颠倒，但也要符合实际情况；（nW）和（nN）中 n 的数值确定要酌情考虑，才能获得较好的检索效果。

检索词用不同的算符进行组配，检索结果显然不同，组配越严密的算符检索出的文献记录也越少。表 7-1 是以 Solar 和 Energy 两检索词为例，对 1995 年 EI 光盘数据库进行检索的结果。

表 7-1　　　　　　　　　　检索结果

Set（组号）	Description（检索式）	Items（检出文献量）
S1	Solar	1 796
S2	Energy	21 526
S3	Solar Or Energy	22 548
S4	Solar And Energy	774
S5	Solar（F）Energy	722
S6	Solar（S）Energy	522
S7	Solar（3w）Energy	448
S8	Solar（2w）Energy	444
S9	Solar（1w）Energy	439
S10	Solar（W）Energy	434

（4）其他限制符

①截词符。截词就是用检索系统规定的截词符代替检索词的可变部分，用以表达一组词干相同、词义相近的完整的检索词，是西文检索系统中常用的检索技术。截词检索的实质是利用计算机特有的指定位对比判断功能进行检索词与索引词的对比匹配，凡满足检索词词干记录的都认为是命中文献。

➤ 限制性截词符

在检索词词干中可能变化的字位处加若干个截词符，表示该位置可能出现 0 至相应个数的字母。例如:? S Protein???，命中记录中会出现 Protein、

Proteinase、Proteinate、Proteinic、Proteinoid 等相关词。若截词符中间有一个字位为空串，例如:？S Plant？？可检出含有 Plant、Plants 等词的文献，前一个截词符表示最多可加一个字母，后一个表示停止符，以别于非限制性截词符。

DIALOG 系统和 DBS 系统用"？"，STN 系统用"#"作为限制性截词符。

➤ 非限制性截词符

在检索词的词干后加一个截词符，表示词干后可能出现的字或字母个数不限。例如:？S Transport？可检出含 Transport、Transportability、Transportation 等词的文献，又如:？S 激光？可查出"激光"、"激光器"、"激光焊接"、"激光手术刀"等词的文献。

DIALOG 系统和 STN 系统用"？"，DBS 系统用"$"作为非限制性截词符。

以上两种方式属于后截词符的用法，从性质上讲，这是前方一致的检索。另外还有前截词符、中截词符、前后截词符等。

②查找范围算符。在 DIALOG 系统中，使用辅助字段索引检索时，往往需要查找一定范围内的文献，这时可用查找范围算符":"，它适用于按分类号、存取号、年限等途径查询。例如:？S Precision（W）Ratio PY＝1990：1995 表示要查找 1990—1995 年有关 Precision Ratio 的文献。

7.2.2 检索范围限定

在检索系统中，通常采用缩小检索范围或约束检索结果以提高查准率，这种检索方法称为限制检索。限制检索的方式较多，如利用逻辑与、逻辑非进行的逻辑检索，利用位置符进行的词间位置、同句、同字段、同记录检索，利用前、后缀符进行的字段检索，利用系统规定的限制符、限制命令进行的限制检索等。

（1）逻辑检索

逻辑与（AND）和逻辑非（NOT）在检索词组配上的使用一定程度上缩小了文献检索范围，增强了检索课题主题的专指性，提高了查准率。

（2）词间位置、同句、同字段、同记录检索

在计算机检索中，运用位置算符的检索词位置检索，对各检索词在同记录，或同字段，或同子字段，或相邻关系中出现的位置从宽松到严密有不同程度的限制，一定程度上弥补了布尔检索的缺陷。这种检索词组配不同的严密要求不同程度地缩小了课题的检索范围，从学科内容上提高了检索主题的

专指性，有利于保证检索文献的查准率。

（3）字段检索

字段检索是限定检索词在数据库记录中出现的字段范围的一种检索方法。限制字段检索在一定程度上进一步满足了用户的检索意愿，提高了查准率。

（4）使用限制符的限制检索

使用限制符进行检索，可以从文献的外表特征方面（如文献的存取号、文献类型、文种、出版时间等）限制检索结果。限制符的用法和后缀符相同，而作用与前缀符一样。例如：? S Chess/PAT 表示检索结果只要"国际象棋"主题的专利文献。

限制符与前缀符同时使用，字段代码和限制符的关系是逻辑与关系，即最终检索结果应同时满足字段检索和限制符检索两方面的要求。例如：? S AU=Mann Thomas? /ENG 和? S CS=Microsoft/1995：1998。

（5）限制检索命令

使用检索系统提供的限制检索命令限定检索范围，限定项目包括文献的入藏号、文献类型和语种等。如 Limit 和 Limit all 就是 DIALOG 系统的两条限制指令。例如：? L Laser? /ENG，这类限制检索命令的使用，可参见具体检索系统的系统指令说明书。

总之，无论是逻辑检索、位置符检索、字段检索，还是使用限制符的检索，或者使用限制命令的检索，它们既可单独使用，也可以混合使用，只要符合相应检索系统的要求，符合用户课题需求和检索费用等要求。

7.2.3 词组检索

在计算机文献检索中，常常以词组作为检索单元进行检索，这就是词组检索。用词组表示检索课题的主题概念更适合现代科技术语发展的实际，适应性强，直观性好，可以避免单元词检索过于细分组配的麻烦。同时，词组可以提高主题概念的标引和检索的专指度、准确性，从而提高查准率。例如：查找有关"热处理"的文献，可直接用 Heat Treatment 词组作为检索词进行检索，实现较高的查准文献需求。

7.2.4 加权检索

加权检索从量的方面表示检索词之间的关系，在检索词满足检索逻辑要求后，判定对命中文献与否的影响程度，是文献检索的一种基本检索方法。提供加权检索技术的系统在权的定义、加权方式、权值计算和检索结果的判定等方面有不同的技术规定。加权检索有词加权检索和词频加权检索等类型。

7.3 检索策略

7.3.1 概述

在计算机检索中，完成一个检索课题需要认真考虑检索中可能遇到的各种问题，并确定相应的检索措施，分若干个步骤执行。检索策略就是在分析文献需求本质的基础上，确定检索词和检索途径，明确各检索词之间的逻辑关系，科学安排检索步骤，为实现检索目标而制定的全面计划或方案。从狭义的角度上讲，检索策略就是检索提问式。从广义上讲，检索策略包括分析检索课题、选择检索工具、决定检索手段、表达检索标识、优化检索程序等步骤。

近几年来，计算机检索策略特别是联机检索策略的研究受到人们的广泛重视，并出现了各种各样的策略，影响最大的是美国人鲍纳（Charles Bourne）提出的五种联机检索策略：

（1）最专指面优先策略

用户检索时，首先在课题中选择最专指的概念面入手，浏览结果后发现检得的文献相当少，那么检索者通常不把其他概念面加到检索式中去。其他概念面是供选择用的，只是在检索要求高查准率时才需输入。

（2）最少记录面优先

与最专指面优先策略相似，先从估计检索记录最少的概念面开始检索，如果命中的记录相当少，则不必检索其他的概念面。

以上两种策略是在检索费用一定的条件下，检索最低限度的概念面，减少机时，以达到多检得一些相关文献的目的。

（3）积木型策略

该策略是把检索课题剖析成若干个概念，在每个概念中尽可能全地列举同义词、近义词和相关词，并用逻辑或（OR）连成子检索式，分别对这些概念进行检索；再用逻辑与（AND）把所有概念的子检索式组成一个总检索式。这种策略的优点是能提供较明确的检索逻辑过程。因此，为节省机时，可以考虑整个检索式一次输入。

（4）引文珠形增长策略

这种策略从检索课题中最专指的概念开始，以便最少检出一篇文献。检索者从检到的一条或数条记录中找出新的规范词或自由词,补充到检索式中去,这样就能重新查找出更多的文献。重复上述操作过程,直到找不出其他适合检索式的词为止。该策略的交互性最强,但也需要更长的联机时间。

(5) 逐次分馏策略

这种策略的含义是:先确定一个篇数较多、范围较广的文献初始集,然后提高检索式的专指度,得到一个较小的命中文献集,继续提高检索式的专指度,逐渐缩小命中文献集,直到得到篇数适宜、用户满意的命中文献集。

7.3.2 检索步骤

计算机检索是由机器判别检索的文献是否命中,检出文献要求达到一定的查全率和查准率,并且需要花费一定的检索费用,因而在检索前需要制订检索策略、明确步骤、做好准备工作,力求以最经济的费用最满意的检索效果。通常,检索步骤如下:

(1) 明确用户需求、分析检索课题

接受用户检索课题时,应详细询问用户,力求真正了解用户的检索需求。分析检索课题是为了弄清课题要解决的实质问题,即揭示课题所包含的主题概念以及各概念之间的关系,是制定检索策略的根本出发点。

(2) 选择合适的检索系统和数据库

检索系统和数据库种类繁多,大型检索系统一般都有几十甚至几百个数据库,学科广泛,即使是相同学科或相近学科的数据库,不同的检索系统也各有侧重,记录结构也不尽相同。因此,必须根据文献需求选择合适的检索系统和数据库,才能达到最佳检索效果。

选择时应考虑的因素主要有:系统拥有的数据库数量、反映的学科领域和侧重面、文献来源与类型、时间范围以及系统的检索功能和检索收费标准等。

(3) 确定检索词和查找途径

确定检索词就是对主题进行概念分析,找出最能代表主题概念的若干个词或词组的过程。正确的主题分析是制定检索策略的依据,检索词确定的恰当与否至关重要,它决定了检索策略的质量,直接影响检索效果。

(4) 编制检索提问式

检索提问式是用户对文献需求的具体逻辑描述,是决定检索效果的重要因素。编制检索提问式就是根据检索课题的要求以及系统与数据库的特点,合理、恰当地使用布尔算符、位置算符、截词符和限制符等组配符,形成完整的检索课题概念,拟定出最佳的检索方案。

(5) 上机检索，评价中间检索结果，调整检索策略

通过专用数据网、国际互联网等国内外通信线路接通检索系统，进入相应检索软件，将检索提问式输入检索终端，输入字符用大小写均可，系统通过匹配运算后屏幕显示检索结果。

针对中间检索结果做出初步检索效果评价。主要评价指标有查全率与查准率，此外还有误检率、漏检率、新颖率和检索速度等。在实际检索中，有时会出现不尽如人意的检索结果，此时应注意检讨数据输入或检索策略方面的问题，误检和漏检是影响检索效果的主要。

(6) 确定检索结果的输出方式和用户检索信息反馈

大多数检索系统提供多种打印检索结果的方式和格式，如 DIALOG 系统提供联机打印、脱机打印和电子邮件三种打印方式；提供预定义格式、自定义格式以及定义格式与自定义格式相结合的打印格式，每种格式提供的文献内容特征和外表特征不同，数据库上有相关说明。用户可根据检索目的、需要文献的时间、检索经费和其他方面的因素选择合适的打印方式和打印格式。

7.3.3 查全率与查准率的调整

查全率（Recall Ratio）是指数据库中检出的相关文献篇数占被检数据库中相关文献总篇数的相对百分比，用公式表示为：

$$查全率\ R = \frac{检出的相关文献量}{检索系统中相关文献总量} \times 100\%$$

查准率（Precision Ratio）是指数据库中检出的相关文献篇数占被检出文献总篇数的相对百分比，用公式表示为：

$$查准率\ P = \frac{检出的相关文献量}{检出的文献总量} \times 100\%$$

对某一检索系统进行检索时，当放宽检索条件以提高查全率时，则查准率下降；反之，当缩小检索范围以提高查准率时，往往又会降低查全率。一系列的检索试验结果表明，查全率和查准率之间存在互逆关系，图 7-4 是查全率和查准率的关系曲线。

同时，检索特性曲线和学科专业特点有关，与对检出文献的适用性评价有关。目前国外一些检索系统达到查全率为 60%~70%，查准率在 40%~50%。

在实际检索中，常常根据不同层次、类型的用户对检索课题文献的不同需求，来制定具体的检索策略，合理调节查全率与查准率，平衡用户对查全

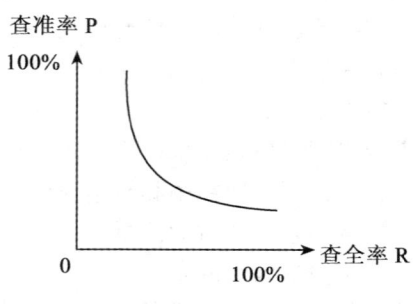

图 7-4 查全率—查准率关系曲线

和查准两方面的要求。

7.3.4 提高检索质量的办法

检索策略的制定过程是一个复杂、细致、技巧性很强的过程,检索质量受诸多因素制约,检索者必须具备选择和运用检索系统、检索语言、检索途径和检索方法的能力和水平,以及在检索过程中及时调整检索策略,准确揭示和全面反映课题主题的能力。提高检索质量可从以下几方面考虑:

(1) 选择功能完善、操作简便的高质量检索系统

选择好的检索系统的标准包括:系统拥有数据库的数目;联机检索服务费用;数据库收录文献的种类、专业覆盖面;所收文献的时间跨度;数据库的更新周期;词表控制的程度,标引的网罗性、准确性与一致性,是否提供辅助工具;检索字段的种类和检索途径等。

(2) 提高用户利用检索系统的水平,最大限度地发挥检索系统的能力

针对某一选定的检索系统,系统的检索软件提供有多种检索功能和检索途径,具有自己的特点;系统所带数据库的数量和文档结构也有不同。因此,必须全面了解和熟悉检索系统以及系统的各种数据库。

(3) 提高对检索课题的标引质量

检索课题的主题概念的标引是机检工作的基础准备阶段,要求检索者熟悉检索语言,加强主题标引深度和准确性,在选择合适的数据库基础上,充分利用数据库所带主题词表或叙词表来控制和提高检索课题的检索词标引质量。

确定课题检索词要有科学的、合理的选词依据和操作程序,尽量减少人为因素的干扰。

(4) 根据检索课题的要求,适当调整对查全率和查准率的要求

对需要高查全率的课题，选用下列方法调整检索式，扩大命中文献的数量：

①选用词表或检出文献中的上位词，降低检索词的专指度。

②调整位置算符，变严密检索为宽松检索，如把（W）改为（1N）、（2N）或（F）。

③去掉一些次要的概念或太专指的概念组配，减少 AND 运算，增加网罗度。

④放宽或取消某些过严的限制符，如字段限制符等。

⑤使用截词检索，如采用前截断、后截断和前后截断等截词方法。

⑥选在文摘字段中检索。

⑦采用簇性检索，如使用分类号（分类语言）检索，或参照叙词表，选全同义词、近义词和相关词，用 OR 算符连接。

对需要高查准率的课题，选用下列方法调整检索式，减少检出记录总数：

①提高检索式的专指度，增加或换用下位词或专指性较强的检索词。

②调整位置算符，变宽松检索为严密检索，如把（F）改为（W）。

③增加概念组配，进行 AND 运算。

④增加限制符或改用更严的限制符，将检索范围限在篇名字段、叙词字段中。

⑤利用文献的外部特征限制，如著者、语种、出版年代等。

⑥浏览部分中间检索结果，从检出的记录中选取新的检索词限制中间结果。

⑦利用逻辑非（NOT）排除与需求无关的术语、词组。

⑧使用加权检索方法。

7.4　本章小结

本章主要介绍了计算机信息检索的基本方法与步骤，其中重点讨论了计算机信息检索系统中检索式的构造、相关的检索策略以及提高检索质量的一些比较具体可行的方法。

8 学术信息检索资源

8.1 图书文献检索

在互联网上提供图书信息检索服务的机构日益增多，不仅有图书馆等文献信息机构，还有图书出版商、发行商、销售商等，使用户在网络环境下检索图书信息感觉十分便捷。下面介绍几种在网络环境下检索图书信息的主要途径。

8.1.1 世界各地图书馆的公共检索目录（OPAC）

在图书馆未实现自动化和网络化之间，图书馆目录的使用范围基本上是限于馆内用户，而互联网的发展则冲破了这一限制。近年来世界各地的图书馆在开发、建设数字图书馆（Digital Library）系统进程中，已将传统的图书馆目录发展为"联机图书馆公共可检索目录"（Online Public Access Catalog，OPAC），即一个基于网络的书目检索系统，除提供本馆书目信息的检索服务外，网络用户可通过自己的网络终端检索世界各地图书馆的 OPAC，使用每个目录时只需知道所要访问、检索的图书馆主页的 URL，然后采用相应的网络工具，如：远程登录（Telnet）、Gopher 或直接的 Web 浏览器就可进行访问、查询。如此，可检索世界最大的图书馆——美国国会图书馆的馆藏和许多国家、地区及任何一所高校图书馆的藏书。

每个图书馆的书目检索系统不尽相同，各具特色，但检索方法基本上还是一致的。图书馆书目检索的途径主要有：

➢ 题名检索，它包括书名、丛书名、并列书名、刊名等。
➢ 责任者检索，它包括著者、编者、译者、团体著者（包括会议名称)。
> 分类检索,从图书所属学科、领域分类的角度,按分类号进行检索。
> 主题检索,以表征图书内容主题的主题词或关键词进行检索。
> 号码检索,包括国际标准书号 ISBN、国际标准刊号 ISSN、分类号、索书号、订购号等。
> 出版社名称检索。

上述书目特征间还可以进行多种逻辑组配检索。

8.1.2 联合书目数据库

联合目录是提示报道若干个文献收藏单位的文献入藏情况,汇总若干个单位馆藏的书目信息的目录。其作用是:把分散在各地、各图书馆的文献,从目录上联成一体;是用户开展馆际互借,实现资源共享,获取文献全文、文本的重要依据。

(1) WorldCat

由联机计算机图书馆中心(OCLC)开发和维护的图书馆联合目录系统 WorldCat 免费向全球用户推出公众服务。WorldCat 数据库是世界上最大的图书馆联合目录,收藏内容丰富、覆盖范围广泛,拥有超过 10 000 家的成员馆,收录了 13 亿多条目录和馆藏信息。用户通过其网站可查询到全球图书馆的馆藏资料,如图书、期刊、CD、光盘等,还可以链接到相关图书馆的电子资源和数据库,比如下载音频电子图书;读者还可以找到一些需要授权方可使用的资料,如重要的历史文档、图片、期刊论文的电子全文等。

WorldCat 可以让用户检索到感兴趣的资料,然后找到距离用户最近的图书馆,以便于索取文献。WorldCat 提供了题名、主题和作者三种检索途径,用户在检索框输入检索词,执行检索命令后首先得到检索结果列表,列表中显示了文献题名、作者、文献类型、出版地、出版者和出版年信息。WorldCat 的检索结果提供 5 个重要的导航条:图书馆,详细信息,主题信息、版本和评论。用户通过点击"图书馆"按钮,可以查询到世界各地拥有该文献的图书馆,并可以通过在线方式和其图书馆员进行网上交流,享受图书馆提供的文献预约、文献传递和馆际互借服务;在"详细信息"栏目,用户不仅可以浏览文献的目录信息,而且还可以为该文献增加目录信息和注释;"主题信息"栏目提供了相关主题的所有文献;"版本"栏目提供了该文献的所有版本;注册用户还可以在"评论"栏目,对文献发表在线评论。此外,WorldCat 网站还提供针对作者、文献内容、文献类型、文献语种和出版年等条件的限定检索。

WorldCat 是服务于多个国家的图书馆和文献信息机构，其内容涵盖多种语言的出版物。目前，该库以多国语言版发布，除了英文版外，还有德文版、法文版、西班牙文版和荷兰文版。

网址：http：//www.worldcat.org

（2）CALIS 联合目录数据库

CALIS 联机合作编目中心是中国高等教育文献保障体系的两大服务中心之一，其秉承"实现信息资源共建、共知、共享，发挥最大的社会效益和经济效益，为中国的高等教育服务"的宗旨，致力于 CALIS 联合目录数据库的建设，并提供相关服务。

CALIS 联合目录数据库建设始于 1997 年。到 2004 年 10 月为止，联合目录数据库已经积累了 160 余万条书目记录，馆藏信息达 600 余万条。目录数据库涵盖印刷型图书和连续出版物、电子期刊和古籍等多种文献类型；覆盖中文、西文和日文等语种；书目内容囊括了教育部颁发的关于高校学科建设的全部 71 个二级学科，226 个三级学科（占全部 249 个三级学科的 90.8%）。

网址：http：//www.opac.calis.edu.cn

（3）CASHL 中国高校人文社会科学文献中心

中国高校人文社会科学文献中心（China Academic Social Sciences and Humanities Library，简称 CASHL）是在教育部的统一领导下，本着"共建、共知、共享"的原则，"整体建设、分布服务"的方针，为高校哲学社会科学教学和研究建设的文献保障服务体系，是教育部高校哲学社会科学"繁荣计划"的重要组成部分，也是全国性的唯一的人文社会科学文献收藏和服务中心，其最终目标是成为"国家级哲学社会科学资源平台"。

CASHL 于 2004 年 3 月 15 日正式启动并开始提供服务。目前已收藏有 7 500 多种国外人文社会科学领域的重要期刊、900 多种电子期刊、20 余万种电子图书，以及"高校人文社科外文期刊目次库"、"高校人文社科外文图书联合目录"等数据库，提供数据库检索和浏览、书刊馆际互借与原文传递、相关咨询服务等。

网址：http：//www.cashl.edu.cn

8.1.3 网上书店

随着因特网在全球的普及，一种方便快捷的读书、购书方式——网上书店实现了许多人在家中"逛"书店的梦想：只要通过身边的电脑网络，就可以轻松地查找网上书店提供的全部图书资料。可以按书名、作者、出版社、图书分类号、关键词等不同检索方法来查询,很快找到自己所需要的图书;并且能够通过电子支付手段,直接在网上完成购书过程。除购书外,网上书店还提供各种信息服务,如:图书销售排行榜、最新图书介绍、读书俱乐部活动、优惠购书等信息。网上书店以因特网为依托,具有传统书店无可比拟的、广大的存储、阅览、选购空间。虽然网上书店的主要功能是销售图书,但它的数据库可以作为人们查找图书信息的一个非常便捷的信息源。

(1) Amazon. com

亚马逊网上书店成立于1995年,其总部设在美国的西雅图,是因特网上最大、最著名的图书及音像制品销售公司,是全球电子商务的成功代表。自1999年开始,亚马逊网站开始扩大销售的产品门类。现在除图书和音像影视产品外,亚马逊也同时在网上销售服装、礼品、儿童玩具、家用电器等20多个门类的商品。2003年亚马逊网站销售额预计可以达到40亿美元。其中图书销售额可以占到全美图书零售总额的8%~9%。美国《福布斯》杂志称其为"世界上最大的书店,只是没有书。"其服务机制是建立在方便、迅速的订货体系和与出版商达成的供货协议上。

它的数据库可以作为一个庞大的营业性书目,为各类用户提供广泛的书目查询。从书目信息检索的角度讲,该网站可被视为传统书目检索工具《在版书目》(Books in Print)的一个强有力的竞争对手。

网址:http://www.amazon.com

(2) Barnes and Nobles

Barnes and Nobles是美国最大的老牌连锁书店。亚马逊的巨大成功给它造成很大冲击,Barnes and Nobles试图通过建立网络售书体系与亚马逊一争高下。经过数年的建设和完善,其网络售书体系已具备相当规模,是亚马逊十分强劲的竞争对手。它可以提供联机图书信息检索、图书订购和发送图书等服务。用户可按学科主题分类范畴浏览,也可以按书名、著者、关键词、ISBN号等检索其数据库。除此之外,还有各种畅销书、降价书、在版书目、绝版书目等专栏或数据库供读者检索利用。

网址:http://www.barnesandnoble.com

(3) 当当网

当当网是全球最大的中文网上商城,1999年11月正式开通,由民营的科文公司、美国老虎基金、美国IDG集团、卢森堡剑桥集团、亚洲创业投资基金(原名软银中国创业基金)共同投资。目前面向全世界网上购物人群提供近百万种商品的在线销售,包括图书、音像、家居、化妆品、数码、饰品等数十精品门类,每天为成千上万的消费者提供安全、方便、快捷的服务,给网上购物者带来极大的方便和实惠。当当网的使命是坚持"更多选择、更多低价"让越来越多的网上购物顾客享受互联网,全球已有1 560万的顾客在当当网上选购过自己喜爱的商品。

网址:http://www.dangdang.com

(4) 卓越

"中国B2C电子商务领导者"卓越网,于2000年1月由金山软件股份公司分拆,国内顶尖IT企业金山公司及联想投资公司共同投资组建,2003年9月引入国际著名投资机构老虎基金成为第三大股东。卓越网发布于2000年5月,主营音像、图书、软件、游戏、礼品等流行时尚文化产品。卓越网诞生以来,凭借独创的"精选品种、全场库存、快捷配送"之"卓越模式",迅速成长为国内最有影响力和辐射力的电子商务网站,赢得了超过520万注册用户的衷心支持,发展成为中国访问量最大、营业额最高的零售网站,并获得全国网络文明工程组委会评选的"中国优秀文化网站"称号,入选"中国10大互联网旗帜公司"和"最具投资价值网站100强"。2004年8月,亚马逊公司Amazon.com(NASDAQ:AMZN)宣布它已签署最终协议收购卓越有限公司。

网址:http://www.amazon.cn

8.1.4 电子图书的检索和使用

近年来电子图书的发展非常迅速,互联网上提供电子图书的站点数量众多。电子图书的种类也从过去的以百科全书、词典等参考工具书为主,发展到文学作品、专业书籍等许多门类。

(1) 超星数字图书馆

超星数字图书馆(www.ssreader.com 或 www.chaoxing.com) 开通于1999年,是全球最大的中文数字图书馆,向互联网用户提供数十万种中文电子书免费和收费的阅读、下载、打印等服务。同时还向所有用户、作者免费提供原创作品发布平台、读书社区、博客等服务。

提供丰富的电子图书阅读,其中包括文学、经济、计算机等几十余大类,并且每天仍在不断的增加与更新。专门为非会员构建开放免费阅览室,为目前世界最大的中文在线数字图书馆;图书不仅可以直接在线阅读,还提供下载(借阅)和打印。多种图书浏览方式、强大的检索功能与在线找书专家的共同引导,帮助读者及时准确查找阅读到书籍。书签、交互式标注、全文检索等实用功能,让读者充分体验到数字化阅读的乐趣。先进、成熟的超星数字图书馆技术平台和"超星阅览器",具有电子图书阅读、资源整理、网页采集、电子图书制作等一系列功能。

网址：http：//www.ssreader.com；http：//www.chaoxing.com

（2）书生读吧

书生读吧是电子书门户网站，是领先的电子书阅读、销售和交流平台。书生读吧帮助广大读者延续选书、看书的快乐，解决找书、买书的困难，体验全新数字阅读，并在作者、读者、出版机构之间架起了互动交流和沟通的桥梁。

书生读吧是由北京书生公司建设和运营的网站，利用领先的数字纸张技术，保证用户能够获得超越传统纸张图书的阅读体验。书生读吧还通过在线书评、读书社区、作者专区、出版社专区、期刊社专区等服务，在达到"为书找读者，为读者找书"功能的基础上，让作者、读者、出版机构能够通过多种方式交流和沟通，极大地促进了电子书产业链各环节的互动。

网址：http：//www.news.du8.com

（3）北大方正 Apabi 数字图书馆

方正 Apabi 数字图书系统由北大方正电子有限公司制作，收录了全国 400 多家出版社数万余种最新中文电子图书，涵盖了社会学、哲学、宗教、历史、经济管理、文学、数学、化学、地理、生物、医学、工程、机械等多种学科。方正电子图书为全文电子化的图书，可输入任意知识点或全文中的任意单词进行检索。

➢ 采用国际上最先进的 DRM（数字版权保护）技术，是国内唯一妥善保护了电子图书知识产权的数字图书馆方案；

➢ 版面显示效果好：采用领先世界的曲线显示技术和方正排版技术，高保真显示、原版原式阅读，版面缩放不失真；

➢ 阅读操作方便：具有方便的全文查找功能、支持词典功能；可在页面上进行添加书签、画线、加亮、批注、圈注、拷贝、前/后页翻页、半翻页/全页翻切换、页面切换等操作。

➢ 网址：http：//www.ebook.lib.apabi.com

（4）书同文

书同文公司成立于 1997 年，是北京市科委认证的高科技企业、获软件企业认证，持有因特网信息服务业务经营许可证，在国家版权局登记有 UniHanOCR、全文检索、数码翰林和彩书引擎在内的十七项拥有自主知识产权的软件。

书同文数字精品包括：《历代石刻史料汇编》、《十通》、《四部丛刊》、《康熙字典》、《古籍字频统计工具》、《大清五部会典》、《大清历朝实录》。

网址：http：//www.unihan.com.cn

（5）其他电子图书网站

➢ 亦凡公益图书馆 http：//www.shuku.net
➢ 榕树下 http：//www.rongshuxia.com
➢ 中国青少年新世纪读书网 http：//www.cnread.net
➢ 得益网 http：//www.netyi.net

8.1.5 国外电子图书提供机构

（1）NetLibrary

NetLibrary是全球最大的在线计算机图书馆中心（OCLC）的下属部门，它整合了来自350多家出版机构的5万多册电子图书。这些电子图书的90%是1990年后出版的，每月均增加2 000多种。NetLibrary电子图书的80%面向大学的读者，它覆盖了以下主要学科：科学、技术、医学、生命科学、计算机科学、经济、工商、文学、历史、艺术、社会与行为科学、哲学、教育学等。读者还可以免费访问3 400多种无版权图书，主要是美国历史、小说、诗歌、人物传记、哲学宗教等主题，如莎士比亚的《哈姆雷特》。点击首页右侧的"Publicly-Accessible eBooks"可浏览所有免费图书。所有电子图书都内嵌了American Heritage Dictionary of the English Language（4th Edition）& reg，方便读者查询词义和读音。

NetLibrary的E-Book使用浏览器技术，可通过在线阅读，没有时间和地点的限制，且不需增添任何软、硬件。同一时间一个图书馆或集团的E-Book读者数不限，但一本书同时只能供一位读者阅读。NetLibrary的E-Book具有全检索功能，书中的每个词都可用来检索，因此，读者可很快找到所需的信息。

网址：http：//www.netlibrary.com

（2）Ebrary

Ebrary公司于1999年2月正式成立，由McGraw-Hill Companies、Pearson plc和Random House Ventures三家出版公司共同投资组建。整合了来自220多家学术、商业和专业出版商的权威图书和文献，覆盖了商业经济、计算机、技术工程、语言文学、社会科学、医学、历史人文、科技和法律等主要科目的书籍种类。目前与Ebrary合作的主要出版社包括The McGraw-Hill Companies、Random House、Penguin Classics、Taylor & Francis、Yale University Press、John Wiley & Sons、Greenwood等著名出版社。

Ebrary的学术类书库（Academic Collection）中包含了3万多册图书，

约 70%是 2000 年之后出版的。最近，Ebrary 公司将 1 500 多种原本仅供购买的电子图书也增加到学术类书库中，这些图书大多出版于 2006—2007 年，涉及工程、科学、技术、医学和商业。

Ebrary 电子图书采用 PDF 文档格式，保持了书的原貌，用户需预先安装一个 Ebrary Reader 软件。用户不但可以阅读指定的文档或在其中进行全文检索，还可以在全部 Ebrary 数据库内进行全文检索。当然，用户也可以按作者、书名、出版社或者学科来查找自己所需的图书，用户还可以自己建立网上个人书架以保存自己对已阅读文章的连接，并具有书签和评注功能。

网址：http：//www.ebrary.com

（3）SpringerLink

德国施普林格（Springer-Verlag）是世界上著名的科技出版集团，通过 SpringerLink 系统提供其学术期刊及电子图书的在线服务，这些期刊是科研人员的重要信息源。2002 年 7 月开始，Springer 公司在国内开通了 SpringerLink 服务。SpringerLink 所有资源划分为 12 个学科：建筑学、设计和艺术；行为科学；生物医学和生命科学；商业和经济；化学和材料科学；计算机科学；地球和环境科学；工程学；人文、社科和法律；数学和统计学；医学；物理和天文学。原 Kluwer 出版集团出版的电子期刊已合并至该平台。

网址：http：//www.springerlink.com

（4）Safari

Safari 是 ProQuest Information and Learning 公司最新推出的电子图书服务系统。Safari 提供的主要是 IT 方面的电子图书，主要来自世界上两大著名的 IT 出版商：O'Reilly & Associates，Inc. 和 The Pearson Technology Group。这两家出版社所出版的 IT 图书占据世界 IT 出版业的半壁江山。在 Safari 系统中，70%以上是 2000 年或以后出版的，22%的书目列入了 Amazon 书店前 10 000 种需要的图书清单中。

SafariSM Tech Books Online 系统据有选书灵活、内容权威、覆盖学科广泛、接触科研最前沿等特点。其方便快捷的检索接口和灵活多样的使用统计报表系统为图书馆集成和管理在线图书提供了强有力的工具。该数据库在多家高校进行了试用，得到了许多学生和老师的好评。

Safari 系统在 2003 年 4 月出版的美国 The ADVISOR Reviews 数据库评论中被称为："涵盖从微软的 WORD 到网络工程、从应用到理论等一系列吸引人的图书，是我见过的内容与格式匹配得最好的电子书数据库，其内容是大多数图书馆需要的"。

网址：http：//www. my. safaribooksonline. com

（5）John Wiley & Sons，Inc.

John Wiley & Sons Inc. 是有 200 年历史的国际知名专业出版机构，在化学、生命科学、医学以及工程技术等领域学术文献的出版方面颇具权威性。Wiley InterScience 是其综合性的网络出版及服务平台，目前使用的界面是 2003 年 8 月推出的最新版本。在该平台上提供全文电子期刊、电子图书和电子参考工具书的服务。具体学科涉及：生命科学与医学、数学统计学、物理、化学、地球科学、计算机科学、工程学、商业管理金融学、教育学、法律、心理学等。

网址：http：//www. interscience. wiley. com

（6）Project Gutenberg

古登堡计划（Project Gutenberg）是一个以自由的和电子化的形式，基于互联网，大量提供版权过期而进入公有领域书籍的一项协作计划。最初是在 1971 年 7 月由 Michael Hart 发起的。它是世界上第一个数字图书馆，所有书籍的输入都是由志愿者来完成的，并将这些书籍文本化。到 2003 年 10 月，古登堡计划以及有超过 10 000 册的在线书籍，其志愿者人数也超过了 1 000 名，每月有 350 本可用的新书。这些书还以 DVD 的形式出售。Michael 希望到 2015 年可用书籍能达到一百万本。

网址：http：//www. promo. net/pg

（7）Project Bartleby

Project Bartleby 开始于 1991 年，是哥伦比亚大学的免费电子图书馆项目，专门提供一些重要的书籍的在线阅读，比如《莎士比亚全集》、《哈佛丛书》和 The Elements of Style。

网址：http：//www. bartleby. com

（8）StoryPlus

一个很不错的儿童电子故事书检索阅读网站。兼有免费阅读与付费订阅，书的正文可以阅读、打印或下载。阅读时可以根据需要选择图书的版本，有纯文本版、插图版、朗读版或插图朗读版。可以按儿童的年龄、主题、儿童感兴趣的领域、著者、书名等途径检索。

网址：http：//www. storyplus. com

（9）The Electric Book Company

英国的搜索阅读电子图书的网站，其特色是拥有经典著作的电子版，具有布尔逻辑和截词功能，使用 PDF 格式。

网址：http：//www. elecbook. com

（10）美国书商协会会员目录

收录美国 4 500 多家独立书店的信息，可检索；除此之外，还可以直接登录各出版社的网站，如：兰登书屋、麦格劳—希尔、牛津大学出版社、三联出版社、中华书局或书商的主页、站点等来检索其所出版或经销的图书信息。

网址：http://www.bookweb.org/index.html

（11）《纽约时报》书评

可用关键词检索自 1997 年以来的《纽约时报》书籍专栏。检索其自 1980 年以来的全文书籍评论。

网址：http://www.nytimes.com

（12）《出版商周刊》畅销书目录

可检索自 1991 年至今精装书的出版商周刊目录，并提供世界各大书商的动向、新书通报等信息。

网址：http://www.bookwire.com

8.2 学术期刊的网上检索

8.2.1 期刊出版信息的网上检索

虽然期刊是一种连续出版物，但期刊的出版也是不断变化的。每年会有许多新刊产生、许多新刊改名，还有的由于各种原因停止出版。因此，掌握准确的期刊出版信息是至关重要的。

传统的检索方式是利用期刊指南或是参考期刊发行机构提供的报刊征订目录等，如《乌利希国际期刊指南》(*Ulrich's International Periodicals Directory*)、《外国报刊目录》、《中文期刊大辞典》、《中文科技期刊指南》等。在网上可以通过访问著名的出版公司、学术团体的网站了解、获取其期刊出版信息，有的还可以免费浏览每期的目录。

（1）MediaFinder

由 Oxbridge Communications, Inc. 编制，该公司长期致力于编撰大型的期刊目录及数据库，是著名的《标准期刊指南》(*The Standard Periodical Directory*) 等一系列期刊工具书的出版商。该网站即是该公司在其传统业务的基础上建立的一个全球性的、交互式的、可检索的期刊等媒体信息指南，提供对其数据库的访问。其数据库中包含了 70 000 种美国、加拿大与其他国家的各类出版物信息。检索时可使用关键词按出版物的类型（期刊、杂志、目录、新闻快报、报纸、指南、广告、用户邮件群等)、学科范畴、出版周期、读者对象、发行量等检索或浏览，查找有关的出版物信息，是一个非常实用的期刊等媒体信息检索工具。

网址：http://www.mediafinder.com

(2) Electronic Journal Access

该网站将电子刊物广泛地定义为期刊、杂志、快报、电子论坛或任何种类的通过因特网传播、发行的，即大多可以通过 Web、gother、ftp、telnet、E-mail、listsev 等形式访问的电子出版物。收录了上述网络电子刊物几千种，是目前网上规模较大的电子刊物网站之一。按刊名和《国会图书馆主题标题表》(Library of Congress Subject Heading, LCSH) 标目编排成各种索引，提供分类浏览检索，同时还可以对期刊的主题、关键词、标题等字段检索。每条记录中包括内容、范围等描述，但不对刊物的内容、质量做任何评价。

网址：http://www.goldrush.coalliance.org

8.2.2 期刊收藏信息的检索

查找期刊的收藏信息可以使读者了解哪些单位入藏了某种期刊，其入藏的刊期、卷次等，在读者需要获取某种期刊中的文章全文时可提供获取文献的途径。目前最便捷的方法是利用各文献机构在其网站上提供的 OPAC，许多图书馆的 OPAC 不仅能查找其馆藏图书，也能查到馆藏期刊和其他文献。另外，还可以使用反映多个图书馆期刊收藏情况的联合目录。

(1) 中国科学院国家科学数字图书馆的联机联合编目服务系统

全国期刊联合目录数据库创建于 1983 年，是由中国科学院文献情报中心牵头研建、中科院长期支持的项目，是科技部、中科院"九五"攻关项目的成果，荣获中科院科技进步二等奖。成员馆已遍布全国，包括 400 余家主要的大型公共图书馆、中科院系统的图书馆、中国社科院系统的图书馆、各大部委的情报所、科研系统的图书馆、重点高校的图书馆和全军卫生系统的图书馆。

联合编目服务系统的联机联合编目数据库包含 6 个子库：全国西文期刊联合目录数据库，全国日文期刊联合目录数据库，全国俄文期刊联合目录数据库，中国科学院中文期刊联合目录数据库，中国科学院西文图书联合目录数据库，中国科学院中文图书联合目录数据库。

联机联合编目数据库收录近 8 万种中文、英文、日文、俄文期刊和 80 万种中外文图书，学科覆盖数学、物理、化学、天文、地理、生命科学、农业、医药、信息科学、工业技术、社会科学等。

网址：http://www.union.csdl.ac.cn/Union

（2）CASHL

中国高校人文社会科学文献中心（China Academic Social Sciences and Humanities Library，简称 CASHL），是全国性的唯一的人文社科外文期刊文献保障体系。CASHL 管理中心和全国中心设在北京大学图书馆。CASHL 于 2004 年 3 月 15 日正式启动并开始提供服务。目前已收藏有 7 500 多种国外人文社会科学领域的重要期刊、900 多种电子期刊、20 余万种电子图书，以及"高校人文社科外文期刊目次库"、"高校人文社科外文图书联合目录"等数据库，提供数据库检索和浏览、书刊馆际互借与原文传递、相关咨询服务等。

网址：http://www.cashl.edu.cn

（3）CALIS 联合目录数据库

CALIS 联机合作编目中心是中国高等教育文献保障体系的两大服务中心之一，其秉承"实现信息资源共建、共知、共享，发挥最大的社会效益和经济效益，为中国的高等教育服务"的宗旨，致力于 CALIS 联合目录数据库的建设，并提供相关服务。

CALIS 联合目录数据库建设始于 1997 年。到 2004 年 10 月为止，联合目录数据库已经积累了 160 余万条书目记录，馆藏信息达 600 余万条。目录数据库涵盖印刷型图书和连续出版物、电子期刊和古籍等多种文献类型；覆盖中文、西文和日文等语种；书目内容囊括了教育部颁发的关于高校学科建设的全部 71 个二级学科，226 个三级学科（占全部 249 个三级学科的 90.8%）。

网址：http://www.opac.calis.edu.cn/simpleSearch.do

（4）CALIS 外文期刊目录数据库

本系统收录 3 万多种外文期刊的篇名目录数据，其中有 2.2 万种现刊的篇名目次，每星期更新一次。系统标注了 CALIS 高校图书馆的纸本馆藏和电子资源馆藏；系统把各图书馆馆藏纸本期刊和图书馆购买全文数据库，包含电子期刊与篇名目次有机地集成到一起，使读者可以直接通过系统的资源调度得到电子全文；并且系统连接了 CALIS 馆际互借系统，读者可以把查找到的文章信息直接发送文献传递请求获取全文。本系统还为成员馆提供多种用户使用查询统计报告，成员馆馆藏导航数据下载，成员馆电子资源维护等服务。

网址：http://www.calis.edu.cn/

8.2.3 期刊内容信息的检索

8.2.3.1 中国期刊检索系统

(1) 中国知网之中国期刊全文数据库

该库是目前世界上最大的连续动态更新的中国期刊全文数据库，收录国内 8 200 多种重要期刊，以学术、技术、政策指导、高等科普及教育类为主，同时收录部分基础教育、大众科普、大众文化和文艺作品类刊物，内容覆盖自然科学、工程技术、农业、哲学、医学、人文社会科学等各个领域，全文文献总量 2 200 多万篇。

网址：http://www.cnki.net

(2) 万方数据库资源系统之数字化期刊群

作为国家"九五"重点科技攻关项目，目前集纳了理、工、农、医、哲学、人文、社会科学、经济管理与教科文艺等 8 大类 100 多个类目的近 5 500 余种各学科领域核心期刊，实现全文上网，论文引文关联检索和指标统计。从 2001 年开始，数字化期刊已经囊括我国所有科技统计源期刊和重要社科类核心期刊，成为中国网上期刊的第一大门户。

网址：http://www.dx.wanfangdata.com.cn：8088

(3) 维普资讯

重庆维普资讯有限公司的前身是中国科技情报所重庆分所数据库研究中心。公司的主导产品《中文科技期刊数据库》是中国新闻出版总署批准的大型连续电子出版物，收录中文期刊 12 000 余种，全文 1 700 万篇，引文 2 400万条，分三个版本（全文版、文摘版、引文版）和八个专辑（社会科学、自然科学、工程技术、农业科学、医药卫生、经济管理、教育科学、图书情报）定期出版，拥有高等院校、公共图书馆、研究机构、企业、医院等各类用户 5 000 多家，覆盖数千万个人读者。公司网站"维普资讯网"（http://www.cqvip.com）于 2000 年建成，经过 5 年的商业运营，已经成为全球著名的中文信息服务网站，是中国最大的综合性文献服务网，并成为 Google 搜索的重要战略合作伙伴，是 Google Scholar 最大的中文内容合作网站。网站的注册用户数超过 200 余万，累计为读者提供了超过 2 亿篇次的文章阅读服务。

网址：http://www.cqvip.com/

8.2.3.2 国外的期刊内容信息检索系统

(1) UnCover

UnCover 数据库是当前世界上规模最大、内容更新最快的期刊数据库之一，是由 CALIS（中国高等教育文献保障系统）引进于美国 CARL（Colorado Alliance of Research Libraries）公司的一个网上英文期刊数据库。其宗旨是提供期刊文献资料的各种信息产品和服务，目标是为那些以期刊为手段获得信息的用户提供及时、全面，而且效果显著的联机检索服务。到目前为止，该库收录了 18 000 多种期刊，拥有期刊文章索引（或文摘）880 多万篇，并且还在以每天 5 000 篇的速度不断扩充。在 UnCover 数据库中，期刊文章进入数据库的时间与期刊递送到当地图书馆或期刊发售点的时间只迟两天，基本保持同步。

Uncover 数据库覆盖了多个学科主题，在该库收录的 18 000 多种期刊中，大约有 51%属于科学、技术、医学和农林，40%属于社会科学、政法、商业，9%为艺术和人文科学。

网址：http：//www.gateway.ingenta.com/calispku

（2）JSTOR

JSTOR 是一个非营利性组织，肩负着两项任务，创建并维护可信的重要学术期刊的存档，使尽可能广泛的用户可以访问这些期刊。JSTOR 使科研人员可以检索期刊和文献的高分辨率的扫描图像，就像原版的设计、印刷和插图一样。

JSTOR 是一个对期刊进行数字化的工程，主要以人文及社会科学方面的期刊为主，收集从创刊号到最近三五年前的过刊，目前提供 700 多种期刊的全文访问，并不断有新刊加入。

该库覆盖的学科领域包括：Anthropology、Architecture、Art、Ecology、Economics、Education、Finance、General Science、History、Literature、Law、Mathematics、Philosophy、Political Science、Population Studies、Psychology、Public Policy & Administration、Sociology、Statistics、African American Studies、Asian Studies 等。

网址：http：//www.jstor.org

（3）ProQuest 数据库平台

ProQuest Information and Learning 公司通过 ProQuest 数据库平台提供了一组数据库，涉及商业管理、社会与人文科学、科学与技术、金融与税务、医药学等广泛领域。该平台的主要特点是将二次文献与一次文献"捆绑"在一起，为最终用户提供文献获取一体化服务。用户在检索文摘索引时可以实时获取大部分全文信息。

ProQuest 检索平台主要包含以下数据库：

➢ ABI 商业信息数据库；

内容覆盖商业、金融、经济、管理等领域,收录学术期刊和贸易杂志,其中文章有全文。包括以下4个子库:

ABI/INFORM Global(商业管理全文期刊数据库) 1971—今

ABI Archive Complete(回溯期刊数据库) 1905—1985

ABI Trade and Industry(行业与贸易信息数据库) 1971—今

ABI Dateline(北美地区中小型企业与公司贸易信息数据库) 1985—今

➢ Academic Research Library(ARL):

(学术研究数据库)1971—今:内容覆盖商业与经济、教育、历史、传播学、法律、军事、文化、科学、医学、艺术、心理学、宗教与神学、社会学等领域。收录综合性期刊和报纸3 871种,其中多数刊近年来的文章有全文。

➢ ProQuest Science Journals(PSJ)

(ProQuest 科学期刊数据库)1994—今:包含原 Applied Science and Technology Plus 数据库的全部期刊,内容覆盖计算机、工程、物理、通信、运输等领域。收录学术期刊622种,部分有全文。

➢ ProQuest Dissertations and Theses(PQDT)

(ProQuest 博硕士论文数据库)1637—今:收录欧美1 000多所大学的逾200万篇博士、硕士学位论文的题录和文摘。1997年以后的论文可以看到前24页的扫描图像。

此外,ProQuest 平台中还可检索到以下数据库:

➢ 报纸类数据库:

ProQuest Newspapers 和 U. S. National Newspaper Abstracts

➢ 公司信息数据库:

Hoover's Company Records

➢ 市场简报数据库:

EIU ViewsWire

网址:http://www.protquest.cn

(4)OCLC FirstSearch 系统

FirstSearch 基本组包括12个数据库,其中大多是综合性的库,内容涉及艺术和人文科学、商务和经济、会议和会议录、教育、工程和技术、普通科学、生命科学、医学、新闻和时事、公共事务和法律、社会科学等领域。其中 WorldCat 是世界上最大的、由一万多个成员馆参加的联合编目数据库,它包括11种资料类型,400多种语言,覆盖了从公元前1000年到现在的资料,目前已达 5 700 多万条记录,从这个数据库可检索世界范围内的 OCLC 成员图书馆所拥有的图书和其他资料。

ArticleFirst 数据库包含 16 000 多种期刊文章和目次的索引。

WilsonSelectPlus 是一个科学、人文、教育和工商方面全文数据库。

另外基本组还包括深受欢迎的国际会议论文库 PapersFirst,以及世界闻名的教育库 ERIC,覆盖医学各领域的 MEDLINE 库,世界年鉴数据库 WorldAlmanac 等。

网址:http://www.firstsearch.oclc.org

(5) WilsonWeb

美国 Wilson 公司是一家著名的文献检索工具出版商,编辑出版了一系列著名的图书目录(如:Cumulative Book Index,CBI)和期刊索引(如:Readers' Guide to Periodical Literatures,RG 等),在图书馆采访工作和文献检索服务等方面长期以来发挥了重要作用。近年来,Wilson 公司出版的检索工具也发生了很大变化,许多专业性的文摘、索引都发展为全文数据库,并可通过许多联机检索系统(如:Dialog、OClC)提供检索服务,同时也开通了网络服务平台 WilsonWeb。

网址:http://www.wilsonweb.hwwilson.com

(6) Kluwer Online

Kluwer Online 是荷兰的 Kluwer 学术出版社(Kluwer Academic Publishers)的电子刊物数据库。科目涉及医学、生命科学、化学、物理、计算机科学、数学、天文学、工程学、人文科学、地球科学、社会科学、经济、心理学、教育、法律等,已出版了 700 余种期刊。

Springer 与 Kluwer Academic Publishers 合并后,成立了新的 Springer 集团。2005 年,公司完成了 SpringerLink 与 Kluwer Online 电子出版平台的整合,将全部约 1 250 种期刊和其他电子刊物通过 MetaPress 平台提供服务。

网址:http://www.kluwer.calis.edu.cn/

(7) Elesvier SDOL

荷兰爱思唯尔(Elsevier)出版集团是全球最大的科技与医学文献出版发行商之一,已有 180 多年的历史。ScienceDirect 系统是 Elsevier 公司的核心产品,自 1999 年开始向读者提供电子出版物全文的在线服务,包括 Elsevier 出版集团所属的 2 200 多种同行评议期刊和 2 000 多种系列丛书、手册及参考书等,涉及四大学科领域:物理学与工程、生命科学、健康科学、社会科学与人文科学,数据库收录全文文章总数已超过 856 万篇。

网址:http://www.sciencedirect.com/

（8）Springer Link

德国施普林格（Springer-Verlag）是世界上著名的科技出版集团，通过 SpringerLink 系统提供其学术期刊及电子图书的在线服务，这些期刊是科研人员的重要信息源。2002 年 7 月开始，Springer 公司在国内开通了 SpringerLink 服务。SpringerLink 所有资源划分为 12 个学科：建筑学、设计和艺术；行为科学；生物医学和生命科学；商业和经济；化学和材料科学；计算机科学；地球和环境科学；工程学；人文、社科和法律；数学和统计学；医学；物理和天文学。

原 Kluwer 出版集团出版的电子期刊已合并至该平台，另外也可以通过 Kluwer 本地服务器进行访问。

网址：http://www.springerlink.lib.tsinghua.edu.cn/home/main.mpx

（9）Wiley InterScience

John Wiley & Sons Inc. 是有 200 年历史的国际知名专业出版机构，在化学、生命科学、医学以及工程技术等领域学术文献的出版方面颇具权威性。Wiley InterScience 是其综合性的网络出版及服务平台，目前使用的界面是 2003 年 8 月推出的最新版本。在该平台上提供全文电子期刊、电子图书和电子参考工具书的服务。这些期刊涉及：Business（60 种）；Chemistry（90 种）；Computer Science（19 种）；Earth and Environmental Science（35 种）；Education（12 种）；Engineering（51 种）；Law（8 种）；Life Sciences（83 种）；Mathematics and Statistics（22 种）；Medicine（81 种）；Physics and Astronomy（13 种）；Polymers and Materials Science（40 种）；Psychology（24 种）；Social Sciences（12 种）。

网址：http://www.interscience.wiley.com

（10）IEEE/IET（IEL）

IEEE/IEE Electronic Library（IEL）数据库提供美国电气电子工程师学会（IEEE）和英国工程技术学会（IET）出版的 275 种期刊、7 213 种会议录、3 889 种标准的全文信息，并可看到出版物信息。IEEE 学会下属的 13 个技术学会的 18 种出版物可以浏览全文，且数据回溯的年限也比较长，其他出版物一般只提供 1988 年以后的全文检索。部分期刊还可以看到预印本（accepted for future publication）全文。

网址：http://www.ieeexplore.ieee.org/

8.2.4　电子期刊

（1）期刊数据库

国内的期刊数据库如中国学术期刊网、万方数据库资源系统数字化期刊、维普期刊数据库、中国人民大学报刊资料全文数据库、上海图书馆的社科报刊篇名数据库等，国外的有 Springe-Verlag、Academic Press、Elsevier 等。它们一般有选择性地收信相关的核心期刊，形成了一整套制作、建库和服务的规范化系统。把印刷品期刊数字化和网络化，要晚于印刷本的发行。随着技术的发展和出版发行程序的优化，有可能实现同步发行。

数据库型网络电子期刊有如下特点。首先，学术性强是期刊数据库相对于其他网络期刊的最大优点。它们一般具备关键词检索、篇名检索、作者检索等检索途径，提供摘要，甚至全文。期刊数据库是受知识产权保护的，一般用 IP 地址或密码等方式来限制访问。

（2）期刊网站

这种期刊网站一般是一些有较强实力雄厚的专业期刊。

➢ *Nature*《自然》http：//www.nature.com
➢ *Science*《科学》http：//www.sciencemag.org
➢ *Times*《时代》http：//www.times.com
➢ *U. S. News & World Report*《美国新闻与世界报道》http：//www.usnews.com

（3）Open Access Journal

开放存取期刊（Open Access Journal，OAJ）是互联网上可供任何人自由访问使用（可下载全文）的电子期刊。OA（Open Access）电子期刊是近年来新出现的一种期刊出版形式，其特点是出版费用主要由论文作者支付，读者免费使用。OA 期刊的稿件大多采用同行评审的方式确定，因此 OA 期刊的质量有所保证，利用价值较高。

DOAJ（Directory of Open Access Journal）是由瑞典隆德大学图书馆于 2003 年建立的全球 OA 期刊门户网站，目前收录的 OA 全文期刊超过 2500 种。收录主题包括：农业及食品科学，美学及建筑学，生物及生命科学，经济学，化学，地球及环境科学，一般主题，健康科学，历史及考古学，语言及文学，法律及政治学，数学及统计学，哲学及宗教学，物理及天文学，一般科学，社会科学，工程学等主题。DOAJ 的目标是："让开放途径的科技期刊能够更广泛和更方便的被读者看到，使它们的作用能得到更大发挥"。该目录收录的均为学术性、研究性期刊，具有免费、全文、高质量的特点。其质量源于所收录的期刊实行同行评审，或者有编辑作质量控制，故而对学术研究有很高的参考价值。

网址：http：//www.doaj.org

（4）集合型期刊

中国电子杂志联盟 http：//www.mag.iebook.cn/

龙源期刊网 http：//www.qikan.com.cn

（5）电子邮件期刊

因特网上有许多由科研人员自己编辑、生产、发行的电子学术期刊是以 Mailing list、Listserv 等形式发行的。用户可通过订阅、加入该群组，以电子邮件的形式定期获取该类电子期刊，拓展、丰富自己的专业信息来源渠道。

8.3 会议信息及会议文献资料的网上检索

学术会议是科学工作者进行学术交流、相互学习、相互接触、彼此沟通学术思想、提高学术水平的重要场所。会议文献是在各种学术会议上所发表的论文、报告、讲演等的统称。其主要特点是时效性强，反映新成果较快，质量较高，专业性突出，往往代表某一学科或专业领域的最新学术研究成果。出于国际性、地区性学术交流的需要，去了解本学科研究领域内世界范围内近期或未来一段时间已经或即将举行的世界性、地区性学术会议的消息及有关会议文献的信息是研究人员经常性的信息需求。

8.3.1 会议消息的检索网站

（1）Atlas Conference

该网站建于 2000 年，其前身为 Atlas Mathematical Conference Abstracts 和 Topology Atlas，专门报道未来 3 年内召开的学术会议。Atlas 本身包含了一个学术会议公告数据库，用户可按主题、召开日期或国家浏览世界范围内即将召开的国际学术会议信息，并可免费获得有关会议信息的摘要。因特网用户除了可以在 Atlas 上查看会议预告之外，还可以查看其数据库中所收录的 1998 年以来的所有会议信息的存档资料。此外，用户在获得有关会议信息的同时，还可获得有关该会议的主页的链接，详细了解会议的时间、地点、主题、征集论文的截止时间、会议的日程、分组讨论的议题、发展动态等，并能获取会议报告的大纲、摘要甚至全文。

网址：http：//www.atlas-conferences.com

（2）Calendar of Upcoming Technical Conference

该网站提供世界范围内的专业技术会议报道情况，主要是即将召开的高科技领域国际会议，一般报道 6 年的会议安排。可按主题、会议地点、会议名称、主办单位、国家等进行检索。

网址：http：//www.techexpo.com/events

（3）CMP's TechCalender

这是一个专门检索世界范围内计算机科学、网络技术和电气工程领域学术会议及有关活动信息的网站，范围涉及 Internet、软件、通信、计算机系统等。可以按会议名称、日期、地点或主题等检索。该网站组织良好、更新及时、免费检索、有良好的用户友好性。

网址：http：//www.techweb.com/calendar

（4）COS Meetings and Conferences

Community of Science 是全球最大的科技中介之一，由全球 1 600 多所大学、研究机构和政府部门的科学家和研究人员提供科技信息服务。COS Meetings and Conferences 数据库是该公司的产品之一，为研究人员提供及时的会议通报和全文的会议文献，可以按照会议的主题、学科领域、主办单位等检索，部分资源免费但需要注册。

网址：http：//www.cos.com

（5）中国学术会议在线

网址：http：//www.meeting.edu.cn

（6）中国会议网

网址：http：//www.chinameeting.com/

除上述提供综合性、多学科信息的专门网站外，各学科领域的研究人员还应注意时常浏览本专业范围内一些世界性、地区性学术团体、学术组织、学会、协会等机构的网站，及时了解该机构主办的学术会议的消息，进而直接访问、浏览有关会议的主页，了解最新学术动态。

8.3.2 会议文献检索工具

（1）中国重要会议论文全文数据库（CPCD）

收录我国 2000 年以来国家二级以上学会、协会、高等院校、科研院所、学术机构等单位的论文集，年更新约 10 万篇论文。至 2006 年 12 月 31 日，累积会议论文全文文献近 58 万篇。文献来源于国家二级以上学会、协会、研究会、科研院所及政府举办的重要学术会议、高校重要学术会议、在国内召开的国际会议上发表的文献。

网址：http：//www.dlib.cnki.net/

（2）中国学术会议论文全文数据库（中文版）

该库是国内最具权威性的学术会议论文全文数据库，收录了 1998 年以来国家一级学会在国内组织召开的全国性学术会议 7 000 余个会议，45 万余篇会议论文全文,是目前国内收录会议数量最多,学科覆盖最广的数据库,是掌握国内学术会议动态必不可少的权威资源。

网址:http://www.whwanfangdata.com/

(3) 中国学术会议论文全文数据库(英文版)

万方数据的《中国学术会议论文全文数据库(英文版)》主要收录在中国召开的国际会议的论文,论文内容多为西文。该库共收录自1998年以来的1 000余个会议,10万余篇会议论文全文。

网址:http://www.whwanfangdata.com/

(4) AIP Conference Proceedings

提供American Institute of Physics (AIP) 的会议录全文。

网址:http:// www.aip.org/

(5) ASCE Proceedings

提供ASCE(The American Society of Civil Engineers,美国土木工程师学会)会议录全文。

网址:http://www.scitation.aip.org

(6) ISI Proceedings

美国Thomson Scientific公司基于ISI Web of Knowledge检索平台将ISTP(科学技术会议录索引)和ISSHP(社会科学及人文科学会议录索引)两大会议录索引集成为ISI Proceedings,提供会议论文的文摘索引信息。

ISI Proceedings汇集了世界上最新出版的会议录资料,包括专著、丛书、预印本以及来源于期刊的会议论文,提供了综合全面、多学科的会议论文资料。

网址:http://www.isiknowledge.com/

(7) OCLC FirstSearch

FirstSearch检索系统中包括PaperFirst和ProceedingsFirst:

➢ PaperFirst

该数据库收录世界范围内各类学术会议上发表的学术论文的索引信息,每两周更新一次。其内容覆盖了自1993年10月以来在"大英图书馆资料提供中心"会议文库中所收集的所有会议上所发表的论文。可查阅各领域最新会议文献,还可以通过FirstSearch的联机订购服务,向"大英图书馆"订购在本数据库中收录的会议文献的全文。

➢ ProceedingsFirst

ProceedingsFirst是PapersFirst的相关库,收录了世界范围内举办的各类学术会议的会议录的目录表,可根据所列出的某一学术会议提交的论文了解各次会议的概貌和当时的学术水平。PapersFirst 数据库中的每条记录对应着 ProceedingsFirst 数据库中的某个会议记录，可以根据其记录中的数据库号（No.）在 ProceedingsFirst 中检索出该会议录完整的目录表。

（8）IEEE/IET Electronic Library

（IEL）全文数据库（1988—今）提供美国电气电子工程师学会（IEEE）和英国工程技术学会（IET）出版的会议录全文，此外，该库还可以查到 IEEE/IET 的期刊和标准全文。

网址：http：//www.ieeexplore.ieee.org/

（9）ACM Digital Library（1985—今）

收录了美国计算机协会（Association for Computing Machinery）的会议录全文。除此以外，该库还可以查到 ACM 的各种电子期刊和快报等文献。

网址：http：//www.acm.lib.tsinghua.edu.cn/

（10）SPIE Digital Library（1998—今）

收录了国际光学工程学会（SPIE）的所有的会议录全文，此外，该库还可以查到 SPIE 的 4 种期刊全文。

网址：http：//www.spiedl.org/

（11）Conference Papers Index（1982—今）

剑桥科学文摘（CSA）中的一个子库。该库收录了世界上重要会议论文的题录信息，1995 年以后的数据集中于生命科学、环境科学及水科学领域。

网址：http：//www.csa.com/factsheets/cpi-set-c.php

8.4 学位论文的网上检索

学位论文是指为了获得学位，要求被授予学位的人所撰写的论文。根据《中华人民共和国学位条例》的规定，学位论文分为学士论文、硕士论文、博士论文三种。学位论文是经审查的原始研究成果，具有内容专一、阐述详细、见解独到、参考文献比较系统等特点，因此广为科研人员所重视。但一直以来学位论文来源分散，大多不正式出版，是非卖品，较难获得。近年来许多图书馆的公共可检索目录（OPAC）提供了一些入藏的学位论文的书目信息检索，同时还有许多机构开发了学位论文的数据库并提供网络检索平台。

8.4.1 国内学位论文

（1）CALIS 高校学位论文库

高校学位论文是反映高校特点和水平的文献。建设高校学位论文数据库的目的是通过对分散在各大学中各类学科的学位文献信息的收集、整理、建库、上网，使原始的论文信息获得升值，为国内外希望获取高校学术信息的用户提供一个方便的查询途径，起到推动高校教学、科研交流和促进发展的作用。

高校学位论文数据库收录包括北京大学、清华大学等全国著名大学在内的 83 个 CALIS 成员馆的硕士、博士学位论文，到目前为止收录加工数据 70 000 条。

网址：http：//www.opac.calis.edu.cn

（2）中国学位论文全文数据库

该库由国家法定学位论文收藏机构——中国科技信息研究所提供，并委托万方数据加工建库，收录了自 1980 年以来我国自然科学领域博士、博士后及硕士研究生学位论文，其中全文 60 余万篇，每年稳定新增 15 余万篇，是我国收录数量最多的学位论文全文库。

网址：http：//www.whwanfangdata.com/

（3）中国优秀硕士学位论文全文数据库

该库是目前国内相关资源最完备、高质量、连续动态更新的中国优秀硕士学位论文全文数据库，至 2006 年 12 月 31 日，累积硕士学位论文全文文献 37 万多篇。文献来源于全国 652 家硕士培养单位的优秀硕士学位论文。

网址：http：//www.dlib.cnki.net/kns50/

（4）中国博士学位论文全文数据库

该库是目前国内相关资源最完备、高质量、连续动态更新的中国博士学位论文全文数据库，至 2006 年 12 月 31 日，累积博士学位论文全文文献 5 万多篇。文献来源于全国 420 家博士培养单位的博士学位论文。

网址：http：//www.dlib.cnki.net/kns50/

（5）国家图书馆学位论文检索

1981 年至今，国家图书馆是教育部指定的全国博士论文、博士后研究报告收藏机构，并收藏我国海外留学生的部分博士论文，提供论文阅览、复制等服务。

（6）HKUST Electronic Theses Database

该库收录香港科技大学学位论文，2002 年至今，大部分为全文。

网址：http：//www.lbxml.ust.hk/th/main.html

8.4.2 国外学位论文

(1) ProQuest Digital Dissertation

该数据库是 UMI 博硕士论文数据库。

网址：http：//www.proquest.umi.com/pqdweb？RQT=302&cfc=1

(2) ProQuest Dissertaions and Theses (PQDT)

1861 年至今，收录欧美 1 000 余所大学的 200 万篇学位论文记录，是目前世界上最大和最广泛使用的学位论文文摘索引库，每周更新。1997 年以来的部分论文可以看到前 24 页论文原文。

其中，NDLTD 学位论文库是美国国家自然科学基金的一个网上学位论文共建共享项目，利用 Open Archives Initiative- OAI 的学位论文联合目录，目前包含全球十几家成员，多数有全文。

网址：http：//www.oai.dlib.vt.edu/%7Eetdunion/cgi-biOCLCUnion/UI/index.pl

(3) MIT Theses

MIT 学位论文，多数有全文，下载时间稍长。

网址：http：//www.dspace.mit.edu/handle/1721.1/7582

(4) Virginia Polytechnic Institute and State University 学位论文库

多数有全文，但论文列表前有"vt"标记的，不能访问全文。

网址：http：//www.scholar.lib.vt.edu/theses/browse/

(5) DIVA Portal

北欧部分大学的学位论文，部分有全文。

网址：http：//www.diva-portal.org/index.xsql？lang=en

(6) ETH 学位论文库

1999 年以来的一些瑞士学位论文，有全文。

网址：http：//www.e-collection.ethbib.ethz.ch/diss/index_e.html

8.5 专利的网上检索

专利文献是非常重要的技术信息源，通过检索、利用专利文献可以获得有关先进技术的发明及应用的最新信息，对技术创新、成果开发等有积极的借鉴、参考、启迪作用。在研究工作中经常查阅专利文献可以缩短研究时间，节省研究费用。同时，专利文献还提供相关的法权信息，在引进国外技术和设备时，通过查阅专利文献可以比较各国、各公司的技术、设备先进程度,核实有关的专利项目以保护自身利益等。

专利说明书是指各国专利局或国际性专利组织出版的各种类型说明书的统称,是专利文献的主体,包括未经过专利性审查的申请说明书,以及经过专利性审查的专利说明书。专利说明书的主要作用是公开新的技术信息,并确定法律保护的范围。在专利说明书中能够得到申请专利的全部技术信息和准确的专利权保护范围的法律信息。

以往的专利检索主要是通过专门的专利检索工具、检索系统,如:德温特(Derwent)的《世界专利索引》(WPI)以及各国专利局出版的专利公报、专利索引、专利文摘,还有一些大型商用联机检索系统中的相关数据库等。随着因特网的快速发展,不少机构开始通过网络提供查询服务,且大多是免费检索。这使得检索专利信息变得既便捷又经济。

8.5.1 国外专利信息的网上检索

(1) 欧洲专利局专利检索网站

欧洲专利局(EPO)制作的专利文献数据库。可以免费检索 70 多个国家和地区的专利,其中大部分专利有全文。

网址:http://www.ep.espacenet.com/

(2) Delphion 知识产权网

Delphion 知识产权网源自 IBM 公司开发的知识产权网络(Intellectual Property Network,简称 IPN),现由 Internet Capital Group (ICG) 和 IBM 公司合办。通过 Delphion 可检索到世界范围内的专利信息。Delphion 知识产权网提供对美国专利申请、美国专利许可、Derwent 世界专利索引、欧洲专利申请、欧洲专利许可、INPADOC 家族与法律状态、日本专利索引、瑞士专利和世界知识产权组织 PCT 出版物等内容的检索,支持基本检索、首选检索和无限检索 3 种检索方式。

网址:http://www.delphion.com/research/

(3) 世界知识产权组织的 IPDL

由世界知识产权组织建立的知识产权电子图书馆,提供世界各国专利数据库检索服务,其中包括:PCT 国际专利数据库、中国专利英文数据库、印度专利数据库、美国专利数据库、加拿大专利数据库、欧洲专利数据库、法国专利数据库、JOPAL 科技期刊数据库、DOPALES 专利数据库、MADRID 设计数据库等。

网址:http://www.ipdl.wipo.int/

(4) 美国国家专利与商标局 USPTO

检索1790年以来的所有美国专利,1790—1975年专利仅能用专利号和美国专利分类号检索。可在线浏览全文(tif文件),需下载浏览器alternatiff。

网址:http://www.uspto.gov/patft/index.html

(5) Derwent Innovations Index (DII)

将德温特世界专利索引和德温特专利引文索引的内容整合在一起,可以检索到全球40多个专利机构授权的发明及其引用信息。在检索结果全记录中,点击"ORIGINAL DOCUMENT"按钮,可浏览专利说明书全文,包括美国专利(US)、世界专利(WO)、欧洲专利(EP)和德国专利(DE)。

网址:http://www.isiknowledge.com/

(6) LexisNexis

该库是关于法律研究的检索系统,通过其中Patent Law专栏中的Patent数据库,可以检索并在线浏览专利全文,包括美国专利、欧洲专利、英国专利、世界专利、日本专利和通过PCT申请的专利。

网址:http://www.lexisnexis.com/cn

(7) 日本专利—特许与实用新案公报DB

本库可以检索日本专利,并可看到部分日本专利说明书全文。

网址:http://www.ipdl.inpit.go.jp/Tokujitu/tjsogodben.ipdl?N0000=115l

(8) CIPO's Canadian Patent Database

检索近75年来的加拿大专利,可以浏览说明书的封面、摘要、权利要求、图表等内容。

网址:http://www.patents1.ic.gc.ca/intro-e.html

8.5.2 国内专利信息的网上检索

(1) 国家知识产权局的专利检索平台

国家知识产权局在其官方网站上向公众提供了免费的专利检索服务,用户可以从专利名称、专利权人、分类号等多种检索入口检索到相关专利文件,并可浏览、下载专利说明书。

网址:http://www.sipo.gov.cn/sipo/zljs/

(2) 中国专利信息网

中国专利信息网(www.patent.com.cn)始建于1998年5月,于2002年1月推出了改版后的新网站(http://www.patent.com.cn),它集专利检索、专利知识、专利法律法规、项目推广、高技术传播、广告服务等功能为一体，因其及时专业的服务，成为深得专利检索用户和知识产权研发人员拥戴的热门站点。

站点具备以下功能：

➢ 专利检索：中国专利信息网（www.patent.com.cn）首先是一个专利信息宝库，用户在此既能实时了解和中国专利相关的任何信息，又能方便快捷的查询专利的详细题录内容，以及下载专利全文资料。

➢ 项目转让：提供有关专利技术转让的一切资料。同时，还提供了一个展示专利技术的平台。

网址：http://www.patent.com.cn

（3）中国知识产权网

中国知识产权网（www.cnipr.com）是国家知识产权局知识产权出版社在国家的支持下于 1999 年 6 月创建的知识产权综合性服务网站。其宗旨是通过互联网宣传知识产权知识，传播知识产权信息，促进专利技术的推广与应用，树立知名品牌，打击、防范盗版行为，从整体上提高国内公众的知识产权保护意识、树立企业自主知识产权形象。

网址：http://www.cnipr.com/

（4）香港知识产权署

网址：http://www.ipd.gov.hk/

（5）台湾专利数据库

由台湾亚太智慧财产权基金会提供，使用台湾 BIG-5 码检索和显示。

网址：http://www.apipa.org.tw/

8.6 标准信息的网上检索

标准文献，狭义指按规定程序制订，经公认权威机构（主管机关）批准的一整套在特定范围内必须执行的规格、规则、技术要求等规范性文献，简称标准。广义指与标准化工作有关的一切文献，包括标准形成过程中的各种档案、宣传推广标准的手册及其他出版物、揭示报道标准文献信息的目录、索引等。

在公元前 1500 年的古埃及纸草文献中即有关于医药处方计量方法的标准，是现存最早的标准。现代标准文献产生于 20 世纪初。1901 年英国成立了第一个全国性标准化机构，同年世界上第一批国家标准问世。此后，美、法、德、日等国相继建立全国性标准化机构，出版各自的标准。中国于 1957 年成立国家标准局，次年颁布第一批国家标准（GB）。20 世纪 80 年代，已有 100 多个国家和地区成立了全国性标准化组织，其中 90 多个国家和地区制订有国家标准，国家标准中影响较大的有美国（ANSI）、英国（BS）、日本（JIS）、法国（NF）、苏联（ГОСТ）、联邦德国（DIN）等。国际标准化机构中最重要、影响最大的是 1947 年成立的国际标准化组织（ISO）和 1906 年成立的国际电工委员会（IEC），它们制定或批准的标准具有广泛的国际影响。

标准按性质可划分为技术标准和管理标准。技术标准按内容又可分为基础标准、产品标准、方法标准、安全和环境保护标准等。管理标准按内容分为技术管理标准、生产组织标准、经济管理标准、行政管理标准、管理业务标准、工作标准等。标准按适用范围可划分为国际标准、区域性标准、国家标准、专业（部）标准和企业标准；按成熟程度可划分为法定标准、推荐标准、试行标准和标准草案等。

标准一般有如下特点：

①每个国家对于标准的制订和审批程序都有专门的规定，并有固定的代号，标准格式整齐划一。

②它是从事生产、设计、管理、产品检验、商品流通、科学研究的共同依据，在一定条件下具有某种法律效力，有一定的约束力。

③时效性强，它只以某时间阶段的科技发展水平为基础，具有一定的陈旧性。随着经济发展和科学技术水平的提高，标准不断地进行修订、补充、替代或废止。

④一个标准一般只解决一个问题，文字准确简练。

⑤不同种类和级别的标准在不同范围内贯彻执行。

⑥标准文献具有其自身的检索系统。

一件完整的标准一般应该包括以下各项标识或陈述：

①标准级别；

②分类号，通常是《国际十进分类法》（UDC）类号和各国自编的标准文献分类法的类号；

③标准号，一般由标准代号、序号、年代号组成，如 DIN-11911-79，其中 DIN 为联邦德国标准代号，11911 为序号，79 为年代号；GB1-73，其中 GB 是中国国家标准代号，1 为序码，73 为年代号；

④标准名称；

⑤标准提出单位；

⑥审批单位；

⑦批准年月；

⑧实施日期；
⑨具体内容项目。

8.6.1 国外标准的网上检索

(1) 国际标准化组织（ISO Online）

国际标准化组织（International Organization for Standardization），简称ISO，是一个全球性的非政府组织，是国际标准化领域中一个十分重要的组织。ISO 的任务是促进全球范围内的标准化及其有关活动，以利于国际产品与服务的交流，以及在知识、科学、技术和经济活动中发展国际的相互合作。

可以按国际标准分类法（International Classification for Standard，ICS）、标准名称关键词、文献号、委员会代码等多种途径进行检索。所提供的检索结果包括相关标准的 ICS 类号、类名、标准号、标准名称、版次、页数、编制机构、价格等订购信息。

网址：http://www.iso.org

(2) 美国国家标准学会 ANSI

1918 年，美国材料试验协会（ASTM）、美国机械工程师协会（ASME）、美国矿业与金属工程师协会（ASMME）、美国土木工程师协会（ASCE）、美国电气工程师协会（AIEE）等组织，共同成立了美国工程标准委员会（AESC）。美国政府的三个部（商务部、陆军部、海军部）也参与了该委员会的筹备工作。1928 年，AESC 改组为美国标准协会（ASA）。1966 年 8 月，又改组为美利坚合众国标准学会（USASI）。1969 年 10 月 6 日改成现名：美国国家标准学会（ANSI）。

网址：http://www.ansi.org/

该网站主要提供 ANSI 的机构、标准化活动、业务等信息，并不直接提供有关标准文件的检索。要检索相关标准文件，要通过以下几个网站：

➤ National Standards System Network，NSSN

该网站提供广泛、综合的标准信息服务，可检索国际标准、ANSI 标准、美国国防部的军事标准和经 ANSI 认证的其他团体或企业的标准。除了可以进行标准查找外，还可以追踪某件新提案的发展状态、确定与某类标准编制、开发有关的团体或负责人等。

网址：http://www.nssn.org/

➤ ANSI Electronic Standards Store

包括可检索的 ANSI、ISO 和 IEC 标准数据库，可在线订购全文。

网址：http：//www.webstore.ansi.org/ansidocstore/default.asp

（3）IEEE/IET Electronic Library（IEL）全文数据库

美国电气电子工程师学会（IEEE）和英国电气工程师学会（IEE）出版的标准全文信息。

网址：http：//www.ieeexplore.ieee.org/

（4）国际电信联盟（ITU）

ITU 即国际电信联盟，是电信界最权威的标准制订机构，成立于 1865 年 5 月 17 日，1947 年 10 月 15 日成为联合国的一个专门机构，总部设在瑞士日内瓦。

可在"Online Store"中按建筑与工程、电子、能源、环境、信息技术/电信等主题浏览相关标准目录，并在线订购原文。可以及时获得电信相关标准更新和变化的最新信息。

网址：http：//www.itu.int/ITU-T/index.html

（5）开放标准网

目前主要包括了 ISO（国际标准化组织）和 IEC（国际电工委员会）的 JTC1（联合技术委员会）发布的信息技术相关标准（ISO/IEC JTC 1）全文，内容涉及编码字符集、编程语言、操作系统、用户界面等。

网址：http：//www.open-std.org/

（6）世界标准服务网（WSSN）

全世界标准化组织的公共服务门户网。现有 182 个成员机构、国际标准化机构、区域标准化组织的网站链接。中国标准化服务网为其中国站点。

网址：http：//www.wssn.net/WSSN/index.html

（7）NSSN（全球标准化资料库）

在线免费查询全球 600 多家标准组织与专业协会制订的 225 000 多条标准的目录，提供获取全文的途径，如联系电话或标准化组织的网站。

网址：http：//www.nssn.org/

（8）美国国家标准与技术研究院（NIST）

选择"NIST Products and Services"栏目下的"NIST Research Library"进入，可以检索并在线订购相关标准。

网址：http：//www.nist.gov/

（9）美国汽车工程师学会（SAE）技术标准

免费检索、浏览与汽车工业相关的各类标准目录，提供在线全文订购服务，还为免费注册用户提供 E-mail 通报服务，及时告知新颁布标准信息和已有标准的更新与作废情况。

网址：http：//www.sae.org/standardsdev/

（10）美国材料试验协会（ASTM）

通过"ASTM Store"检索、订购美国材料试验协会的标准。

网址：http：//www.astm.org/

（11）加拿大标准协会（CSA）

它是标准、在线产品目录、免费时事快报和相关加拿大协会的链接。可通过"Online Store"订购标准全文和其他产品。

网址：http：//www.csa.ca/Default.asp？language＝English

8.6.2 国内标准的网上检索

（1）国家标准化管理委员会网站

该网站由中国国家标准化管理委员会和ISO/IEC中国国家委员会秘书处主办。其宗旨是快速、准确地为社会和企业提供国内外标准化信息服务。网站设有中国标准化管理，中国标准化机构，国内外标准化法律，法规，国内外标准介绍，标准目录，标准公告，国标修改通知，采用国际标准，标准化工作动态，标准出版信息，标准化论坛，国际标准化等栏目。其中标准目录包括中国国家标准目录、中国国家建筑标准目录、中国国家标准样品目录、备案的中国行业标准目录、备案的中国地方标准目录、国际标准目录、国外先进标准目录等，提供标准号、中文标题、英文标题、中标分类、国际分类、采用关系、被代替标准等检索入口。可以免费下载或阅览中国国家强制性标准的pdf全文。

网址：http：//www.sac.gov.cn/

（2）中国环境标准网

免费查询下载国家环境标准、环境保护标准的全文，包括水环境标准、大气环境标准、固废污染控制标准、移动源排放标准、环境噪声标准、土壤环境标准、放射性环境标准、生态保护标准、环境基础标准、其他环境标准。

网址：http：//www.es.org.cn/

（3）中华人民共和国卫生部标准网站

目前已包括一千余条卫生方面的国家标准（全文）和卫生行业标准（全文）及其更新信息，涵盖了环境卫生、食品卫生、职业卫生、血液卫生、放射卫生、化妆品卫生、传染病、地方病、职业病等各领域。用户可以按发布时间、标准分类、标准号、标准名称等排序浏览，还可以进行智能速查和高级查询。标准全文有些是图片格式，有些是PDF格式。

网址：http://www.moh.gov.cn

（4）中国标准化研究院

中国标准化研究院标准馆是国家级标准文献服务中心。其标准文献收藏量为全国之最。藏有 60 多个国家、70 多个国际和区域性标准化组织、450 多个专业协（学）会的成套标准以及全部中国国家标准和行业标准，收集了 160 多种国内外标准化期刊和 7 000 多册标准化专著，并提供代查代索、咨询、标准查新等多项服务。

网址：http://www.cnis.gov.cn

（5）中国国家标准网

免费检索国家标准、行业标准、部分国际标准（ISO、IEC）、标准新书目、标准图书目录、作废标准情况等，提供在线订购标准全文和会员咨询服务等。

网址：http://www.chinaios.com/

（6）标准网

免费检索 ISO、IEC、主要国家标准、欧洲标准、中国行业标准等。提供标准动态信息和标准公告信息。

网址：http://www.standardcn.com/

（7）中国科技图书文献中心《国外标准库》

免费检索 ISO、IEC、英国、德国、法国和日本的国家标准。

网址：http://www.nstl.gov.cn/

（8）国家军用标准化信息网

免费查询中国军用标准、美国军用标准、法国宇航标准、北约标准目录及北约出版物等的标准题录信息。

网址：http://www.gjb.com.cn/

（9）国家标准文献共享服务平台

报道国际、国内技术标准方面重大事态和标准制订、修订动态。主要栏目包括标准查询、标准动态、标准法规、标准书目、立标动态、标准研究、标准论坛等。可注册免费会员，提供标准全文定购服务。

网址：http://www.chinagb.org

（10）中国标准咨询网

免费检索标准目录，通过购买阅读卡可以浏览部分标准全文。

网址：http://www.chinastandard.com.cn

（11）中国标准服务网

免费注册用户可以检索标准目录，但阅读标准全文需要付费。

网址：http：//www.cssn.net.cn

(12) 北京市质量技术监督信息网

免费检索国家标准、行业标准、ISO、IEC、欧洲标准、地方标准、北京企业标准等目录，提供网上订购全文服务。

网址：http：//www.12365.net.cn/

(13) 国家测绘局网站

国家测绘局网站"技术标准"栏目下包含和测绘与地理有关的国际标准、国家标准、行业标准、技术规定、标准术语等丰富信息。

网址：http：//www.sbsm.gov.cn

(14) ASTM 标准中国复制中心

可按字母顺序浏览 ASTM 标准的标准号和中英文名称。

网址：http：//www.astmcape.com.cn/

(15) 中国国家标准文献数据库

本库收录了国内外的大量标准，包括中国国家发布的全部标准、某些行业的行业标准以及电气和电子工程师技术标准；收录了国际标准数据库、美英德等的国家标准，以及国际电工标准；还收录了某些国家的行业标准，如美国保险商实验所数据库、美国专业协会标准数据库、美国材料实验协会数据库、日本工业标准数据库等。

网址：http：//www.whwanfangdata.com/

8.7　国际组织、政府机构及出版物信息的网上检索

国际组织及各国政府机构信息及其出版物是一个非常庞大的信息集合，由于此类信息所具有的权威性、准确性和经济性（大多提供免费信息服务）等特点而备受人们关注。政府出版物反映政府机构的活动，反映官方的意志和观点，且大部分产生于政府及组织机构的工作过程中，包含大量原始的资料或数据。因此，政府出版物长期以来被列为重要的信息源。但其来源机构众多、分散，且再版周期短、类型复杂等特点给检索、获取此类文献造成了许多不便，导致我们研究人员对这一丰富的信息源开发利用水平一直较低。经常检索有关的政府网站可以及时获取关于政策、法规、行政管理等信息，同时还可以了解一些重要的官方新闻发布、科技项目及研究信息和某些官方统计数据及相关资料，上述内容对于我国的国际交往、国际合作、调查分析、比较研究和科技创新等具有重要意义。

8.7.1 国际组织机构及国外政府信息的网上检索

（1）联合国机构及文献信息的网上检索与获取

➢ 联合国及其专门机构站点目录

以联合国及其各专门机构为代表的主要国际组织，如联合国粮农组织 FAO、联合国开发计划署 UNDP、世界银行（World Bank）、国际货币基金组织 IMF 等，这些机构都有各自的网站，用户如在工作、科研及业务发展中需要了解相应机构的有关信息，可直接访问相应的网站。通过本网页的目录，可以按照各机构名称的字母顺序，或机构的专业分类查找到各专门机构网站的地址，获得与该机构网站的链接。

网址：http://www.unsystem.org

➢ 联合国出版物及文献信息检索

联合国也是一个庞大的文献出版机构，在其 50 多年的活动历史中生产、出版了成千上万的各类文献（研究报告、会议记录、决议、政府函件等）。其出版物数量众多、内容主要涉及国际政治、国际经济、贸易及裁军、环境、人权、国际法、维和等。

➢ 联合国网

该网站是联合国的官方网站，由联合国公众信息部门建设和维护。该网站提供联合国的基本信息包括联合国概况、主要下属机关、联合国日常议题、联合国新闻、会议日程等，该网站同时提供联合国的电台、电视录像和照片等多媒体文件。

网址：http://www.un.org/chinese

➢ 联合国达格·哈马舍尔德图书馆

为纪念达格·哈马舍尔德秘书长，联合国图书馆被以他的名字命名。图书馆的主要任务是使各代表团、秘书处及本组织的其他正式机构，得以最迅速、便利及经济的方法，取得它们执行职务所需要的图书资料及信息。目的是为代表团、使团、秘书处工作人员和特别的研究人员提供图书馆服务，包括维持联合国文件和出版物的档案收藏，维护图书馆产品和处理数据，同时让联合国系统的所有图书馆成为发挥作用的图书馆服务网络。更进一步，联合国图书馆还在世界各地建立托存图书馆来传播联合国信息。

网址：http://www.un.org/depts/dhl/

（2）联合国青少年天地

联合国青少年天地把全世界的知识和技能直接送到学校和教室，内容丰富、生动有趣，课程和交互式活动繁多，给老师和学生送来一个具有全球视野的教学天地。主要内容有：全球研究、地理、社会研究、环境研究、历史、政治、公民课和语言艺术。

网址：http：//www.un.org/pubs/cyberschoolbus/

(3) 美国政府信息检索网站

a) FirstGov

该网站是专用于检索有关美联邦政府信息的官方门户网站，可检索到所有在线的政府信息，以及美联邦政府、州政府、地区政府、部落以及国际机构提供的服务。

网址：http：//www.usa.gov/

b) GPO Access

GPO（Government Printing Office）是统管美国政府出版物发行的机构，同时负责编辑、出版目录，提供检索、咨询等服务。通过该网站可使网络用户免费检索联邦政府各机构生产出的大量具有参考价值的官方出版物和其他信息产品。GPO Access 可免费联机使用 1 500 多个联邦政府数据库。

网址：http：//www.gpoaccess.gov/

c) NTIS

美国政府报告（NTIS）数据库，以收录美国政府立项研究及开发的项目报告为主，可以检索 1964 年以来美国四大报告（AD、PB、NASA、DOE）的文摘索引信息，少量收录西欧、日本及世界各国（包括中国）的科学研究报告。专业内容覆盖科学技术各个领域。

网址：http：//www.ntis.gov

d) GrayLIT NetWork

可以检索并浏览 DTIC、NASA、DOE、EPA 等美国政府报告，有全文。

网址：http：//graylit.osti.gov/

e) NASA Technical Reports Server (NTRS)

提供有关航空航天方面的科技报告，可以检索并浏览，部分有全文。

网址：http：//www.ntrs.nasa.gov/

f) NASA Scientific and Technical Information (STI)

提供有关航空航天方面丰富的科技报告全文。

网址：http：//www.sti.nasa.gov/STI-public-homepage.html

g) FedWorld

可免费检索美国政府科技报告（NTIS）的文摘题录，全文需订购。

网址：http：//www.fedworld.gov

h) DOE Information Bridge

可以检索并获得美国能源部（Department of Energy）提供的研究与发展报告全文，内容涉及物理、化学、材料、生物、环境、能源等领域。

网址：http://www.osti.gov/bridge/

i）Scientific and Technical Report Collection

美国国防部（Department of Defense）提供的科技报告，涉及国防及其相关领域，多数可以看到摘要，有些只能得到题录，个别能看到全文。

网址：http://www.dtic.mil/dtic

j）STINET

美国国防技术情报中心报告数据库，可检索和浏览文摘信息，可下载全文。

网址：http://stinet.dtic.mil/

k）Networked Computer Science Technical Reports Library，NCSTRL

汇集了世界上许多大学以及研究实验室有关计算机学科的科技报告，可以浏览或检索，可免费得到全文。

网址：http://www.ncstrl.org/

l）The Congressional Research Service Reports

这是 Committee for the National Institute for the Environment 的站点，提供了许多环境方面的报告全文。

网址：http://www.ncseonline.org/

m）Search for California Environmental Documents

这是美国加州大学环境科学方面的科技报告全文。

网址：http://elib.cs.berkeley.edu/docs/query.shtmll

n）NBER Working Paper

这是美国国家经济研究局（National Bureau of Economic Research）的研究报告文摘。

网址：http://www.nber.org/

o）Documents & Reports of the WorldBank Group

世界银行组织的文件与报告库，可以免费看全文。

网址：http://www-wds.worldbank.org/

p）Economics WPA

由华盛顿大学经济系提供的经济学科的报告，其中包括许多大学的研究成果，多数可以免费得到全文。

网址：http://econwpa.wustl.edu/wpawelcome.html

q）WoPEc Electronic Working Papers in Economics

由华盛顿大学搜集整理的因特网上经济类报告,可以下载全文。

网址:http://www.netec.wustl.edu/WoPEc/data/PaperSeries.html

r) Russian Prospects—Political and Economic Scenarios

俄罗斯当前政治经济状况与发展趋势的研究报告,由 Copenhagen Institute for Futures Studies 免费提供。

网址:http://www.lib.tsinghua.edu.cn/find/guide/russia.pdf

8.7.2 中国政府信息的网上检索

(1) 中国政府网

中华人民共和国中央人民政府门户网站(简称"中国政府网")是在党中央和国务院领导同志关怀、指导下,由国家信息化领导小组批准建设的。

中国政府网作为我国电子政务建设的重要组成部分,是政府面向社会的窗口,是公众与政府互动的渠道,对于促进政务公开、推进依法行政、接受公众监督、改进行政管理、全面履行政府职能具有重要意义。

中国政府网是国务院和国务院各部门,以及各省、自治区、直辖市人民政府在国际互联网上发布政府信息和提供在线服务的综合平台。中国政府网现开通"今日中国"、"中国概况"、"国家机构"、"政府机构"、"法律法规"、"政务公开"、"工作动态"、"政务互动"、"政府建设"、"人事任免"、"新闻发布"、"网上服务"等栏目,面向社会提供政务信息和与政府业务相关的服务,逐步实现政府与企业、公民的互动交流。

中国政府网于 2005 年 10 月 1 日试开通,2006 年 1 月 1 日正式开通。

网址:http://www.gov.cn/

(2) 中国人民政治协商会议全国委员会办公厅

网址:http://www.cppcc.gov.cn/

(3) 最高人民检察院

网址:http://www.spp.gov.cn/

(4) 国务院组成部委行署

➢ 中华人民共和国外交部 http://www.fmprc.gov.cn/

➢ 中华人民共和国劳动和社会保障部 http://www.mohrss.gov.cn/index.html

➢ 中华人民共和国国土资源部 http://www.mlr.gov.cn/

➢ 中华人民共和国国家发展和改革委员会 http://www.sdpc.gov.cn/

➢ 中华人民共和国建设部 http://www.cin.gov.cn/

➢ 中华人民共和国住房和城乡建设部 http://www.mohurd.gov.cn/

- 中华人民共和国商务部 http：//www.mofcom.gov.cn/
- 中华人民共和国铁道部 http：//www.china-mor.gov.cn/
- 中华人民共和国教育部 http：//www.moe.edu.cn/
- 中华人民共和国交通部 http：//www.moc.gov.cn/
- 中华人民共和国科学技术部 http：//www.most.gov.cn/
- 中华人民共和国工业和信息化部 http：//www.miit.gov.cn/n11293472/index.html
- 中华人民共和国水利部 http：//www.mwr.gov.cn/
- 中华人民共和国国家民族事务委员会 http：//www.seac.gov.cn/
- 中华人民共和国农业部 http：//www.agri.gov.cn/
- 中华人民共和国公安部 http：//www.mps.gov.cn/
- 中华人民共和国文化部 http：//www.ccnt.gov.cn/
- 中华人民共和国民政部 http：//www.mca.gov.cn/
- 中华人民共和国卫生部 http：//www.moh.gov.cn/
- 中华人民共和国司法部 http：//www.legalinfo.gov.cn/gb/moj/node_187.htm
- 中华人民共和国国家人口和计划生育委员会 http：//www.chinapop.gov.cn/
- 中华人民共和国财政部 http：//www.mof.gov.cn/
- 中国人民银行 http：//www.pbc.gov.cn/
- 中华人民共和国人力资源和社会保障部 http：//www.mohrss.gov.cn/index.html

（5）中华人民共和国审计署

网址：http：//www.audit.gov.cn/

（6）国务院直属机构

- 中华人民共和国海关总署 http：//www.customs.gov.cn
- 国家质量监督检验检疫总局 http：//www.aqsiq.gov.cn
- 国家税务总局 http：//www.chinatax.gov.cn
- 国家食品药品监督管理局 http：//www.sda.gov.cn
- 国家环境保护总局 http：//www.zhb.gov.cn
- 国家知识产权局 http：//cpon.cpo.cn.net
- 中国民用航空总局 http：//www.caac.gov.cn
- 国家旅游局 http：//www.cnta.gov.cn
- 国家广播电影电视总局 http：//www.chinasarft.gov.cn

- 国家体育总局 http：//www.sport.gov.cn
- 国务院参事室 http：//www.counsellor.gov.cn
- 国家统计局 http：//www.stats.gov.cn
- 国家工商行政管理总局 http：//www.saic.gov.cn
- 国家安全生产监督管理局 http：//www.chinasafety.gov.cn
- 国家新闻出版总署（国家版权局）http：//www.ncac.gov.cn
- 国有资产监督管理委员会 http：//www.sasac.gov.cn/index.html

（7）国家林业局

网址：http：//www.forestry.gov.cn

（8）国务院办事机构

- 国务院研究室 http：//www.gov.cn/gjjg/2005-12/26/content_137261.htm
- 国务院新闻办公室 http：//www.scio.gov.cn/
- 国务院法制办公室 http：//www.chinalaw.gov.cn
- 国务院台湾事务办公室 http：//www.gwytb.gov.cn

（9）国务院直属事业单位

- 新华通讯社 http：//www.xinhua.org
- 国家行政学院 http：//www.nsa.gov.cn
- 中国科学院 http：//www.cashq.ac.cn
- 中国地震局 http：//www.csi.ac.cn
- 中国社会科学院 http：//www.cssn.cn/
- 中国气象局 http：//www.cma.gov.cn
- 中国证券监督管理委员会 http：//www.csrc.gov.cn
- 国务院发展研究中心 http：//www.drc.gov.cn
- 中国保险监督管理委员会 http：//www.circ.gov.cn
- 国家电力监督管理委员会 http：//www.serc.gov.cn
- 中国银行业监督管理委员会 http：//www.cbrc.gov.cn
- 国家自然科学基金委员会 http：//www.nsfc.gov.cn/

（10）国务院部委管理的国家局

- 国家粮食局 http：//www.chinagrain.gov.cn
- 国家烟草专卖局 http：//www.tobacco.gov.cn
- 国家外国专家局 http：//www.safea.gov.cn
- 国家海洋局 http：//www.soa.gov.cn
- 国家中医药管理局 http：//www.satcm.gov.cn

- 国家外汇管理局 http：//www.safe.gov.cn
- 国家测绘局 http：//www.sbsm.gov.cn
- 国家文物局 http：//www.sach.gov.cn/
- 国家邮政局 http：//www.chinapost.gov.cn
- 国家档案局 http：//www.saac.gov.cn

(11) 省级行政区政府网站

- 北京市 http：//www.beijing.gov.cn
- 江苏省 http：//www.jiangsu.gov.cn/
- 广东省 http：//www.gd.gov.cn/
- 宁夏 http：//www.nx.gov.cn/
- 上海市 http：//www.shanghai.gov.cn
- 浙江省 http：//www.zhejiang.gov.cn/
- 海南省 http：//www.hainan.gov.cn/
- 新疆 http：//www.xinjiang.gov.cn/
- 天津市 http：//www.tj.gov.cn
- 安徽省 http：//www.ah.gov.cn/
- 四川省 http：//www.sc.gov.cn/
- 广西 http：//www.gxi.gov.cn/
- 重庆市 http：//www.cq.gov.cn/
- 福建省 http：//www.fujian.gov.cn/
- 贵州省 http：//www.gzgov.gov.cn/
- 西藏 http：//www.xizang.gov.cn/
- 黑龙江 http：//www.hlj.gov.cn/
- 江西省 http：//www.jiangxi.gov.cn
- 云南省 http：//www.yn.gov.cn/
- 香港 http：//www.gov.hk/
- 吉林省 http：//www.jilin.gov.cn/
- 山东省 http：//www.shandong.gov.cn/
- 陕西省 http：//www.shaanxi.gov.cn/
- 澳门 http：//www.macau.gov.mo/
- 辽宁省 http：//www.ln.gov.cn/
- 河南省 http：//www.henan.gov.cn/
- 甘肃省 http：//www.gansu.gov.cn/
- 河北省 http：//www.heb.gov.cn/

- 湖北省 http：//www.hubei.gov.cn
- 青海省 http：//www.qh.gov.cn/
- 山西省 http：//www.shanxigov.cn/
- 湖南省 http：//www.hunan.gov.cn/
- 内蒙古 http：//www.nmg.gov.cn/

（12）重要城市政府网站
- 大连 http：//www.dl.gov.cn/gov/
- 珠海 http：//www.zhuhai.gov.cn/
- 济南 http：//www.jinan.gov.cn
- 长春 http：//www.cc.jl.gov.cn/
- 沈阳 http：//www.shenyang.gov.cn/
- 宁波 http：//www.ningbo.gov.cn/
- 长沙 http：//www.changsha.gov.cn/
- 拉萨 http：//www.lasa.gov.cn/
- 青岛 http：//www.qingdao.gov.cn/
- 福州 http：//www.fuzhou.gov.cn/
- 郑州 http：//www.zhengzhou.gov.cn/
- 太原 http：//www.taiyuan.gov.cn/
- 厦门 http：//www.xm.gov.cn/
- 西安 http：//www.xa.gov.cn/
- 石家庄 http：//www.sjz.gov.cn/
- 贵阳 http：//www.guiyang.gov.cn/
- 武汉 http：//www.wuhan.gov.cn/
- 杭州 http：//www.hangzhou.gov.cn/
- 兰州 http：//www.lz.gansu.gov.cn/
- 西宁 http：//www.xining.gov.cn/
- 广州 http：//www.gz.gov.cn/
- 哈尔滨 http：//www.harbin.gov.cn/
- 汕头 http：//www.gdst.gov.cn/
- 银川 http：//www.yinchuan.gov.cn/
- 成都 http：//www.chengdu.gov.cn/
- 苏州 http：//www.suzhou.gov.cn/
- 海口 http：//www.haikou.gov.cn/
- 呼和浩特 http：//www.huhhot.gov.cn/

- 南京 http：//www.nanjing.gov.cn/
- 昆明 http：//www.km.gov.cn/
- 南宁 http：//www.nanning.gov.cn/
- 乌鲁木齐 http：//www.urumqi.gov.cn/
- 深圳 http：//www.shenzhen.gov.cn
- 合肥 http：//www.hefei.gov.cn/
- 南昌 http：//www.nc.gov.cn/

8.8 本章小结

学术信息资源是网上非常重要的信息资源之一，其主要包括图书、期刊论文、会议论文、学位论文、专利文献、标准文献、政府出版物等。快速查找相关信息资源对于全面、系统、准确地掌握某一领域的发展脉络和发展动向是非常必要的。本章主要讲解了各类学术信息资源的常用查找方法，以及查找过程中的一些常用技巧。

9 经济、商务类网络信息检索资源

9.1 网络资源指南目录

（1）天天股票

Daily Stocks，由美国 Daily Stocks 公司主办，是股票信息的专业性搜索引擎，包括大量的实时报道、新闻、报告、指南、研究、图表等链接。同时，该网站本身也提供了大量的证券分析研究成果。

网址：http://www.dailystocks.com

（2）经济学网络指南

WebEc 按分类提供了万维网上免费的经济学站点，有 23 个大类，包括综合经济学资源、教育与教学、方法论与史学、数学与定量方法、经济学与计算机、经济学数据、微观经济学、宏观经济学、国际经济学、财政经济学、公共经济学、健康与福利、劳力与人口统计、经济法学、工业组织、商业经济学、经济学史、发展与技术改革、经济系统、农业与自然资源、地域经济学、网络经济学、经济学期刊等，每个类目下再细分若干个下位类目，范围非常广泛，有很好的参考价值和实际使用价值。该系统可根据类别浏览，也可根据特定需求进行检索。

网址：http://netec.mcc.ac.uk/

（3）经济学指南

Inomics，1998 年开始在网络上提供服务，有供检索的页面和人工编辑的供浏览的目录（见图 9-1）。

网址：http://www.inomics.com/economics/directory

（4）金融网

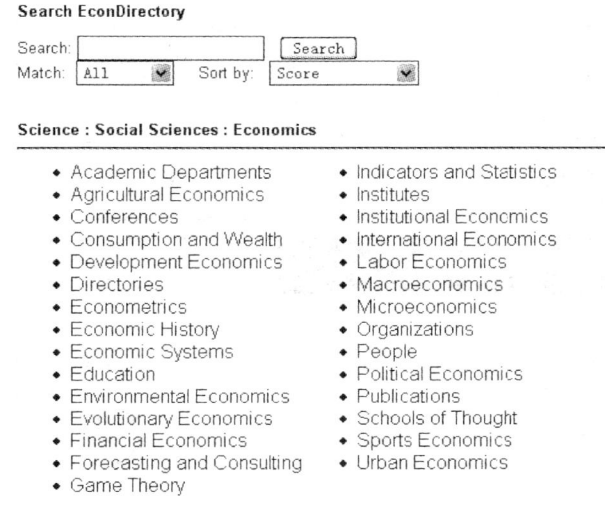

图 9-1　Inomics 网站的分类类目和检索界面

MoneyWeb 是一个总部设在澳大利亚的专业公司的数据库，是 Specialist Web Network 中的一部分。收录的内容主要包括国际金融与商务指南、金融类搜索引擎、元搜索引擎、免费网站指南、各类财务报告、各类财务计算工具、经济类图书俱乐部、金融新闻、专题论坛等（见图9-2）。

网址：http：//www.moneywebsearch.com

（5）经济学图书馆

The Library of Economics and Library 是美国自由基金会公司（Liberty Fund, Inc.）建立的网站，集原始信息资源与搜索引擎于一体，提供经济学、市场和民主自由方面的信息及线索。它包括古典经济学及其与之相关的历史、政治理论、哲学、专栏文章及读者来信评论、与最常用的经济学网站的链接、人物传记及其他相关网站等。该网站的经典经济学图书和文献可直接点击到原著的全文，供免费阅读，并不断有新书增加进站。简明经济学百科全书也在这里供人们检索阅读，可根据作者、题名、类名检索或通过索引根据字顺浏览。此外，还有大量的现刊和网站资源信息供用户浏览。总之，该网站的学术价值较高。

网址：http：//www.econlib.org

（6）经济学家网络资源

Resources for Economists on the Internet 是设在美国经济协会网站的一个

图 9-2　MoneyWeb 网站的分类类目和检索界面

经济学专业网络目录，由美国纽约州立大学（SUNY）Oswego 分校经济系 Bill Goffe 编辑。分 16 个栏目收录 1 300 多个经济学类网站资源的信息。主要包括数据库、词典、百科全书、大学经济系、经济学家、预测与咨询、资助与奖项、电子邮件与新闻组、会议、新闻媒体、机构与协会、学术团体、教学资源、计算机软件等。它是个有参考价值的专业搜索引擎（见图 9-3）。

网址：http：//www.rfe.org

（7）经济学资源

EconSources 是一个个人网站。由美国 Gary E. Clayton 教授设计主持。其主页栏目包括：经济学理论与实践、国际组织、专业协会、检索网站与工具书、经济学教育、联邦机构、美国政府出版物、全球经济学数据库与资源、经济统计与指标、各国数据及其他相关链接等（见图 9-4）。

网址：http：//www.econsources.com

（8）T 博士经济学指南

Dr. T's EconLinks 个人网站，由一位美国经济学教授主持，1999 年 11 月在网上推出，收录的范围广泛，是个真正意义上的专业搜索引擎。主要大类包括：经济新闻与评论、经济数据与分析、经济事件、经济学资源链接及热点推荐等。其中经济学资源链接又包括：经济学系、经济学家、专业协会、求职招聘、会议、美国政府信息、机构与代理、研究资源、数据库、思想

9 经济、商务类网络信息检索资源

图 9-3　RFE 网站的分类类目

图 9-4　EconSources 网站的分类类目

库、资助、咨询与预测、教学资源、课程目录、在线教材、远程教学、出版商、网络图书馆、教学辅导等。

网址：http://www.econlinks.com/

（9）EconData

这是一个有关地方经济指标统计数据方面的搜索引擎，由美国 Impress 公司和 Andrew Reamer & Associates 合作创办。它提供人口、就业、工作、工资、进出口、贸易、价格、房地产、生活质量、产业部门、公司等方面的经济统计数据网站的目录。数据提供部门包括美国人口统计局、劳动力统计局、经济分析统计局、联邦政府其他机构、国家与地方统计机构、私人统计机构等。另外，还有大量的统计分析、各类指标数据排行、索引、预测、指南方面的网站的目录。

网址：http://www.econdata.net/

（10）大都市联合图书馆系统参考中心商务信息目录

Metropolitan Cooperative Library System 是美国加州洛杉矶地区 32 个图书馆合作建立的一个为成员馆地区大众服务的资源共享网站。点击"MCLS Reference Center"，找到"Webliographies & Reference Guides"（RG），其下按主题和字顺有大量的专业检索网站目录，在"Business"下则有大量的商务信息参考网站资源，包括 Company Research、Economics and Statistics 等，很有参考价值。

网址：http://www.mcls.org

9.2　经济、商务类综合性信息检索工具

（1）中国经济信息网

China Economic Information Network 简称中经网，是国家信息中心组建的、以提供经济信息为主要业务的专业性信息服务网络，于 1996 年 12 月 3 日正式开通。它继承了国家信息中心多年来的丰富的信息资源和信息分析经验，利用自主开发的专网平台和互联网平台，为政府部门、金融机构、高等院校、企业集团、研究机构及海内外投资者提供宏观经济、行业经济、区域经济、法律法规等方面的动态信息、统计数据和研究报告，帮助其准确了解经济发展动向、市场变化趋势、政策导向和投资环境，为其经济管理和投资决策提供强有力的信息支持。

同时，中经网组织建设的宽带自治域专用网络，物理上连接了全国 150 多个城市和地区的地方经济信息中心，覆盖全国并与互联网宽带连接，为互联网接入和各类大型全国性专用网络应用提供了坚实的基础。

中经网日更新量达 250 万汉字和 150 兆的视频节目，通过卫星广播、专线传送、在线浏览、E-mail 定制、光/软盘、纸介质等方式为用户提供服务，是互联网上最大的中文经济信息库，是描述和研究中国经济的权威网站。

网址：http://www.cei.gov.cn/

（2）中国经济网——国家经济门户

中国经济网是国家重点新闻网站中唯一以经济报道为中心的综合新闻网

站,每日采写大量经济新闻,同时整合国内主要媒体经济新闻及信息,为政府部门、企业决策提供权威的参考依据;为所有关注经济生活的网络读者提供丰富及时的经济新闻。

中国经济网拥有 34 种经济分类数据库,总计约 15GB 的数据量,提供方便快捷的数据查询,是中国经济领域最权威的数据库之一。

中国经济网对全球经济新闻及时跟踪报道,对主要行业进行专题讨论及深入评析,有助于中国读者及时、深入、全面了解世界经济的最新变化。

中国经济网的繁体中文版及英文版、德文版,为关心中国经济发展的世界各国读者打开了一扇窗户,中国经济网并将致力于成为中国经济与世界经济的桥梁和纽带。

网址:http://www.ce.cn/

(3) 国研网

国务院发展研究中心信息网(简称"国研网")由国务院发展研究中心主管、国务院发展研究中心信息中心主办,北京国研网信息有限公司承办,创建于 1998 年 3 月,并于 2002 年 7 月 31 日正式通过 ISO9001:2000 质量管理体系认证,是中国著名的专业性经济信息服务平台。

国研网公司已建成内容丰富、检索便捷、功能齐全的大型经济信息全文数据库集群:《国研报告》、《宏观经济》、《金融中国》、《世经评论》、《行业经济》、《国研数据》、《高校参考》等,同时针对金融机构、高校用户、企业用户和政府用户的需求特点开发了四个专业版产品。上述数据库及信息产品已经赢得政府、企业、金融机构、高等院校等社会各界的广泛赞誉,成为他们在经济研究、投资决策过程中的重要辅助工具。

其主要数据库有:

a) 国研网产品库系列

➢《国研报告》数据库(1994—今):是目前国内唯一的《国务院发展研究中心调查研究报告》全文数据库,该数据库积累了 1 600 余期研究成果,覆盖 15 种经济领域。

➢ 宏观经济月度分析报告(2000 年 12 月—今):是将数家权威研究机构每月针对宏观经济的研究成果进行整合并借助先进的信息技术建立的宏观经济的专业信息数据库。

➢《金融中国》数据库:是将数家权威研究机构每月针对金融市场的研究成果进行整合并借助先进的信息技术建立的有关金融市场研究的专业信息数据库。

➢ 统计数据库:是由国研网数据中心编辑开发,它以权威数据为基础,集合了中国经济运行的各种数据指标,对国民经济发展以及运行态势进行立体、连续、深度展示,是中国经济量化信息最为丰富和权威的数据库之一。其内容分以下六个部分:宏观数据、金融数据、行业数据、进出口商品数据、企业排行榜、财经辞典。其中数据部分以图、表和深度分析相结合全景式描述了当前经济形势。

➢ 研究报告数据库:以行业经济运行数据为基础,以权威研究报告为核心,对大量的行业经济信息进行深层研究,为相关行业运营行为提供辅助决策。

➢《世经评论》数据库:该数据库重点编译国际知名经济研究机构(如IMF、高盛公司、摩根斯坦利、野村证券、法国CDC IXIS、德意志银行等)的最新研究报告。内容包括这些机构对全球经济金融形势的分析判断,各国经济发展热点问题的研究评论,以及最新的经济理论研究,是从近距离观察世界经济风云变幻的窗口。

b) 国研网栏目库系列

主要有《国研视点》、《宏观经济》、《区域经济》、《金融中国》、《行业经济》、《企业胜经》。

网址:http://www.drcnet.com.cn/

(4) 中国资讯行

中国资讯行(China InfoBank)是香港专门收集、处理及传播中国商业信息的高科技企业,其数据库(中文)建于1995年,内容包括实时财经新闻、权威机构经贸报告、法律法规、商业数据及证券消息等。

该数据库较为适合经济、工商管理、财经、金融、法律、政治等专业使用,尤其是其包含有各类报告、统计数据、法律法规、动态信息等内容。其中,北京镜像站点只提供中国资讯行12种主要数据库的镜像服务,包括:中国经济新闻库、中国商业报告库、中国统计数据库、中国企业产品库、中国上市公司文献库、中国法律法规库、中国人物库、中国医疗健康库、香港上市公司文献库、政府机构库、名词解释库、English Publications。

香港本部站点提供中国资讯行全部数据库的检索,除了上述12种,比较有特色的还包括:即时新闻频道、中文报刊库、中港证券等。

香港本部站点:http://www.infobank.cn/

北京镜像站点:http://www.bjinfobank.com

(5) 中宏数据库

中宏数据库是由国家计委所属的宏观经济研究院、中国宏观经济学会、中国宏观经济信息网联合研制的应用型经济数据库。中宏数据库研创专家来自国家计委、人民银行、财政部、国务院发展研究中心、中国社科院、国家统计局、国家信息中心等机构，确保了中宏数据库的专业性、权威性。中宏数据库由19类大库、74类中库组成，涵盖了20世纪90年代以来宏观经济、区域经济、产业经济、金融保险、投资消费、世界经济，政策法规，统计数字，研究报告等方面的详尽内容，为目前门类最全、分类最细、容量最大的财经专业数据库。中宏数据库历史数据量超过100万条，文字量超过20亿字，每日更新量200~600条，约40万~100万字。

中宏数据库包括以下19类大库，74类中库：

1）中国宏观经济形势库；

2）中国经济发展战略与规划数据库：人口库、国土资源库、环境库、战略库、规划库、社会保障库；

3）金融数据库：银行库、证券基金库、保险库、期货库、国际金融库；

4）财政税收数据库：财政库、税收库；

5）投资数据库；

6）消费数据库；

7）物价数据库；

8）商业与物流数据库；

9）对外经济与合作数据库；

10）中国外资数据库；

11）中国产业发展数据库：农村经济库、冶金库、汽车库、IT产业库、航空航天库、能源矿产库、轻纺库、化工库、交通运输库、建筑房地产库、邮电通信库、机械库、家电库、社会服务库、文化传媒库、生物医药库、电子库、建材库、教育产业库、体育产业库；

12）中国区域经济数据库：区域综合库、环渤海地区库、长江三角洲地区库、闽台地区库、珠江三角洲地区库、港澳地区库、中部经济库、西部经济库；

13）世界经济研析库：美国加拿大经济库、欧盟经济库、欧洲其他国家经济库、日本经济库、港台韩经济库、东盟印度经济库、俄国独联体经济库、拉美地区经济库、中东经济库、其他地区经济库；

14）中国政策法规数据库；

15）中国国家统计数据库；

16）中国体制改革数据库；

17）焦点专题数据库；

18）中宏学术成果数据库；

19）企业管理及经营战略数据库。

网址：http：//www.macrochina.com.cn/macro_data/

（6）中国科技经济新闻数据库

《中国科技经济新闻数据库》遴选自国内 420 多种重要报纸和 12 000 多种科技期刊的 305 余万条新闻资讯，包括了各行各业的新产品、新技术、新动态和新法规的资讯报道。一篇简单的新闻报道既可以避免研究者或开发人员投入大量资金和精力去重复前人的工作，也可以为他们提供新课题、新产品的研发灵感和线索，在前人基础上进行新的探索和创新。

《中国科技经济新闻数据库》是科研机构、企业、政府部门获取行业动态，把握市场走向，建立竞争情报系统的重要信息来源，尤其是科技查新单位进行科技查新时重要的查询数据库之一。

网址:http://www.cqvip.com/productor/pro_news.asp

（7）全球技经贸信息网

该站点由联合国国际信息发展协会/技术信息促进系统中国国家分部和中国科技信息研究所国际信息咨询中心主办。该站提供了国际供求、国内供求、展贸招标、产品信息、企业信息、经贸动态的关键词检索、组合检索和全文检索。还提供企业发布供求信息、产品信息的平台。该网站有较好的参考价值。

网址：http：//www.tipschina.gov.cn/

（8）中国经济学教育科研网

中国经济学教育科研网（简称 CENET）为中大型经济学门户网站，是目前国内规模最大的经济学教育科研专业网站，其宗旨是为中国经济学教育科研工作者和有关学生、政府官员、企事业单位工作人员及其他经济学相关人士提供一个经济学的网络平台，通过网络途径为发展中国经济学的教学与研究做出贡献。

中国经济学教育科研网由北京大学中国经济研究中心副主任海闻教授创办于 1998 年 8 月。2003 年 7 月以来，网站相继推出了自助建站系统、经济学资源库、经济学数据库、经济学搜索系统，并即将推出经济学博客（网络日志）系统。中国经济学教育科研网现已发展成为全国访问量最大的经济学教育科研网站，为有关组织机构、教师、学者、学生等相关人士提供了一个经济学综合信息平台。

网址：http：//www.cenet.org.cn/

（9）新华在线经济观测数据库特供系统

经济观测数据特供系统由国家信息中心数据中心与新华在线信息技术有

限公司合作提供。该系统基于多维数据结构和图文表关联体系的设计新理念开发，从应用层次提供数据增值服务，是一个专业高效的数据在线查询分析系统。

目前该系统主要由《宏观观测》、《地区观测》、《行业观测》、《财金观测》、《产品观测》、《外贸观测》、《价格观测》、《投资观测》、《世经观测》九个子系统外加《宏观年度库》、《省区年度库》、《世界年度库》、《统计报表库》四个参考数据库组成。

1)《宏观观测》：提供生产、效益、交通、邮电、能源、物资、投资、财政、金融、货币、外贸、消费、物价等方面的200多个主要月度宏观指标序列和参考资料，帮助用户全面、及时、直观地把握宏观经济变动的方向、幅度和趋势。用户可充分利用系统提供的自选指标、自选时间以及曲线图、排序、资料检索等功能，深入细致地观测指标序列的变化趋势，查询相关的动态消息和分析资料，定量化地对宏观经济走势进行判断和测度。

2)《地区观测》：动态跟踪全国31个省区市的100多个主要经济指标，提供工业生产、企业效益、固定资产投资、房地产以及财政、外贸、消费、物价等方面的3 000多个序列和参考资料，用户可通过系统的默认参数来生成查询结果，也可自行选择指标、地区、时间等参数，利用系统提供的数据排序、旋转和资料检索等功能来定制图表和查询相关资料，对某一地区或若干地区进行分析比较，全面把握区域经济发展现状和特点。

3)《行业观测》：对全国和31个省市、30个经济属性分类、240多个行业的经济运行状态进行动态跟踪，从工业总产值、企业评价、企业盈亏、企业资产负债、企业产存销、企业财务费用等方面提供50多个重要的企业经营指标共计1 000多万个时间序列和参考资料，帮助用户跟踪分析各行业的趋势性和结构性变化。通过系统提供报表定制、图形生成、数据排序、表格旋转和资料全文检索等功能，用户可高效率地对月度行业数据进行趋势性和结构性的分类比较研究，查询相关的动态消息和分析资料。多维度的数据结构设计，使用户可以任意选择行业、指标、地区、时间、经济类型等进行截面分析，从而探测到以往无法实现的数据分析结果。

4)《财金观测》：提供财政收支、金融货币、现金收支、金融交易等共计1 000多个序列数据和参考资料，用户可通过系统的默认参数来生成查询结果，也可自行选择参数，利用系统提供的报表定制、图形生成、数据排序、表格旋转以及资料全文检索等功能对财政金融及货币的变动情况进行趋势性和结构性的分类比较研究，动态生成自己的分析图表。

5)《产品观测》：对全国和31个省区市的工业品产量进行动态跟踪，

提供涉及采矿、煤炭、电力、交通、电子、电信、化工、冶金、建材、纺织、服装、轻工、家电、机电设备等行业的 500 多种共计 1 万多个时间序列的工业产品产量数据和参考资料。通过系统提供的报表定制、图形生成、数据排序、表格旋转以及资料全文检索等功能,用户可高效率地查询相关的数据、消息和分析资料,对全国工业产品生产情况进行趋势性和结构性的分类比较研究。

6)《外贸观测》:对 22 类 450 种商品向 240 多个国家和地区的进出口情况进行动态观测,提供各类商品当前的进出口数量、金额和平均价格等 10 万多个序列数据和参考资料。通过系统提供的多维数据分类、报表定制、图形生成、数据排序、表格旋转等功能,用户可以便捷地获取图文表并茂的查询结果,极大地提高查询分析海关贸易数据的效率,全面、准确地掌握我国对外贸易情况,分析比较对外商品贸易的结构、趋势和行情。

7)《价格观测》:对全国、31 个省区和 36 个大中城市的物价走势进行动态观测,提供居民消费价格、商品零售价格、分行业产品出厂价格、房地产价格等各类价格指数共计 8 700 多个时间序列和参考资料。用户可利用系统提供的多维数据分类、报表定制、图形生成、数据排序、表格旋转等功能,查询相关的数据、消息和分析资料,全面、准确地掌握各类价格指数的变动趋势和区域性、结构性的变化。

8)《投资观测》:对全国、各省区以及煤炭、电力、石油、冶金、化工、机电、轻纺、建筑、通信、商业、房地产、金融保险等重要行业的固定资产投资情况进行动态观测,提供 1 400 多个序列数据和参考资料。用户可通过系统的默认参数来生成查询结果,也可自行选择参数,利用系统提供的报表定制、图形生成、数据排序、表格旋转以及资料全文检索等功能,查询相关的数据、消息和分析资料,分析比较投资总量和地区及重要行业投资结构的变化。

9)《世经观测》:动态跟踪美国、日本、欧盟等国家的经济景气变化,提供这些国家的政府和著名机构最新发布的 100 多个主要经济指标和参考资料。用户可通过系统的默认参数来生成查询结果,也可自行选择参数,利用系统提供的多维参数选择和排序、旋转等功能来定制报表进行比较分析,查询相关的数据、消息和分析资料,全面、及时地把握世界经济发展现状和特点。

10)《宏观年度库》(参考):宏观年度库包含人口、国民经济核算、固定资产投资、财政金融、对外经济、物价指数、农林牧渔业、工业、建筑业、商业、旅游业、教育、科技、文化、卫生、人民生活、劳动保障、城市建设、环境保护等领域的 3 400 多个指标序列,指标序列最长可至 1949 年。这些指标按年度更新,根据发布情况随时调整,权威机构正式发布后 1 个月内整合更新。

11)《省区年度库》(参考):省区年度库汇集全国和 32 个省市地区的人口、国民经济核算、固定资产投资、财政金融、对外经济、物价指数、农林牧渔业、工业、商业、旅游业、教育、科技、文化、卫生、人民生活、劳动保障、城市建设等领域的 1 400 多个指标共 45 000 多个时间序列,指标序列最长可至 1949 年。这些指标按年度更新,根据发布情况随时调整,权威机构正式发布后 1 个月内整合更新。

12)《世界年度库》(参考):世界年度库根据世界银行发布的最新资料整理,汇集世界 200 多个国家、500 多个统计指标的经济数据,共 10 万多个时间序列,指标序列最长可至 1960 年。根据发布情况随时调整,权威机构正式发布后 1 个月内整合更新。

13)《统计报表库》(参考):报表库查询系统采集各类统计快报、年鉴以及非序列型的数据资料,以报表的格式进行存储和检索。该系统特别适用于只为查询和获取数据资料,并不需要在线进行分析比较的业务需求。报表数据库中的报表内容涵盖了综合、地区、世界、财金、证券、保险、投资、建筑、交通、能源、电力、电子、电信、冶金、汽车、人口、科教等方面的经济数据报表,用户可利用系统提供的智能检索功能,高效快捷地获取有关数据资料。

网址:http://data.xinhuaonline.com/

(10) CCER 经济研究服务中心

网址:http://www.ccerdata.com/

(11) 农业经济数据库

网址:http://www.naturalresources.csdb.cn/zrzy/G28l.asp

(12) 国家发展与改革委员会宏观经济研究院

网址:http://www.amr.gov.cn/web/default.aspx

(13) 中国财经网

网址:http://www.fec.com.cn/

(14) 中国农业部信息网

网址:http://www.agri.gov.cn/

(15) 中国价格信息网

网址:http://www.cpic.gov.cn/

(16) 中国投资

网址：http://www.chinainvestment.com.cn

(17) 威尔逊商务期刊数据库

这是起源于美国著名的经济和商务检索刊物《商务期刊索引》(Business Periodicals Index) 的网络数据库，目前收录商务和贸易类英语期刊 780 多种以及少量报纸的商务版。这些刊物是在全球范围内仔细挑选出来的，每隔一段时间会重新评价一次以确保其在商业经济领域里具有代表性。其中，既有理论性较强的学术性期刊，也有偏重实务的知识型、大众型刊物。内容涉及管理、会计、广告、市场、银行、金融、投资、保险、娱乐、商业经济学、贸易经济状况、商业税收、交通运输、信息技术、公共关系、商业自动化等，偏重企业、公司、近期商业新闻、经济领域内的大事、公众关注的政策和管理实践。

这是一个收费数据库。该数据库分为全文版、文摘版和索引版。起始数据有所不同，其中，全文版起始于 1995 年 1 月，文摘版自 1990 年 6 月起，而索引版则自 1982 年起。

网址：http://www.hwwilson.com/

(18) ABI 商务索引 (ABI Inform)

这是美国 UMI 公司的一个商务类文摘和全文数据库，学科范围涉及商务与管理，其中，文摘版数据回溯至 1971 年，全文版的数据库始自 1987 年，全文版目前还不能覆盖文摘版的全部范围。内容包括公司历史、竞争情报及产品开发信息。收录 1 000 多种美国及国际专业出版物、学术期刊、贸易杂志等。其主题包括：会计、广告、审计、银行、广播、计算机、经济、金融、工程、对外投资、健康、人力资源、保险、外贸、国际动向、投资分析、管理、市场、计划与策略、公共管理、房地产、税收、远程通信、交通等。还有 6 万多个公司企业的信息。这是一个收费数据库。除了在 UMI 的 ProQuest Research Library 系统中对外服务外，该数据库还在美国 Dialog 和 OCLC 等系统中提供服务。

(19) 商业资源电子文献全文数据库

Business Source Premier 是目前 EBSCO 公司最大的全文数据库，包括超过 9 600 余种学术性出版物的索引、文摘（大多数期刊可追溯至创刊时或 1965 年）和 8 700 多种出版物全文（2 300 余种全文刊和 6 000 余种国家、产业报告）。收录《华尔街日报》(The Wall Street Journal)、《每周商务》(Business Week)、《财富》(Fortune)、《福布斯》(Forbes)、American Banker、The Economist 等许多著名商业领域的顶级期刊，提供 EIU (The Economist Intelligence Unit Country Report)、CountryWatch 等统计年鉴全文以及世界最

大的 5 000 家公司的详细资料。涉及的主题范围有：国际商务、经济学、经济管理、金融、会计、劳动人事、银行等。数据库还提供图像检索功能，每日更新。

(20) 商务与工业数据库

Business and Industry Database 是一个国际范围内的商务贸易期刊索引，包括文摘、节选和全文几种形式，是美国 Gale 公司的信息产品。其信息源包括商务新闻、1 000 多种贸易期刊、国内国际与地方报纸、商务日报和信息快报中的商务新闻、数据、事实事件。该数据库集中于提供有关制造与服务行业的公共与私人公司、产品、市场方面的事实、数据、关键事件、市场信息、知识产权信息等。覆盖的范围包括航空航天与国防、农业、汽车、化学、建筑、计算机与软件、日用品、电子、能源、娱乐、金融服务、林产品、信息、医学、金属、采矿、药品、电信、交通等学科或行业。数据回溯至 1994 年。其提供的检索渠道包括字词检索、公司名检索、主题概念检索、市场术语检索、产业名称检索、文献类型检索、美国产品标准代号检索以及地处位置及国家名称检索等。这是一个收费的数据库，数据每日更新。除了其本身的检索系统外，还在 OCLC 等系统中提供服务。

(21) 经济文献数据库（EconLit）

该数据库由美国经济学家协会主办，其文献源的类型包括期刊（收录国际上 550 多种经济学期刊）、专题文集、研究报告、图书、学位论文、书评和工作报告等。涉及的主题包括会计、消费经济、货币理论、金融政策、劳动经济、市场、人口统计、模型、经济理论、计划、国际/地区及城市经济等。这是个索引文摘性的数据库，但对于注册用户可通过代理链接到部分经济学期刊的全文网站。数据回溯至 1969 年，是一个收费数据库。除其本身的检索系统外，还在美国的科学剑桥文摘公司、OCLC、Ovid/银盘公司等系统中提供检索服务。

网址：http://www.econlit.org

(22) 道琼斯全球资讯教育平台

该数据库是道琼斯、新华在线联手制作的中、英文全球财经资讯平台。提供全球最新的财经动态及国际权威财经评论，内容来自世界著名的财经信息服务商道琼斯通讯社，涵盖全球五大洲，涉及各类经济、金融市场，报道一切有可能影响经济的经济事件、政治事件、社会事件。来自道琼斯的评论文章几乎都标注了作者的联络方式，可直接联系作者本人。其栏目专题包括：中国经济参考、亚洲财经、美洲财经、欧洲财经、经营之道、特色专栏、行业聚焦、金融市场和央行政策动向等。数据库 24 小时不间断更新，日更新量 1 600 篇文章。

网址：http://www.edu.xinhuaonline.com/index.jsp

9.3 企业及产品信息检索工具

（1）中国企业、公司及产品数据库

Chinese Enterprises and Companies Database，简称 CECDB，《中国企业、公司及产品数据库》始建于 1988 年，由万方数据联合国内近百家信息机构共同开发。十几年来，CECDB 历经不断地更新和扩充，现已收录 96 个行业的近 20 万家企业详尽信息，是国内外工商界了解中国市场的一条捷径。目前，CECDB 的用户已经遍及北美、西欧、东南亚等 50 多个国家与地区，主要客户类型包括：公司企业、信息机构、驻华商社、大学图书馆等。国际著名的美国 DIALOG 联机系统更将 CECDB 定为中国首选的经济信息数据库，而收进其系统向全球数百万用户提供联机检索服务。《中国企业、公司及产品数据库》的信息全年 100% 更新，提供多种形式的载体和版本。全记录包含 30 多个字段，对企业进行了全方位的立体描述。

网址：http://www.wanfangdata.com.cn/

（2）中国企业数据网

网址：http://www.businessdata.cn/

（3）中国制造网

中国制造网（Made-in-China.com）是一个中国产品信息荟萃的网上世界，面向全球提供中国产品的电子商务服务，旨在利用互联网将中国制造的产品介绍给全球采购商。中国制造网独有的"Made in China"域名对中外商家而言非常直观形象，具有很强的亲和力和天生的知名度；而它的信息平台和优质商业服务更为中国对内对外贸易的发展提供了强有力的支持。

中国制造网现已成为中国产品供应商和全球采购商共通共享的网上商务平台。在国际贸易和商务活动中，供应商希望自己的产品尽可能被众多采购商熟知，而采购商则希望多多结识和了解产品供应商从而找到最适合的供应商和合作伙伴。中国制造网关注中国企业特别是众多中小企业的发展，凭借巨大而翔实的商业信息数据库，便捷而高效的功能和服务，中国制造网成功地帮助了众多供应商和采购商建立联系、提供商业机会，为中国产品进入国内和国际市场开启了一扇方便的电子商务之门。

网址：http://www.cn.made-in-china.com/

（4）中国价格信息网

中国价格信息网（www.chinaprice.gov.cn 或 www.chinaprice.com.cn）是国家发展改革委价格监测中心主办的价格专业网站。该网站是以分布在全国的 5 000 多个价格监测点采集上报的 2 000 余类商品及服务价格数据及市场分析预测信息为基础，联合全国各省（区、市）和主要大中城市价格监测分支网站构成的价格信息系统，是政府实施宏观调控和价格监管决策的重要支持系统，也是全国唯一面向社会发布公共价格信息的权威性价格网站。

中国价格信息网于1998年正式运行，包含了1978年至今的价格政策文件及1989年以来的农业、工业、汽车、医药等行业最新及历史价格数据。是促进企业调整产品结构，加强经营管理，使企业真正面向市场，推动企业发展的重要服务系统。

主要免费栏目有最新价格政策、价格法规、工业品价格、农产品价格、服务收费、医药价格政策公示、行政事业收费公示、价格公报、每日要报、价格预测、价格热点、监测报告、综合信息、地方价格动态、主要价格指数（图形）、定点监测单位、人民币外汇牌价、价格知识台、市场动态。

主要收费栏目有中国价格政策、国际市场价格、农产品价格、金属价格、汽配价格、医药价格、建材和房地产价格、能源价格、涉企收费、综合价格、历史数据、电子刊物、市场观察、宏观分析、行业价格分析。

网址：http：//www.chinaprice.gov.cn

（5）公司信息数据库 CI：Corporate Information

由 Wright Investor's Service 提供。该数据库覆盖的范围是全球性的，提供全球 59 个国家 31 000 个公司的研究报告、竞争情报分析等。

网址：http：//www.corporateinformation.com/

（6）邓氏电子商务指南

《邓氏电子商务指南》（Dun's Electronic Business Directory，Dun's Marketing Services；季更新），是美国 D&B 公司的网络产品，提供全美 1 500 多万家工商企业及其专业人员的联机名录型数据库，原名《邓白氏电子黄页》（D&B-Dun's Electronic Yellow Pages），因早已不再从电话本上而是从邓白氏系统本身获取信息而改名。每篇记录包括企业名称、详细地址、电话号码、SIC 码及其说明和雇员规模等。收录的企业不限规模大小和类型，公私营都有，行业类型包括农业、建筑业、服务业、制造业、公用事业、运输业、金融业、采矿业、商业服务、房地产业、批发业、电信业、保险业、职业服务、零售商业。数据来自邓白氏公司 2 000 名商业分析员的每年至少一次的电话采访和邮寄问卷。

(7) D&B 百万企业数据库

The D&B Million Dollar Database，美国著名商业公司 D&B 开发的一个大型企业信息数据库，包括国际公司和北美公司两个子库。前者收录的是 160 万个国际公司的详细信息，后者收录的则是美国和加拿大 160 余万个大型公司的相关数据，该数据库提供单项查询和复合查询。网站收费，每月更新。

网址：http：//www.dnbmdd.com/mddi/

(8) ThomasNet

网址：http：//www.thomasnet.com/

(9) Gale Business & Company Resources Center（商务与公司资料中心）

BCRC 收录全球 50 万家公司及 8 000 个行业协会的详细信息，包括公司的介绍性资料、产品和商标、价格、企业排名、投资报告、公司的历史记录和大事记等信息。同时整合了《市场与技术展望数据库》和《国际金融与投资研究报告数据库》。此数据库还包括了 4 400 多份期刊（3 400 多份为全文期刊），以及 200 万份珍贵的 PDF 格式的原始投资报告。

网址：http：//infotrac.galegroup.com/itweb/tsinghua

9.4 市场信息检索工具

(1) 市场研究数据库

数据库是由美国 marketresearch.com 公司创立的一个基于网络咨询的数据库系统。该数据库收录了 350 多个主要咨询研究公司的 5 万多份有关全球产品及市场的研究报告和出版物，范围涵盖几十个市场领域，并提供完整的类目索引供用户检索。网络收费，每日更新。

网址：http：//www.marketresearch.com/

(2) PROMT

Predicast Overview of Markets and Technology（市场与技术展望数据库），PROMT 提供公司的产品和技术及其市场情况。这些信息（包括全文信息）来源于大约 1 000 种商贸期刊、企业通信、报纸、市场研究、新闻发布、投资和经纪人公司报告。

网址：http：//www.infotrac.galegroup.com/itweb/tsinghua

(3) 市场观察 Market Watch

这是美国 CBS 广播电视公司的市场网站，自 1997 年开始动作，由 Market Watch.com 公司开发。该网站包括新闻与评论（美国市场、世界市场、首次发行的股票、经济与政策、互助基金、评论、新闻快报等)、个人金融事务(投资、互助基金、生活与资金、退休财务事宜、房地产、税务等)、定题服务文档、研究与分析工具(警示、市场综述、工业、股票、互助基金、个人财务等)、与市场有关的广播电视节目(CBS 周末市场观察栏目、广播网络、商务主管访谈录等)。

网址:http://www.marketwatch.com/

(4) 中国营销传播网

中国营销传播网由深圳市麦肯特企业顾问有限公司建立并运营,于 2000 年 7 月开通。它是国内最早建立、最为知名的营销与管理综合网站。

网站以传播国内、国际经典营销理念、最新营销动态为己任,致力于打造服务于"5000 万中国营销人"的网络平台。网站采用了当今最为先进的网络技术,整合了国内外一流的营销资源,开设了"营销文库、营销动态、营销社区、营销知识库、培训和咨询信息"等多项相对独立、相互依托、动态交流的频道,从而形成了一个国内领先的营销类权威网站。网站为中国传统企业和营销专业人士提供展示才华、充分交流、平等竞争、创造商机的互动平台,也提供专业的培训、咨询、最新的行业市场动态及新闻、权威的行业市场数据、市场报告和完整系统的营销理论等大量的有益信息。

网址:http://www.emkt.com.cn/

(5) 中国市场网

网址:http://www.18-china.com/

9.5 金融信息检索工具

(1) 中国财经报刊数据库

《中国财经报刊数据库》是在中国证监会组织下,由深圳巨灵信息技术有限公司承建的大型财经报刊全文数据检索系统。该数据库收录了近 300 种国内外财经报刊,信息内容涵盖国内的财经金融报刊、主要行业报刊和港澳台新财经报刊,全国各大证券公司的研究报告和高校研究刊物,以及其他一些部门的内参资料,涉及金融、证券、保险、财政、财务与会计、国民经济、国际贸易等专业领域,大部分收录资源的时间覆盖自 1998 年至今,个别收录资源的时间覆盖自 1991 年至今。数据库现每天 24 小时实时更新。

主要信息分类如下:综合财经信息、产业行业信息、银行业信息、统计信息、证券业信息、保险市场信息、上市公司信息、国际财经信息。

网址:http://www.cnnewspaper.com/

（2）金融网

金融网是由中金网媒（北京）数字网络技术有限公司主办，亚洲财讯（香港）控股集团公司控股的以金融资讯和金融服务为核心的门户网站。面向全球金融市场，依托亚洲新兴金融市场的全球化战略优势，尤其是中国金融市场全面开放和香港亚洲国际金融中心的优势，致力于为该阶层人士和相关行业及企业提供专业的金融资讯、电子商务、金融理财、金融数据、行业研究、金融培训、企业并购、中小企业投融资以及第三方的金融服务。

网址：http：//www.financeun.com/

（3）金融界

金融界网站创建于1999年8月，由美国IDG、新加坡VERTEX等共同投资兴建，是中国领先的金融和财经信息提供商，以及全球最大的中文财经网站之一。

网址：http：//www.jrj.com/

（4）和讯

网址：http：//www.hexun.com/

（5）东方财富网

网站内容涉及财经、股票、基金、期货、债券、外汇、银行、保险等诸多金融资讯与财经信息，全面覆盖财经领域，每日更新上万条最新数据及资讯，为用户提供便利的查询。

网址：http：//www.eastmoney.com/

（6）证券之星

证券之星始创于1996年，纳斯达克上市公司——中国金融在线（C.F.O.）旗下网站，中国互联网最早金融服务专业网站之一，是专业的投资理财服务平台，是中国最大的财经资讯网站与移动财经服务提供商之一，同时也是中国最领先的互联网媒体。证券之星以金融理财产品为核心，通过网站、行情分析软件、短信、WAP等渠道，依托中国领先的理财产品研究分析专家团队，以及国内最具实力的理财技术创新开发团队，为中国理财用户提供专业、及时、丰富的财经资讯，个人理财应用工具和无线智能移动理财产品等多方位专业理财信息服务。

网址：http：//www.stockstar.com/

（7）中国金融网

中国金融网是在中国人民银行、国家开发银行、中国工商银行、中国农业银行、中国银行、中国建设银行等15家银行的支持下，由亚洲财讯主办的大型金融网站，是全球金融领域最大、最权威的金融门户和网上新闻、信

9 经济、商务类网络信息检索资源

息中心。

网址：http://www.zgjrw.com/

（8）中金在线

网址：http://www.cnfol.com/

（9）上海金融网

网址：http://www.cfnun.com/

（10）财智网

网址：http://www.imoney.com.cn

（11）中国基金网

网址：http://www.chinafund.cn/

（12）财讯网

网址：http://www.caixun.com

（13）中国外汇网

网址：http://www.chinaforex.com.cn/

（14）银行利率 Bankrate

这是自1982年起出版的印刷型出版物 Bank Rate Monitor 的网络版，由美国 Bankrate 公司开发维护，1996年起在网络上发行。这是一个为个人用户和小公司提供的基于因特网的金融服务系统，包括银行、投资、税务、财务等方面。该数据库覆盖的范围包括美国各州100多项金融业务，如抵押、信用卡、汽车贷款、钱币市场、存款、支票、自动取款机费用、家庭财产管理、在线银行费用等方面的财务信息以及金融事务代理。该公司定期对全美4 800家金融机构进行调研，以求提供最新、最公正的信息。

网址：http://www.bankrate.com/

（15）证券数据库 Big Charts

这是一个与投资业相关的网站，由美国 MarketWatch.com 公司主办。提供投资表和研究的信息，包括股票报价、工业分析、市场消息及评论。股票价格信息追溯到1985年，计5万多个各类指标数据。该网站最吸引人的是其较高质量的反映商务数据的图表信息，允许用户将一些数据引用到特定的领域，并得到各种比较数据。

网址：http://www.bigcharts.marketwatch.com/

（16）FIS 联机数据库 FIS Online

这是一个收录美国和其他国家各类公司商务与金融信息的数据库，在原印刷版的 Moody's Manual Series 基础上形成的网络数据库，由 Mergent 公司主持。所收录的每个公司的具体内容包括完整的公司历史、所有子公司的名录、财产股份、重要行政人员、多达10年内每年和每季的金融数据，包括资产负债表、收入账、现金流水账、资产率，多达10年的扫描的年度报，该公司近期、长远的债务，并与近期的新闻链接，输出数据可形成用户文件。这是个收费的数据库。

网址：http：//www.fisonline.com/

（17）投资分析数据库 Investext

Investext Plus 是世界上最大的公司和行业研究数据库，提供世界上 700 多个领先投资银行、经纪事务所和贸易协会所做的关于公司、行业和地区的深度研究报告。通过 Investext 可以监测行业发展趋势、跟踪公司财务、研究并购时机、评价公司状况和分析公司业务、确定竞争对手。

Investext Plus 通过 Gale 集团的检索平台提供使用，是集成在 Gale 的 Business & Company Resources Center（BCRC）数据库中的一个模块，与 Gale 数据库共用一个检索入口和检索界面。全文为 PDF 格式。

网址：http：//www.investext.com

9.6 经济统计信息检索工具

统计资料是对各种统计工作产生的大量原始统计资料搜集、整理、汇编而成的，用以查找相关统计数据（如各种科学数据、人口数据、管理数据、金融数据、财政数据、商业数据等）的参考工具，是进行各种统计分析、定量研究、管理决策和预测的重要工具，是最基本的经济和管理信息源。统计资料主要形式包括统计月报、统计年鉴、统计索引、统计摘要等。其他统计资料源还有：年鉴、百科全书、专业地图集、机构名录指南、专著和论文集等。

9.6.1 国际性、综合性统计资料

多为国际组织收集、有统一的标准，权威、可靠、质量较高。可用于了解全球或地区概貌，易于不同国家间统计数字的对比、换算，还可弥补某些国家统计数据的不足。

（1）《联合国统计年鉴》

Statistical Yearbook（1948—今）是当前编制水平最高的综合性国际统计资料，广为使用。内容包括 280 多个国家和地区的人口、工农业、制造业、财政、贸易、社会、文教等各方面的情况。提供的统计数字一般回溯几年甚至十几年。按领域分类，每类下有若干统计表格，多数表格内按洲、地区、

国家排列。

（2）联合国统计署数据库

Statistical Databases of the United Nations Statistics Division，统计数据库 UNSTATS 由联合国统计署编制，数据来源于 30 个国际专业统计数据信息源。可以按统计系列（series）字母顺序、数据来源（sources）或主题（topic）查询统计数据。该数据库包含 300 多个统计系列，800 余万条统计数据。大部分数据系列的年代自 1970 年或 1980 年起，有许多系列还显示更详细的信息。数据来源于联合国统计司、人口司、联合国经济与社会问题研究部、粮农组织、国际劳工局、国际货币基金组织、国际电信联盟、经合组织、教科文组织、世界卫生组织、世界知识产权组织、世界银行和世界旅游组织等。

该统计数据库还提供相关的技术名词和标准，如什么是"balance of payments"等。读者可以浏览国家概况（country profile）中的主要统计系列，了解各种经济与社会问题，也可以根据统计数据来源或主题列出统计系列。

网址：http://unstats.un.org/unsd/default.htm

（3）世界银行网站网址：

网址：http://www.worldbank.org/

包括三个数据库：

➢ WDI Data Query（WDI 数据免费查询系统）

本库可以免费在线查询 208 个国家、18 个组织 1998 年以来的指标数据。选择国家、指标、年份（1998—2002）即可进行检索。检索结果有多种显示方式（原始数据、比率变动、指数、图表等），点击指标名称可以查看其详细说明和数据来源。可以以 Excel 或 ASCII 格式保存。

网址：http://data.worldbank.org/

➢ WDI（世界发展指数在线数据库）

本库收录包含 550 多种发展指数的统计数据，以及 200 多个国家和 18 个政府间组织从 1960 年到 2001 年的年度经济数据。数据包括社会、经济、财政、自然资源和环境等各方面的指数。

网址：http://publications.worldbank.org/WDI/

➢《全球金融发展》（在线数据库）

本库包括 138 个国家的统计数据，内容覆盖外债总计和流向、全球主要的经济整合、基本的债务比率、新协议的常规条件、长期债务中的货币构成、债务重组和预定的债务保息计划等。

网址：http：//publications.worldbank.org/GDF/

（4）BVD 财金数据库

主要提供国际财经、金融、各国宏观经济走势分析、跨国企业信用评级、各国并购交易等最新信息，并配以高级、易用的数据分析软件，供快速提取各类所需数据，并可开展各项统计、国际同业对比等分析研究工作。

网址：http：//www.bvdep.com/

（5）OECD Main Economic Indicators

为 OECD 的主要宏观经济指标数据库，提供自 1960 年以来的年度、季度、月度数据，包含 30 个 OECD 组织成员国、8 个非成员国，以及国际主要经济组织如欧盟、西方七国、欧元区、北美自由贸易组织等；指标专题覆盖国民核算、劳动就业、价格指数、金融贸易、行业经济以及趋势调查指标等二十余个专题大类，全面深入地反映世界主要国家的经济发展趋势。

9.6.2 各国统计资料

（1）中国国家统计局

又名中国统计信息网，是中华人民共和国国家统计局的官方网站，是国家统计局对外发布信息，服务社会公众的唯一网络窗口。设有统计分析报告、统计法规、统计信息、统计公报等栏目，还可链接到全国各大统计站点，包括北京、天津、河北、上海、内蒙古、辽宁、江苏等各省以及反映港澳台地区的统计信息。

网址：http：//www.stats.gov.cn/

（2）华通商用信息网 All China Marketing Research

这是由国家统计局信息咨询中心所属的华通数据中心维护的大型、综合性经济及统计信息网，其涉及的内容包括中国宏观经济数据、中国经济运行数据、中国城市统计数据、中国县级统计数据、中国社会经济发展统计数据、海关进出口数据、行业数据、企业信息、市场数据等。另外还提供行业产业客户研究报告、资信研究等专题信息产品。这是一个收费数据库。

网址：http：//www.acmr.com.cn/

（3）《国泰安经济金融研究数据库》

国泰安经济金融研究数据库是国泰安公司在保留 CSMAR 网络版与单机版的基础之上，集研究数据、研究服务与学者服务于一体而推出的完全在 Internet 上运作的全新系统，主要包括数据服务、研究服务、学者服务、账户管理、学术论坛等功能模块。

其中可供查询的数据包括：

经济类——宏观经济、区域经济、行业经济；
公司类——股东情况、治理结构、关联交易、兼并收购、银行贷款等；
股票市场——交易情况、财务数据、IPO、红利分配、增发配股等；
基金市场——管理公司、投资组合、财务数据、净值数据、交易数据等；
债券市场——基本情况、交易情况、收益率等；
另外，还可查询期货市场、外汇市场、黄金市场、房地产市场、高频交易、香港数据、海外市场、市场资料（日历文件、汇率、利率、指数情况等）等数据。

网址：http://www.gtarsc.com/

（4）中国资讯行的《中国统计数据库》

大部分数据收录自 1995 年以来国家及各省市地方统计局的统计年鉴及海关统计、经济统计快报、中国人民银行统计季报等月度及季度统计资料，其中部分数据可追溯至 1949 年，亦包括部分海外地区的统计数据。数据按行业及地域分类，数据日期以同一篇文献中的最后日期为准。例：《中国统计年鉴 1999》中绝大部分为 1998 年的统计数据，数据时间即为 19981231。本数据库定期更新。

网址：http://www.bjinfobank.com/

（5）国研网《统计数据库》

该数据库收录内容包括"最新数据"、"每日财经"、"工业统计数据"、"宏观数据"、"区域经济数据"、"重点行业数据"、"金融数据"、"对外贸易数据"、"世经数据"、"产品产量库"、"企业排行榜"、"教育经费统计数据"、"专题数据"等。

网址：http://www.drcnet.com.cn/

（6）中宏产业数据库

中宏产业数据库以"产业集群"理论为依据，整合了来自国家统计局、国家发改委、海关总署、各行业主管部门和行业协会等单位的统计资料，在国家发改委宏观经济研究院产业研究所专家的指导下，经过严格的筛选和分类、加工、处理后，形成一个包含上千条数据序列的数据库。数据库包含了中国的十大支柱工业产业群，即能源、冶金、机械、汽车、电子、石化、轻工、纺织、医药、建材，和五大服务业支柱产业群，即交通、房地产、信息、旅游、商贸。

中宏产业数据库根据纵向专业化分工以及横向竞争和合作关系，针对国内支柱产业群的空间的聚集性和产业的关联性，将一个行业群发展相关的宏观数据、区域数据、行业数据、产品数据（产量、销量与价格）和龙头企业数据进行整合后，构建了一幅幅清晰的描绘中国支柱产业群发展的路线图。数据特点：

> 全面性：指标涵盖国民经济发展的所有支柱产业，及时跟踪国民经济统计指标体系修订。
> 权威性：统计数据来源于国家正规统计渠道。
> 及时性：统计数据在国家规定的解密时间后及时更新。
> 准确性：所有指标入库前后均进行严格规范的校对检验。
> 实用性：所有统计指标均为满足分析长度的时间序列。
> 统一性：所有数据横向按时间序列排序，纵向按指标分类排序。

网址：http://mcid.macrochina.com.cn

（7）《美国统计摘要》数据库

The Statistical Abstract of the United States（《美国统计摘要》）作为一个国家数据集，汇集了美国社会和经济状况各方面的统计数字以及部分经过挑选的国际数据。这个摘要也是获取调查局和别的联邦部门以及民间组织的其他数据的指南。通过这个网站可以查阅1995—2002年的在线版和附加的统计参考产品。

网址：http://www.census.gov/prod/www/abs/statab.html

（8）联邦统计网站 FedStats

该网站由联邦政府下属的许多部门合作开发的产品，由一个部门间调节委员会的统计政策组负责组织。该网站提供100多个政府机构向公众公开的统计数据。

网址：http://www.fedstats.gov/

9.7 在线期刊数据库检索工具

目前，不少经济商务类的期刊发行网络版，一般都提供免费阅读各期期刊目次页的内容，有的还提供期刊论文全文的免费浏览或电子邮件服务。

（1）网络经济期刊数据库 Economic Journals on the Web

这是美国纽约州立大学 SUNY 属下的 Oswego 分校商学院的经济学期刊数据库，按字顺列出网络上可检索到的已出版5年以上的经济学科期刊，但不是所有列出的期刊都有免费的网络版。

网址：http://www.oswego.edu/~economic/journals.htm

（2）市场类期刊一览 Academic Marketing Journals

这是荷兰 Tilburg 大学经济与商务管理系下的一个期刊链接，收录市场类的期刊 90 多种。此外，该网站还提供一个与市场研究相关学科的期刊索引和各国市场类期刊索引，还有一个链接到美国佛罗里达州立大学的一个市场类期刊排名的网站。

网址：http：//www.tilburguniversity.edu/about-tilburg-university/schools/economics-and-management/organisation/departments/marketing/links/journal1/

（3）美国经济评论 American Economic Review

网址：http：//www.aeaweb.org/aer/index.php

（4）经济学研究文库 Research Papers in Economics

经济学研究文库是由来自全球 61 个国家的志愿者通力合作创建的数据库，旨在促进经济学及其相关学科的学术交流，目前包含了 543 000 条记录（item），其中 433 000 条记录可以通过网络获取。RePEc 数据库包含了数以千计的经济学家已出版和未出版的著作及论文的数据，全部 RePEc 的数据都可免费从网上得到。具体记录的分布如下：

➢ 222 000 篇由机构或个人出版的 working papers 的书目信息；
➢ 316 000 篇由本学科一流期刊发表的论文；
➢ 1 500 个软件介绍及程序；
➢ 10 500 个机构（包括经济系、研究机构和政府组织）的联系方式列表；
➢ 2 800 本书及书的章节；
➢ 14 600 个作者的联系方式及其出版物列表。

网址：http：//www.repec.org/

（5）台湾财讯月刊

《财讯月刊》是台湾地区颇具影响力的财经类杂志，它创刊于 1974 年 7 月。《财讯月刊》内容涵盖面广泛，包含经济、金融、投资理财、股市及政治社会等深度报道与分析评论。《财讯月刊》一向秉持客观、中立的编辑政策，力求准确报道，且其新闻敏感度高。《财讯月刊》擅长锁定议题的调查追踪，深入报道，探求真相，提供最具参考性的经济分析和景气预测、最具实用性的投资理财信息。

网址：http：//www.monthly.wealth.com.tw/

9.8 电子商务网站

➢ 好易购 http：//www.best1.com

- 中国国际电子商务 http://www.ec.com.cn/
- 阿里巴巴 http://www.china.alibaba.com/
- 淘宝网 http://www.taobao.com/
- 买麦网 http://www.m18.com/
- 卓越网 http://www.joyo.com/
- 当当网 http://www.home.dangdang.com/
- 云网 http://www.cncard.com
- 携程网 http://www.ctrip.com/
- 艺龙网 http://www.elong.com
- eBay 易趣 http://www.eachnet.com/
- 铭万网 http://www.biz.mainone.com
- 中国电子商务网 http://www.cebn.cn

9.9 科研机构网站

- 国务院发展研究中心 http://www.drc.gov.cn/
- 中国社会科学院 http://www.cass.net.cn
- 国家发改委宏观经济研究院 http://www.amr.gov.cn/
- 中国国土资源经济研究院 http://www.calre.net.cn/
- 中国宏观经济学会 http://www.macrochina.com.cn/commission/macroacad.shtml
- 中国经济史论坛 http://www.economy.guoxue.com/
- 商务部政策研究室 http://www.zys.mofcom.gov.cn/
- 中国脑库——深圳综合开发研究院 http://www.cdi.com.cn/
- 中国人民大学金融与证券研究所 http://www.fsi.com.cn/
- 清华中国经济研究中心 http://www.ncer.tsinghua.edu.cn/
- 北京天则经济研究所 http://www.unirule.org.cn/
- 北京大学中国经济研究中心 http://www.ccer.pku.edu.cn/
- 中国改革论坛 http://www.chinareform.org.cn/cgi-bin/default.asp
- 中国经济改革研究基金会国民经济研究所 http://www.neri.org.cn/

9.10 本章小结

经济、商务类网络信息资源是网络信息资源的重要组成部分，及时了解此类信息有助于企业从宏观、微观两个层面来规划未来的发展。本章主要讨论了经济、商务类网络信息资源的常用检索方法及其检索过程中的一些常用技巧。

10 综合检索案例

信息收集一般包括以下几个主要的步骤:
①明确总体需求和信息搜集目标;
②将需求进一步分解成信息搜集指标;
③分析课题,确定检索思路,通过"试检"初步确定信息源;
④根据需求和信息搜集指标,明确检索语言,制定检索策略;
⑤估算工作量、成本,制定信息收集方案,并确定检索计划;
⑥如果是项目,上报批准,或洽谈,签署合同;
⑦执行检索计划;
⑧加工、处理和分析初步获取的各种信息;
⑨调研报告的写作;
⑩获取反馈意见,修改调研报告。

10.1 案例一 关于国内塑料内衬玻璃钢缠绕增强压力容器的市场调查

10.1.1 课题目的

了解该产品的中国市场潜在容量,以便决定是在华销售还是设厂生产。

10.1.2 产品描述

生产厂商是美国的北美结构公司(Structural North American)。该公司的产品为美国机械工程师协会(ASME)认证,符合欧美的 DIN, TUV, NSF, WQA 等专业标准,并为美国宇航局生产非金属压力容器。这种压力容器在同行业中处于技术领先的地位，越来越多地用于替代传统碳钢、不锈钢压力容器，具有无毒、无锈蚀、高强度、轻自重等优点。

10.1.3 明确用户市场，以确定相应信息源、信息收集渠道和检索工具

这种压力容器目前在欧美广泛用于食品、电子、化工、石化、生活日用、旅馆等行业中盛装、供应、生产冷热水、高纯水、各种饮料、水溶液、酸、碱以及石化产品。这些行业的企业名录是确定用户市场的首选检索工具。

10.1.4 将需求转化成具体的信息搜集目标

（1）综合性调查

调查主要从回答以下几个方面的问题入手：

➢ 哪些行业或场合下应用这类压力容器（包括碳钢、不锈钢和其他种类材质）？

➢ 各种用途中的分类使用量（或市场销售量）？民用（如楼宇供水）、工业、商业用量之比例？

➢ 哪些厂家在生产这类压力容器？哪些公司在销售？产（销）量？价格？联系方法？销售对象？

➢ 是否有外国同类产品在华销售（包括合资产品）？企业与产品名称？地址？价格？销量？

➢ 目前中国国内这类压力容器的生产、销售（批、零）渠道结构？

➢ 用户类型？各类用户的数量？

（2）文献信息的收集

➢ 中国压力容器的行业标准；

➢ 应市压力容器的产品样本、价格单、技术质量说明；

➢ 与工商企业生产、销售活动有关的税法、税则、中国进出口关税条例；

➢ 各行业协会（如供水、化工等）有关这类容器制造和使用的文章、报告；

➢ 各有关行业协会的成员名单（全国性或地方性的）；

➢ 有关政府部门相关文章、报告和统计数字；

➢ 有关的书籍、报刊文章；

➢ 关于合资、独资企业的规定；

➢ 压力容器生产厂家名录、用户名录（可以是采用压力容器作为部件，

进而生产更大的系统性设备的厂家)。

(3) 针对性调查

➢ 中国聚乙烯、聚丙烯、ABS 和尼龙等塑料原料的价格？是否紧缺？生产厂家？

➢ 制作玻璃钢用的不饱和树脂和玻纤的应市种类？生产厂家？价格？是否紧缺？技术说明书？

➢ 工业用水、电价、厂房、土地价、工人工资？

10.1.5 下一步分案头调研和实地调研两部分

案头调研要根据搜集目标确定信息源（书目、索引、数据库、企业网站等），开列文献检索所需的具体检索工具，并明确检索语言并实施检索计划。以上大部分所需信息都可以利用索引、文摘、企业名录、专业年鉴、手册等二次文献和政府统计资料查得一次文献和数据。

实地调研需要在案头调研无法做到之处确定调查方法（问卷、访谈、观察等）。

针对上述问题的调研数据，这里就不具体展开了。

10.1.6 结论

通过相关调查和数据的分析，不难发现：无论从各项资源，技术空间，现阶段的法律规定，还是未来的销售市场需求，在国内塑料内衬玻璃钢缠绕增强压力容器的市场潜力是相当大的，有着不可估量的潜在空间，因此从长远考虑建议在华设厂生产。

10.2 案例二　伏特加的价格信息、关税、贸易政策及国际贸易数据

10.2.1 背景情况和需求

安徽特酒集团是我国特级酒精行业的龙头企业，全套设备及技术全部从法国引进。其主要产品是伏特加（Vodka）酒及分析级无水乙醇。其中无水乙醇的销量全国的 50% 以上。伏特加酒通过边境贸易，向俄罗斯等国家出口达到 1 万吨，总销售额超过 1 亿元。

伏特加酒作为高附加值的主打产品，是安特集团利润的主要来源。但是，随着俄罗斯等国家的经济形势变化，出口量日益减少，形势不容乐观。

安特集团审时度势，决定从1998年下半年开始通过Internet进行网络营销，开辟广阔的欧美市场。问题：首先，我国以前基本没有出口过Vodka酒，没有了国际参照物，也就无法确定安特牌Vodka的总体的质量价格比，当然也就无法向外商报价。其次，酒类的进口在世界各国都是严格控制和限制进口的，有着复杂的质量标准和各种限制进口的关税及非关税壁垒，对此厂家几乎是一无所知。再者，对于伏特加酒的国际贸易数据知之甚少，无法确定主攻方向、潜在的市场，当然也就无法确定潜在的贸易伙伴。

10.2.2 检索目标

确定信息收集的三个方向：价格信息、关税及相关政策和贸易数据；各国进口商的详细信息。

➢ 价格信息。包括生产商报价、批发商报价、零售商报价、进口商报价。

➢ 关税、贸易政策及国际贸易数据。包括关税、进口配额、许可证等相关政策，进出口贸易数据，市场容量数据。

➢ 贸易对象，即潜在客户的详细信息。包括贸易对象的历史、规模、实力、经营范围和品种、联系方法等。

10.2.3 制定信息收集途径

➢ 价格。主要有两种：一是生产商报价，包括厂方站点、生产商协会站点、讨论组和Trade-Lead（有两种方式：按国家分别检索、常用站点每周例行检索）；二是销售商报价，包括销售商站点、政府酒类专卖机构和商务谈判信息。

➢ 关税、贸易政策和数据。主要包括检索大型数据库、向已经建立联系的各国进口商发E-mail、相关政府机构站点和新闻机构站点查询。

➢ 交易对象的详细信息。包括目录型、数量型、地域型搜索引擎，黄页，专业的管理机构及行业协会站点和各国酒类专卖机构站点。

10.2.4 信息检索任务

10.2.4.1 价格信息的收集

价格信息的收集是至关重要的，是制定价格策略和营销策略的关键。通过对价格信息的分析，可以确定世界各种Vodka酒的质量与价格之间的比例关系；可以摸清世界各国Vodka酒的总体消费水平；可以确定国际Vodka的贸易价格，其中，最主要的作用还是为安特牌Vodka的出口定位。

价格信息的收集可以从以下几个方面入手：

（1）生产商的报价

安特集团是生产企业，因此，来自其他生产企业的价格的可比性很强，参考价值也高，特别是世界知名的 Vodka 生产企业的报价，更具有参考价值。这是因为世界著名的 Vodka 酒在国际贸易中占的比例很大，其价格能左右世界市场 Vodka 酒的价格走向。

生产商的报价可以从以下几个方面入手：

搜索厂方站点，这种方法的关键是如何查到生产商的 Internet 站点，找到了厂商的站点也就找到了报价。有的站点还提供最新的集装箱海运的运价信息，也有很高的参考价值。搜寻厂商站点，常用的方法是利用搜索引擎，即依靠利用关键词进行数据检索。一般来说，商业性的检索都需要搜索引擎的高级功能。在检索之前应仔细阅读其检索说明，真正掌握其检索的规律。另外，任何一个搜索引擎都有其局限性，应该把多个搜索引擎结合起来使用，才能达到事半功倍的效果。

使用搜索引擎的技巧很多，关键环节是在布尔逻辑检索中充分利用词语中的同义词组。例如：要寻找 Vodka 生产商的网址，就需要在每个搜索引擎中都使用：Vodka（ or Spirits or Wine or Liquor or Alcohol ）AND（or Producer or Maker or Manufacture）之类的检索式进行重复检索。

对于检索出来的结果，不同的搜索引擎数量差别很大，有的可能有近百个结果，而有的可以有几千上万个结果表明，不可能一一查看。对此可采用两种办法来解决：首先查看几个具体的网址，然后根据这几个网址反映出来的对于某些词的敏感程度，去修改检索时使用的同义词组，来缩小检索结果；其次，对于网址数较少，而且准确度较高的结果，一般采用快速浏览的办法，先记录下来，再仔细根据每一条检索结果下的说明，来选择需要查看的对象。

对于日常使用的多个搜索引擎，要分清主次，再加以利用。每个搜索引擎都宣称其收入的网址多达几千万个，但它们的侧重点不同，同一个问题可能在不同的搜索引擎上得到差别较大的结果。这就需要在工作中认真加以总结，根据工作的需要，确定常用的几个搜索引擎。

（2）利用生产商协会的站点

这类站点也可通过搜索引擎进行检索的方法查询到。通常，这些网站上都列出了该生产商协会所有会员单位的名称及联系办法，但是一般都没有列出这些会员单位自己的网站。此时，要向这些机构发出请求帮助的电子邮件，一般都会得到满意的结果，这种方法是非常见效的。

查出生产商的网站之后，一般都会发现具体的产品报价。如果厂方站点中没有标明价格，可以查出其负责销售或提供信息的 E-mail 地址，如 Sales @ xxx 或 Info@ xxx，然后以进口商的名义，向其发电子邮件进行查询。

在全美蒸馏酒生产商联合会的网站中（Vodka 酒属于蒸馏酒的范围），不但可以找到美国政府对于这类酒生产商的有关政策、法规，而且可全面掌握其生产商的信息以及具体的网址。没有建立起网站的也有简单的介绍及电话、传真或 E-mail。

➤ 利用讨论组

讨论组中的报价也大多是生产企业的直接报价。从事国际贸易的企业一般是加入 Business 中的 Import-Export（进出口）组，在这个专业的讨论组中，可以发现大量的关于进出口贸易的信息，然后输入关键词进行查询，来寻找所需要的产品报价。这里的报价对于中国的出口企业具有特别的参考意义。

➤ Trade-Lead

许多免费的 Trade-Lead 和专业的进出口网站专门提供国际贸易的机会和投资信息，类似国内的供求信息。

一般来说，运用 Trade-Lead 要注意三个方面。首先，根据要收集信息的特点，选择相应的站点。例如，要收集瑞典的 Vodka 酒的价格信息，就应该选择欧洲相关国家的 Trade-Lead 站点，如 http：//www. trade. swissinfo. net/，北欧国家烈酒的生产及消费量都很大，这些国家的站点上关于 Vodka 的供求信息就多一些。其次，选择有代表性的站点作为常用站点，每周进行例行检索。再者，要特别注意一些收费的网站，虽然信息的查询、登录是有偿的，但反馈的结果令人满意！一方面收费较低，是可以承受的，另一方面也提供了一个相对安全的贸易环境（核查客户的身份），防止别有用心的人发布假消息。

（3）销售商的报价

销售商包括进口商和批发商。它们报出的价格都是国内价，一般都含有进口关税。对于生产企业而言，可行性不是很强。但是它们所提供的十几甚至几十种产品，都来自不同的国家，参考价值很高。可以确定每种产品的档次，确定不同档次产品的价格水平。另外，对于不同国家的关税水平也有一个大概的了解。收集销售商的报价可以从以下几个方面入手：

➤ 销售商站点中的报价

找到销售商的站点，也就找到了它们的报价。也可以利用各种搜索引擎进行关键词搜索，其检索式如：（vodka or spirits or alcohol or liquor or wine）

AND (wholesales or agent or distributor or import or importer or imported or trade)。

对销售商的报价进行分析，还需要有相应的外贸知识，这也是必不可少的。例如：美国销售商的网上报价大约为 19.98 美元/每瓶（750ml）。这比生产商的报价高出 4～6 倍，令人难以理解，难道美国的烈酒关税高达 250%？后来，通过与美国进口商联系，得知从美国的独家代理进口商到大的分销商再到批发商，每一个环节的利润都高达 50%～100%。

➤ 政府酒类专卖机构的价格

在某些国家或地区，政府的酒类专卖机构是唯一的进口商和批发商，参考价值很高。下面分别是加拿大和瑞典的酒类专卖机构的站点：http://www.lcbo.com/entry.html，http://www.systembolaget.se/hem/

➤ 在商务谈判中定价

商品的最终价格往往要通过商务谈判才能确定，这种方式非常复杂，耗费的时间和金钱也最多，但它却是现阶段商业定价的最重要的方法，也最能体现供需双方的信息。然而，商务谈判中的定价极难获得，有的企业甚至视其为高度的商业机密。安特集团在实践中发现，搜索各种博览会、交易会的信息公告以及从经济类媒体的报道中可以发现有用的蛛丝马迹。

从生产商、销售商及商务谈判中得到的价格信息，应该再加以整理、分析，确定它们之间的相互关系，最后得出完整的价格体系。

10.2.4.2 关税及相关政策和贸易数据的收集

关税及相关政策信息在国际营销活动中占有举足轻重的地位。进口关税的高低，影响着最终的消费价格，决定了进口产品的竞争力；有关进口配额和许可证的相关政策关系到向这个国家出口的难易程度；海关提供的进出口贸易数据能够说明这个国家每年的进口量，即进口市场空间的大小；人均消费量及其他相关数据则说明了某个国家总的市场容量。

从世界上 160 多个国家中，选择重点的销售地区、确定重点突破的目标，就必须依靠这些信息。这类信息的收集有以下几种方案。

(1) 通过大型数据库检索

Internet 中与国际贸易有关的大型数据库至少有几十个，其中有的是收费的，有的免费。免费的数据库一般都是某些大学的相关专业建立起来的，其使用价值也是很高的。当然收费的数据库其商业价值最高。DIALOG (http://www.dialog.com) 是世界上最大的数据库检索系统，它包括了全球大多数的商用数据库资源。另外，它提供了一套专门的信息检索技术，有专用的命令，初次使用者需要认真学习才能掌握。一般来说它是收费的，但是提供了一个免费的扫描程序，可以帮助你得到扫描结果，若要提出具体的内容则要付费。

通过数据库的查询，可以得到欧洲各国人均的烈酒（Spirits）消费量，从中可以看出，北欧、中欧和英国的人均消费量很高，而地中海沿岸各国的消费量则少得多。据此可以确定欧洲是重点的潜在市场。

查询数据库需要注意以下两个问题：第一，想要查询收费数据库，必须有可以进行国际结算的信用卡，而且收费较高。有的数据库还没有完成向 WWW 方式的转变，查询起来还不是很方便，但是绝不能忽视这种查询方法，因为这些数据库建立得比较早，专业性很强，数量也很大。国内有许多传统联机检索的服务单位，如各省情报所、中国科技信息研究所等，可以前去咨询。

（2）向已建立联系的各国进口商询问

这是一种非常实用、高效而且一举两得的事情，不但考察了进口商的业务水平，确认其身份，而且可以收集到最有效的信息。可以发一个 E-mail 给对方，其中详细列出询问的内容，请求对方在最短的时间内给予答复。但是，进行这种询问的前提是：双方已经彼此了解，建立起了相互信任的关系。如果没有这种关系，国外的进口商一般是不愿回答的，因为这种方式有恶意收集信息之嫌。

（3）查询各国相关政府机构的站点

随着 Internet 的高速发展，很多政府机构都已经上网，建立了独立的网站。用户可以针对不同的问题去访问不同机构的站点，许多问题都可以得到非常详尽的解答。对于没有查到的内容，你还可以发 E-mail 请求相关的部门或咨询部门给予答复。例如，美国的酒类进口管理工作和税收制度是世界上最复杂的，其 50 多个州，有的州实行的是最严格的管制，只有政府机构才可以进口、批发甚至零售；有的州实行较宽松的管制，而有的州则完全放开了对酒类的管制。这些具体、详细的信息，只有从各州的酒类管理机构的站点才可以查到。

查询这类政府机构的常用方法主要有两种：

➢ 利用搜索引擎进行关键词的检索；

➢ 利用目录式搜索引擎，按照 ＊＊ State/Government/Liquor 进行查找，或是首先到某州政府的网站，再一级级往下查。例如：美国联邦政府烟、酒、武器管理局的网址为 http：//www.atf.treas.gov，美国怀俄明州税务部门的网站（http：//revenue.state.wy.us）就详细列举了所有税号及税率。

（4）通过新闻机构的站点查询

世界上各大新闻机构（如 BBC、CNN、Reuter 等）的站点是宝贵的信息库，特别是国际上著名的几家新闻机构，其每天 10 万字以上的新闻是掌握实时新闻和最新信息的捷径，而且有的站点还提供过去 1 年或 2 年的信息，并支持关键词的检索。另外，一些关键的贸易数据、关税或人均的消费量在某些新闻稿中也可以查到，这对信息的掌握常常是很重要的。

例如，通过路透社的网站，进行日常查询，以最快的速度掌握了俄罗斯的新任总理关于 Vodka 进口配额及关税政策的讲话，比我国中央电视台播发这条信息的时间整整提前了 1 天。更为重要的是，还掌握了详细的"细节"：Vodka 进口配额调整的具体数额、关税调整的幅度、对走私进口的严格打击以及对国内 Vodka 生产企业的许可证管理。这些重要信息，有助于及时调整对俄的贸易政策，避免严重的方向性的错误。

另外，还可以使用新闻论坛搜索引擎，常用的是 http：//groups.google.com/，它提供许多经过选择和分类的丰富内容。其搜索的选项很多，很容易满足检索的要求。

10.2.4.3 各国进口商的详细信息的收集

收集进口商的信息，是网络营销的一个重要环节，目的是建立一个潜在客户的数据库，从中选出真正的合作伙伴和代理商。需要收集的具体内容包括：进口商的历史、规模、实力、经营的范围和品种、联系方式（电话、传真、E-mail）。对于已经建立了网站的进口商，只要掌握其网址就掌握了以上的信息。对于没有建立网站的进口商，可以先得到其联系方法，建立起联系后再询问。具体的方法有以下几种：

➢ 利用 Yahoo！等目录型搜索工具

Yahoo！的优势在于其分类目录，把信息按主题建立分类索引，按字母顺序列出大类，可以按照类别分级向下查询。Yahoo！查询准确率较高。但由于其建立的主页数量有限，查询反馈的结果也较少。

例如查询 Vodka 的进口商，其分类目录为：Yahoo！/ Business and Economy / Companies / Trade / Beverage / Liquor。这类进口商很容易找到，但是几乎不可能和你做生意。因为这些著名的大公司早已是某家著名的 Vodka 品牌的全国独家代理商，而独家代理的协议规定它们不能再经营其他的 Vodka 品牌。不过这类站点也有帮助，比如，可以发现一些世界著名的品牌及其价格。

➢ 利用 Google 等搜索型引擎

这些搜索引擎，都支持关键词检索和布尔逻辑检索。可以使用相关的词语组合，进行一次性的查询，如 Vodka and（import * agent or wholesales or distributor or trade *）进行搜索,可以得到较好、较全面的结果。这种方式的关键在于调整好检索语言的组合,可以多试几次,以找到满意的组合。

> 通过区域性的搜索引擎

Internet 网络上的 URL 浩如烟海,各大搜索引擎所能收列的毕竟是少数。这就要求我们学会利用各种地域性的、规模较小的搜索引擎。例如每个国家都有几个甚至十几个较知名的搜索引擎,可以搜索到当地的大部分 URL,例如:http://www.solo.ru,http://weblist.ru,http://www.cesnet.cz,http://www.eckorea.net 等。这对于针对某个国家的信息收集是最有帮助的。这些地域性 URL 也可以通过类似 Yahoo! 的目录型搜索引擎按国家/互联网/服务（如 German/Internet/Search）一级一级地向下找。

> 通过 Yellow Page（电子黄页）等商业工具

比较著名的搜索引擎都提供电子黄页服务。一般来说,这些黄页服务都不是自成一体的,都链接着某一个专业的商业搜索引擎。这类网站提供的进口商资料以电话、传真居多。需要我们利用电话或传真来联系。虽然其中有些公司规模较小,没有网址,但是,与他们谈成业务的可能性却很大。因为它们正在发展壮大,很有可能正在计划利用新的品牌来拓展新的业务。

> 通过专业的管理机构及行业协会

这是一种高效快捷的查询手段,不但命中率相当高,而且信息的利用价值也相当高。作为网络营销检索的重要手段,应该得到高度的重视。

在美国的酒类管理体制中,酒基本上被分成了啤酒、葡萄酒和烈酒三类,而且每种酒的进口或批发都需要专门的许可证或执照。问题在于无法确定某一家公司到底是经营葡萄酒还是 Vodka,到底是进口商还是批发商,在 Yellow Page 中查询到的最小分类是酒（Liquor）,而没有更细的分类。然而,找到专业的管理机构如美国加州酒类管理中心的网站（http://www.abc.ca.gov）时,这些问题都可迎刃而解。这里不仅按酒的类别、字母的顺序、不同的地域对每个公司进行了分类,而且对于每个公司的信息都有详尽的记录,包括:公司名称、地址、许可证的种类、许可证的使用期限、经营历史、电话号码等,确实是一个信息宝库。

> 通过最大的进口商——各国的酒类专卖机构

在酒类控制严格的国家,往往酒类专卖机构是唯一的进口商。它们也是世界上最大的购买集团。例如瑞典酒类专卖机构,每年都要向全世界招标进口某一种类的酒,其进口量也是很大的,最低为每年 150 个集装箱。所以应该特别注意定期访问其站点,以获得最新的招标信息。有的酒类专卖机构并不直接进口酒,而是通过一批中介公司。它们也是经过酒类管理机构签发许可证的专业公司，其积极性比专卖机构高得多。一般来说，它们会很高兴地向你介绍该国、该州的有关贸易情报。这也是信息的一个重要来源。

10.2.5 结论

通过收集以上三个方面的信息，对于世界上 Vodka 酒的贸易状况有了基本的了解，掌握了世界 Vodka 交易的价格走势，认清了安特牌 Vodka 所处的档次水平，也联系了上百家进口商、经销商，可以说基本上把握了国际 Vodka 市场的脉搏，圆满地完成了情报收集的工作。这些工作为以后的网上谈判、选择代理商等网络营销工作打下了良好的基础。

10.3 本章小结

本章通过两个具体的案例，让读者了解信息资源检索的全过程，以及检索应该达到的目的。

第三篇
文献管理

11 文献管理软件概述

11.1 文献管理软件重要性

参考文献管理软件又叫书目管理软件。在现今信息爆炸的年代,全世界的研究人员和科学家比以前更多了,加之 publish-or-perish 的游戏规则,促使研究报告和期刊的数目暴增,因此当代的科研人员越来越难将犹如恒河沙数的资料一一阅读完。辛苦的检索完 CD-ROM,再把相关的研究报告看一遍,当文献知识积累到一定程度后,仅仅靠大脑记忆很辛苦,也不可靠,阅读文献时产生思考的结果不能即时、有效地与文献本身联系起来。写研究报告引用时又要大费周章人工输入。文中注释、文后参考文献列表,都需要大量引述。逐一录入也是既沉闷又易出错,苦不堪言。参考文献管理软件是解决这些困扰的利器。

参考文献的概念,源于科学研究时需要参考的各类文献资料。传统的科研参考文献,靠研究人员亲自查阅,然后手工摘录有关文献的信息,按照一定的格式加工整理而成。在当今数字化的时代,随着论文和期刊数量的激增,各学科的文献总量也随之水涨船高。SCI,Ovid,Jstor,中国期刊网,万方,维普等电子数据库的检索结果如何规范化永久保存到计算机?当搜集的文献总量积累到一定程度后,仅仅靠大脑记忆很辛苦,阅读时产生的思考如何实时记录并与文献本身联系起来?写论文时手工输入文中标引和文后参考文献列表,该过程如何自动化地一键完成?当传统的手工式科研参考文献方法越来越无法满足高度竞争的科研环境的压力和需要时,科研人员迫切需要一种高效、方便、准确地管理和利用海量参考文献的工具,参考文献管理软件应运而生。

文献管理软件提供了在重要主题和标题下可视化浏览相关文献的强有力方法，从而使使用者快速分析海量的参考文献，加速了研究进程。科学地管理文献、有效而准确地使用文献，是一个科学工作者的基本功，也是保证论文质量的一个重要因素。

在科技论文写作的过程中，每位作者都会引用一定数量的参考文献。其实，不仅在论文的写作中需要引用文献，在撰写个人简历、课题申请书、专著以及其他出版物时也常常需要引用参考文献，特别是在英文论文和综述中引用的文献数量较多时和投稿后回修论文时，在编排文献上可能会遇到一些困难。另外，准确引用适当的参考文献，对于科技论文的质量有着明显的影响。因此，如何科学地管理文献、有效而准确地使用文献就显得特别重要。

保证参考文献目录中每篇文献的准确性，是作者的责任。所需核实的项目包括：作者姓名的拼写、作者的名字首字母、题名（包括小标题）、期刊名、发表年份、卷、起止页码。在当今信息技术高速发展的时代，过去十分枯燥的文献管理在计算机和网络技术面前已变得十分简单，人们已不用再需要获取原版期刊原文或论文影印件等进行文献的引用和管理，只需要使用相关的计算机软件（参考文献管理软件）和网络资源就可轻松而准确无误地建立和管理自己的参考文献库。

11.2　文献管理工具的进化

文献管理工具的进化可参见图 11-1。

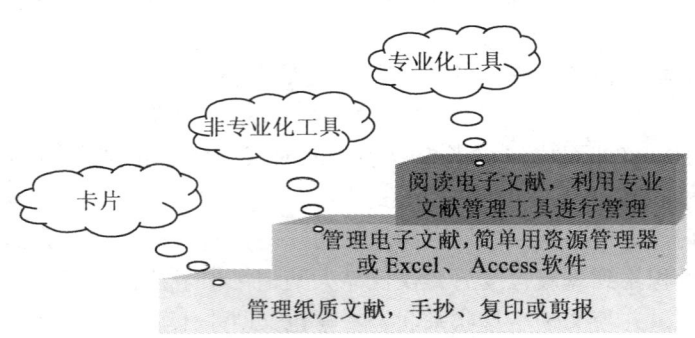

图 11-1　文献管理工具的进化

11.3 文献管理软件构成与主要功能

11.3.1 系统构成（见图 11-2）

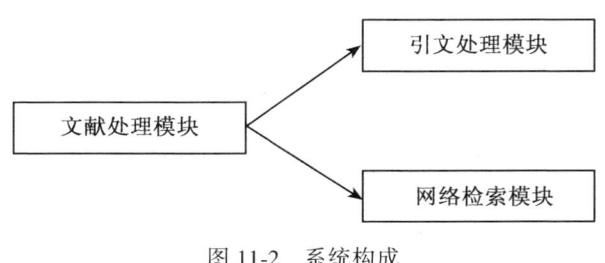

图 11-2　系统构成

11.3.2 主要功能（见图 11-3）

图 11-3　系统主要功能

（1）文献检索
➢ 在 Web of Science，CNKI，Google，Baidu 中搜索；
➢ 在图书馆在线期刊中搜索相应期刊，下载保存到分类目录中；
➢ 需要复印的文献记录拷贝到 Excel 或者记录到记事本上。

（2）文献管理
➢ 追踪某一研究方向的发展；
➢ 追踪特定研究者的文章发表记录，以发现该研究者的思路变化；
➢ 标记重要文献和近期需要阅读的文献；
➢ 对阅读后的文献添加笔记；
➢ 对下载的电子文献和复印的印刷文献进行有效管理。

（3）论文写作

➤ 方便地引用参考相关文献一次录入文献信息即可按不同需要而以不同的文献著录格式输出；当修改文内引用时文后参考文献的编排随之可自动增、删、调、改，避免了繁琐的人工调整，并可减少人为差错；

➤ 自动转换论文格式，管理软件中通常内置丰富的引文格式模板与重要期刊的论文格式模板，使科技论文的撰写更加规范和轻松。

（4）参考文献著录样式输出功能

（5）科研学术文献收集和管理功能

将平时所积累的各种科研学术文献予以收集和整理，以便于在撰写论文时进行规范化的引用进而生成相应的参考文献索引。

➤ 支持文献来源的手动输入和自动批量导入；

➤ 每一条文献都提供文献全文链接，以方便查阅原文；

➤ 支持文献关键词等字段的智能输入；支持文献误删除操作的恢复，防止文献丢失；

➤ 支持多语种文献输入，可处理中文、日文、西文、俄文及其他语种；

➤ 提供中文文献按类型自动标识代码识别；

➤ 可方便进行文献数据库操作与管理，具有数据库备份功能；

➤ 对文献进行多种分类管理，支持组合分类检索和快速查找文献功能；

➤ 文献分类体系规范实用，参照国际与国家标准来定义文献类型，区分常用文献类型和不常用文献类型。

（6）网络数据库检索和提取功能

➤ 集成 Internet 搜索功能，在不改变用户上网习惯的情况下，可以实现网上数据库检索功能，并把检索的结果直接提取到用户已有的文献数据库中来；

➤ 集成浏览器，可以实现直接上网浏览功能；

➤ 可以保存网页内容，并把它作为一条电子文献直接保存并导入到已有的文献数据库里，从而使网上数据查找和管理更加方便；

➤ 可在线检索文献数据库并将文献数据提取到系统中。

（7）学术论文引文规范处理功能

引文不规范是当前包括学位论文在内的各种论著最常出现的问题。

实现对论文中的引用、注释和参考文献的自动化和规范化处理，生成符合国家标准要求的论文格式与引文内容。

➤ 与字处理软件 Word 无缝对接，把引用文献直接插入到正在编辑的 Word 文档之中，形成规范的引用、脚注或者尾注；

➤ 可以直接调用 Word 来编辑论文，并支持以引用（文中注）、脚注或者尾注等多种方式来实现引用；
> 由系统自动扫描所引用的文献条目，对文档进行格式化处理，在论文末尾自动生成与本篇论文相对应的参考文献目录索引；
> 文末所输出的参考文献格式和样式，均按照国际和国家标准预先做好了定义；
> 可以自行定义特定的文献格式并予以处理和输出；
> 能够实现中、外文混排的自动化参考文献输出。

11.4 文献管理软件优点

> 可以通过软件在文字处理软件（如 Word）中的插件，很方便地在论文的所需之处插入所引用的文献，软件自动根据文献出现的先后顺序编号，或根据杂志要求注明作者和论文发表年份；
> 可以根据指定的格式将引用的文献附在文章的最后；
> 在论文修改时，如果在文章中间插入了引用的新文献，或删除了部分已有的文献，软件将自动更新编号，自动更新文章最后参考文献目录中的文献内容；
> 可以通过 Internet 到 PubMed 直接检索文献，并保存到用户自己建立的数据库中，或者通过局域网或 Internet 检索 Medline 数据库，下载所需文献后，读入各种格式的 Medline 检索结果；
> 可以在软件内链接 Internet 上的全文数据库和图片等与该文献相关资料的任何网页，或链接用户已经下载的、位于本地计算机硬盘内的 PDF 文件或与该文献相关的任何文件（如图像、声音、视频等文件）；
> 可以上网下载输入过滤器、杂志输出格式等文件，也可以自己编辑杂志输出格式等；
> 节约时间，文献引用准确无误。

11.5 常用文献管理软件介绍

常见文献管理软件有汤姆森公司的 EndNote、Reference Manager、ProCite、Biblioscape，以及基于网络的 RefWorks。其中 EndNote 是最受欢迎、最好用的软件，Reference Manager 提供网络功能可同时读写数据库，ProCite 提供弹性的群组参考及可建立主题书目，WriteNote 是基于 Web 的 EndNote。中文文献管理软件中，有 NoteExpress、文献之星、北京天翔公司的"医学文献王"、PowerRef 等，其中 NoteExpress 是目前使用较多的中文文献管理软件。Linux 下文献管理软件有 Bibus、Zetoro 等。

目前，国际上较为常用的用于参考文献管理的软件及其网址如表 11-1：

表 11-1　　　　　　国际上常用的参考文献管理的软件

软件名	发布公司	下载网址（available at 2009.03.03）
EndNote	美国 Thomson ISI ResearchSoft 公司	http：//www.EndNote.com
Reference Manager	美国 Thomson ISI ResearchSoft 公司	http：//www.refman.com
ProCite	美国 Thomson ISI ResearchSoft 公司	http：//www.procite.com
WriteNote（EndNote Web 版）	美国 Thomson ISI ResearchSoft 公司	http：//www.writenote.com
RefWorks	美国 RefWorks 公司	http：//www.refworks.com
Scholar's Aid	美国 Scholar's Aid 公司	http：//www.scholarsaid.com
NoteExpress	北京爱琴海软件公司	http：//www.reflib.org/index_chs.htm
PowerRef	北京神州慧达科技发展有限公司	部分大学图书馆提供下载
文献之星	共享软件	http：//www.onlinedown.net/
医学文献王	北京天翔公司	http：//www.medscape.com.cn/chanpinjianjie/wenxianall.jsp
Bibus（Linux 平台）	共享软件	http：//www.2ad.cn/show/s_11832.html

11.5.1　RefWorks

RefWorks 是一个新型的联机个人文献书目管理系统，用于帮助用户建立和管理个人文献书目信息，并可以实现在撰写文稿的同时，即时插入参考文献，同时在文稿末尾生成规范的、符合出版要求的参考文献列表。

RefWorks 个人文献书目管理系统具有以下主要功能和特点：

➢ 无论是在家、办公室，还是出差在外，只需有一台与因特网相连的电脑，就可以方便、快捷地创建、管理和使用个人文献书目数据库；

➤ 个人文献书目数据库建立在服务器上（国内用户的数据均储存在清华大学的服务器上），不占用个人电脑空间和资源，用户可以随时随地访问个人文献书目数据库（如果用户认为将自己的书目数据放在网络服务器上不安全，可以随时将数据以自己需要的文件格式导出到自己的电脑中）；

➤ 价格低廉，一经订购，本单位所有人员均可立即使用；

➤ 提供快速检索和高级检索两种检索模式，用户可以轻松查到所需的书目信息；

➤ 书目数据添加方法多样，既可以从其他数据库批量导入，也可以由手工录入；

➤ 可以将众多其他数据库中的书目数据直接批量导入个人文献书目数据库中，从而通过对 RefWorks 个人文献书目数据库的检索，间接实现对多个数据库的跨库检索，提高资料检索的查全率和查准率；

➤ 在个人文献数据库中建立文件夹、存放文献的数目不受限制；

➤ 个人书目数据库提供了全文链接（如果是从自动导入的书目数据中包括全文链接，则全文链接地址是自动生成的，如果不是，则需要自行录入全文链接地址或获取全文的方式），获取全文快捷、方便；

➤ 可以与他人共享个人书目数据库，利用团队的力量，在有限的时间和精力的前提下，在最短时间内，掌握尽可能多的、有价值的资料信息；

➤ 支持不同文字，包括英文、简体中文、繁体中文、法文、日文、韩文等；

➤ 在撰写文稿过程中随时可在文稿中插入参考文献标识，文稿撰写完成后，利用提供的工具，在文稿末尾可自动生成规范的、符合出版要求的参考文献。

11.5.2　PowerRef

服务于大学本科生、研究生、教师和科研人员的一套集成式软件工具，旨在帮助收集和管理科研文献资料，并以规范的格式把文献的引用和注释输出到字处理软件中，融合单机资料管理与网上数据处理等功能，实现对引用、注释和参考文献的自动化处理和规范化管理为撰写规范的学士、硕士和博士学位论文以及其他各种类型的学术科研论著与研究报告服务。参考文献管理系统是在国外发达国家早已被普遍采用的撰写论文的辅助工具软件，据统计，美欧等发达国家和地区，在市场上有七八种该类软件，绝大部分教育科技工作者使用该类软件进行个人文献的管理，并帮助论文作者在撰写论文时规范参考文献输出格式，提高了论文撰写的规范性，提高了论文发表特别是在国外发表的命中率。

北京神州慧达科技发展有限公司在国内率先推出了 PowerRef 参考文献管理系统，该系统适用于广大高校师生、科研工作者及其他撰写论文的专家学者。软件主要应用于论文作者个人参考文献的收集、整理及在撰写论文时按照国家和国际标准参考文献输出格式进行自动输出和排序，从而大大减少了作者在撰写论文时的不必要的工作量，而且也会在论文的参考文献输出格式上更加标准和规范，该软件的应用将会极大地推动论文参考文献格式的规范化和标准化，提高作者撰写科研和学位论文的效率。

PowerRef 参考文献管理系统，其核心功能是用于在撰写学位论文或者正式发表的学术论文、专著或报告等的正文中，按照国际通行惯例以及国家制定的各种规范，在正文中的指定位置添加相应的注释和说明，包括文中夹注、页下脚注，或者文末尾注，进而根据行文中所添加的注释，按照一定的输出格式，自动生成所使用的参考文献或参考资料的索引，添加到作者所指定的位置（通常是文末）。其详细功能则包括：

①将平时所积累的参考文献输入到本软件系统所定义的数据库中，从而形成基于单机、局域网乃至因特网（Internet）之上的电子参考文献数据库。文献可以手动输入，也可以自动批量导入。

②对已经形成的参考文献数据库进行管理，通过手动和自动两种方式进行分类、排序、检索和搜寻。

③对数据库中的参考文献按照一定的格式进行输出。既可以输出到文件，也可以输出到打印机。还可以与通行的字处理软件如 Microsoft Word 和 WPS 等进行无缝链接，将参考文献按照选定的格式直接输出到字处理软件中。

④可以直接与 Internet 上的参考资料和数据库相连接，把因特网上的资料直接导入或调入到现有的参考文献数据库中。

⑤除上述主要功能外，还附加读书笔记等工具模块功能，可以把日常阅读时所产生的思想和灵感随时记录下来，并与相关的参考文献整合起来。

⑥除上述主要功能外，还附加读书笔记等工具模块功能，可以把日常阅读时所产生的思想和灵感随时记录下来，并与相关的参考文献整合起来。

11.5.3 Reference Manager

Reference Manager 是一个专门设计来管理书目参考文献的资料库程序。任何需要收集参考文献做研究之用或需要制作书目的人都可以使用 Reference Manager 更轻易地管理资料。Reference Manager 受到全球学术机构以及商业、研究机构的研究人员、图书馆员和学生广泛地使用。使用 Reference Manager 可以完成下列甚至更多的工作：

- 快速地从草稿中准备格式化的内文引用文献和参考书目；
- 建立并维护部门的研究资料库；
- 追踪再版馆藏；
- 为研究人员或图书馆赞助者管理新知通报服务；
- 从不同的参考文献来源（如：联机、光碟、网际网络资料服务）收集参考文献；
- 为学生建立指定阅读清单；
- 建立出版品清单；
- 编目特殊馆藏；
- 以 XML 格式汇入或输出参考文献。

11.5.4 NoteExpress

NoteExpress 是国内最专业的文献检索与管理系统，完全支持中文，NoteExpress 可以通过各种途径高效、自动地搜索（含互联网）、下载、管理文献资料和论文。该软件可嵌入 MSWord 环境使用，在使用 Word 中输出各种格式化的参考文献信息，不需要脱离 Word 环境。与同类国外相关软件相比，NoteExpress 不仅具有更高的效率，更好地兼容中文信息，更容易上手，而且具有一些独特的创新功能以及丰富的辅助资源，具有良好的发展潜能，是管理和使用参考文献资料和信息的重要工具。

NoteExpress 是目前较流行的参考文献管理工具软件，其核心功能是帮助读者在整个科研流程中高效利用电子资源：管理检索得到的文献摘要、全文，在撰写学术论文、学位论文、专著或报告时，可在正文中的指定位置方便地添加文中注释，然后按照不同的期刊、学位论文格式要求自动生成参考文献索引。NoteExpress 由北京爱琴海软件公司研发。

其核心功能描述如下：

①检索：支持数以百计的全球图书馆书库和电子数据库，如万方、维普、期刊网、Elsevier ScienceDirect、ACS、OCLC、美国国会图书馆等。一

次检索，永久保存。

②管理：可以分门别类地管理百万级的电子文献题录和全文，独创的虚拟文件夹功能更适合多学科交叉的现代科研。

③分析：对检索结果进行多种统计分析，从而使研究者更快速地了解某领域里的重要专家，研究机构，研究热点等。

④发现：与文献相互关联的笔记功能，能随时记录阅读文献时的思考，方便以后查看和引用。检索结果可以长期保存，并自动推送符合特定条件的相关文献，对于长期跟踪某一专业的研究动态提供了极大方便。

⑤写作：支持 Word 和 Latex，在论文写作时可以随时引用保存的文献题录，并自动生成符合要求的参考文献索引。软件内置 1 600 种国内外期刊和学位论文的格式定义。首创的多国语言模板功能，可以自动根据所引用参考文献语言的不同差异化输出。

NoteExpress 标准版本特点描述，软件具有如下特点：

①安装程序和占用磁盘空间小、系统资源占用少、运行速度快；

②软件界面设计简洁，很多功能设计充分体现了软件的易用性；

③软件数据库采用目录树管理方式，方便了参考文献资料的分门别类；

④参考文献资料和笔记的关联方便查阅；

⑤信息源极为丰富，支持从全球最大的在线书店 Amazon 的资料库和互联网众多的国内外电子图书馆中检索、下载文献信息；

⑥支持对 PubMed 的检索；

⑦支持用户对导入过滤器的添加和编辑；

⑧Word 插件与 MSWord 的完美融合，使得在编辑文档时可以方便地引用参考文献信息；

⑨支持用户对参考文献索引输出样式的编辑；

⑩具有众多人性化设计等特点，如题录浏览时的编辑锁功能、题录标记功能等。

11.5.5 EndNote

EndNote 是汤姆森公司推出的最受欢迎的一款产品，是文献管理软件中的佼佼者。详细内容将在第 12 章描述。

11.6 本章小结

本章主要介绍了文献管理软件的构成、主要功能，并简要介绍了一些常用的文献管理软件，如：RefWorks、PowerRef、Reference Manager、NoteExpress 等。

12 EndNote 与科技论文写作

12.1 基本原理

EndNote 通过将不同来源的文献信息资料下载到本地，建立本地数据库，可以方便地实现对文献信息的管理和使用。工作原理如图 12-1 所示：

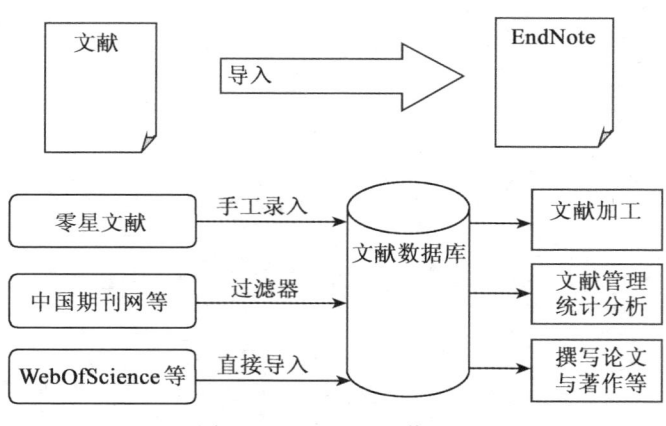

图 12-1 EndNote 工作原理

通过将不同来源的数据整合到一起，自动剔除重复的信息，从而避免重复阅读来自不同数据库的相同信息。同时可以非常方便地进行数据库检索，进行一定的统计分析等。另一个重要的功能是，在撰写论文、报告或书籍时，EndNote 可以非常方便地管理参考文献格式。还可以非常方便地做笔记，以及进行某一笔文献相关资料的管理，如全文、网页、图片和表格等。

整个软件的架构主要包括数据库的建立，数据库的管理和数据库的应用三个方面。

学习并掌握文献管理软件，可以提高我们阅读文献、获取信息的效率，可以省去撰写文献时手动编排文献的麻烦。同时 EndNote 可以非常方便地做笔记，并对笔记进行管理。为我们撰写综述或阅读大量文献时提供了极大的方便（见表12-1）。

表 12-1   EndNote 功能框架

功能模块	程序模块	基本功能
文献导入	数据库建立	数据库建立4种方式、检索、拷贝、删除、添加、全文管理、链接网址、图片
文献管理	数据库管理	分组、查重、排序、统计、分析、查找、导出
撰稿引文编排	数据库使用	文献引用方式、输出格式、论文模板

以 EndNote X2 版本为例。

12.2 EndNote 菜单介绍

12.2.1 EndNote 主菜单

EndNote 主菜单如图 12-2 所示。

12.2.2 File 菜单（见图 12-3）

➢ New… 新建一个数据库；

➢ Open 鼠标指向 Open 会显示出二级菜单，其中包括近期打开的数据库，以便快速打开；

➢ Close Library 关闭当前数据库；

➢ Save 保存当前数据库；

➢ Save As… 将当前数据库内容另存为一个数据库；

➢ Save a Copy… 保存一个备份；

➢ Revert 对未保存的修改进行恢复操作；

➢ Export… 将数据库的文献信息以某种格式输出；可以选择按某种期刊参考文献格式输出，也可以输出全部信息；既可以输出为纯文本文件

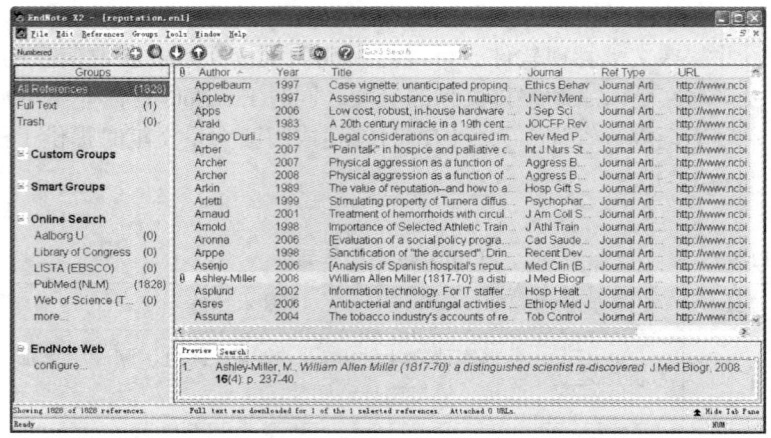

图 12-2　EndNote 主菜单

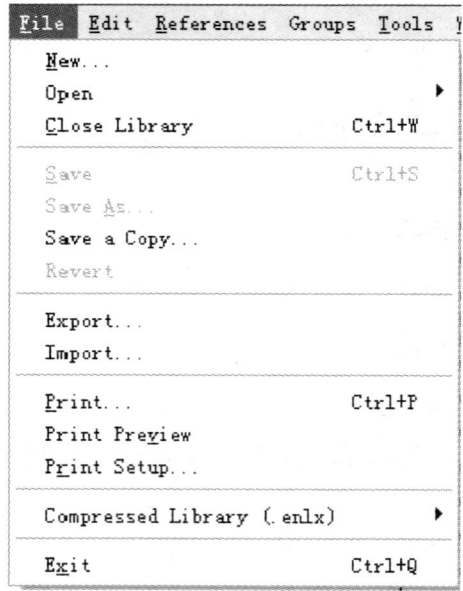

图 12-3　File 菜单

(txt),也可以输出为网页格式(html),还可以输出为 rtf 和 xml 格式,该功能可以方便地用于报表、成果列表等;

➢ Import... 用于导入来自其他软件的数据库文件,以及文本格式的文献信息。如来自 Reference Manager 以及 ProCite 的数据库文件；有些网站不能直接用 EndNote 连接检索，有没有直接输出到文献管理软件功能，此时可能需要将需要的文献信息下载到本地，再通过一定的格式转换成 EndNote 的数据库记录；

➢ Print... 打印选中的文献相关；

➢ Print Preview 打印预览选中的文献信息；

➢ Print Setup... 打印设置；

➢ Compressed Library（.enlx）在 EndNote X 及后续版本中提供的一个新功能，可以将数据库所有相关文件压缩成一个文件，便于拷贝传输，也可压缩后用电子邮件发送，无需像以前的版本那样需要同时拷贝文件和文件夹。

12.2.3　Edit 菜单（见图 12-4）

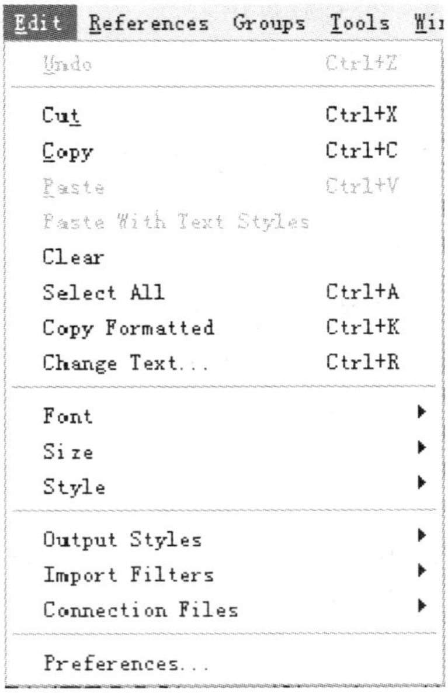

图 12-4　Edit 菜单

内容包括文献记录的拷贝粘贴、以无格式文本粘贴、将一条记录拷贝成特定期刊的参考文献格式、批量替换内容、字体及格式设定、参考文献的输出格式设定、其他来源的文献信息导入 EndNote 时的格式转换、连接数据库的管理以及偏好设定等内容。

➢ Undo 撤销上一次的操作；

➢ Cut 剪切选定的文献，这种方式剪切下来的是文献的全部信息（不包括全文等），可以转移到另一个数据库中；

➢ Copy 拷贝的也是文献的全部信息，可以粘贴到另一个数据库中，也可以插入到 Word 中某个位置，此时相当于插入引用文献。注意此项功能与下面 Copy Formatted 的区别；

➢ Paste 粘贴；

➢ Paste With Text Styles 以文本形式进行粘贴；

➢ Clear 在主程序界面可以删除已选择的文献，相当于右键菜单中的 Delete References；如果在次级窗口中，可以用于清除某些选择的栏位；

➢ Select All 全选，快捷键 Ctrl+A，相当于 Windows 中的 Ctrl+A 功能；

➢ Copy Formatted 以选择的杂志格式拷贝选定的参考文献，可以直接粘贴到写字板或 Word 等文字处理软件中；

➢ Change Text... 批量替换字符串；

➢ Font、Size、Style 设定字体、字号、字形等；

➢ Output Styles 设置或选择文献输出的格式；

➢ Import Filters 将其他数据库文献或文本文献导入 EndNote 时，需要选择合适的转换格式，也可以自行设定合适的转换格式；

➢ Connection Files 选择要链接的数据库；

➢ Preferences... 偏好设定，点击 Display Field 会进入设置窗口，可以设定在程序主界面希望显示的栏位和次序。

12.2.4　References 菜单

References 下拉菜单中的命令比较简单。如图 12-5 所示，灰色的表示在主窗口不能直接实现的命令，必须进到某些具体记录中才能执行。在主窗口双击某项记录，即可看到该记录的详细内容，此时 References 的下拉菜单一部分变为可执行了。

➢ New Reference 插入一条新文献记录，与 Ctrl+N 和快捷键中的 New Reference 均具有相同效果；

➢ Move References To Trash 删除参考文献；

➢ Remove References From Group 从组中移去参考文献；

图 12-5　References 菜单

➢ Add References To 添加参考文献到；
➢ Go To… 定位；
➢ File Attachments 文件附件；
➢ Find Full Text… 获得全文；
➢ URL 统一资源定位器；
➢ Figure 图形；
➢ Next Reference 和 Previous Reference 下一条文献和前一条文献；
➢ Show All References 如果当前显示的只是已打开数据库的部分记录的话，点击可以显示全部；
➢ Show Selected References 有时候显示全部记录会显得凌乱，可以鼠标选择之后，利用该命令只显示相关的文献，使界面显得简洁；
➢ Hide Selected References 隐藏选择的文献，只显示未选择的文献。

12.2.5 Groups 菜单（见图 12-6）

图 12-6　Groups 工具菜单

群组（Group）是 EndNote X1 开始新增的功能，它将文献库中的文献分成若干组以方便用户对文献进行分类管理及浏览。

EndNote X2 中的组主要有以下几类：

➤ 永久组：分为"所有文献"和"回收站"两种。"所有文献"保存了库中所有的文献（包括其他用户组中的文献），而回收站的含义与功能则与 Windows 回收站相同。

➤ 临时组：包括复制的文献、全文、导入的文献以及搜索结果。这些临时组的功能可用 EndNote 的命令代替，当关闭库后，这些临时组将被自动删除（组中的文献仍保留在数据库中）。

➤ Custom 组：是用户手工建立的，以便于用户更好地管理文献。用户可以用拖曳的方式将文献复制到用户组中。

➤ Smart 组：当用户向数据库中添加文献或者编辑现有文献时，能够自根据搜索条件自动更新该组的文献。

➤ Online Search 组：允许用户将常用的在线数据库保存在该组，以便随时启动文献在线搜索功能。

➤ EndNote Web 组：允许用户轻松地在 EndNote Web 文件夹和本地数据库中传输文献。

12.2.6 Tools 工具菜单（见图 12-7）

➤ Spell Check 该功能只有在可编辑状态下才能使用；

12 EndNote 与科技论文写作

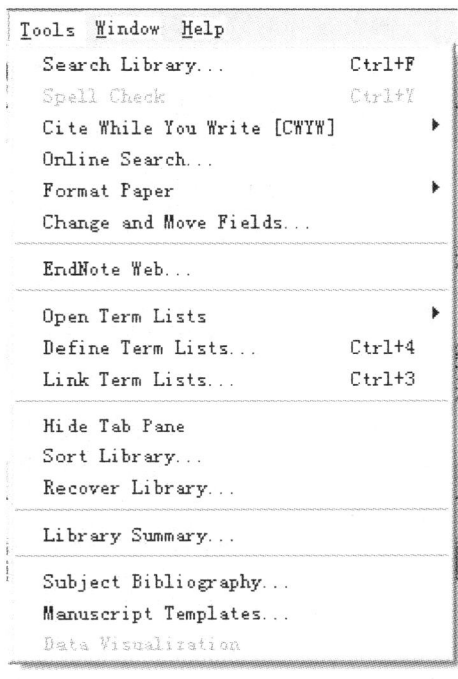

图 12-7　Tools 工具菜单

➢ Cite While You Write[CWYW] 撰写稿件时引用文献会用到的功能；

➢ Online Search 连接到常用数据库检索，如果不在最近打开的链接中，可以到 Edit-Connection Files-Open Connection Manager 进行设定；

➢ Format Paper 将某篇文章中临时引用的文献转换成指定的参考文献格式；

➢ Change and Move Fields... 允许批量修改字段内容或将一个字段的内容移到其他字段中；

➢ EndNote Web... 连接到 EndNote Web，以便用户在 EndNote Web 文件夹和 EndNote 客户端之间传输文件；

➢ Open Term Lists 打开、删除和编辑当前库中已有的作者、期刊名及关键词列表；

➢ Link Term Lists... 设置每个字段可以自动完成哪些内容（作者、期刊名以及关键词之一）；

➢ Hide/Show Tab Pane 显示或隐藏文献预览窗口；

➢ Sort Library… 对当前库的文献按一定规则进行排序；

➢ Recover Library… 修复损坏的数据库；

➢ Library Summary… 查看当前数据库的名称、路径、修改时间、文献数、用户组的个数、已使用的文献类型数、附件数、Figure 数、作者列表数、刊名列表数及关键词列表数；

➢ Subject Bibliography… 可以进行简单统计分析；

➢ Manuscript Templates… 论文模板，EndNote X2 中提供 185 种杂志的论文模板；

➢ Data Visualization 可译为数据可视化分析，需要借助外部软件，如 refviz 等，提供一种程序化的聚类分析方法。

注意：Term List 是 EndNote 提供的一种自动完成的纠错功能。它将当前库中的作者、期刊名、关键词整理成三个列表，当用户在输入作者等内容时，系统将根据用户输入的内容在列表中进行匹配并自动完成，例如在 Author 字段中输入"黄"，而 Author 列表中存在"黄正伟"，则系统会自动在 Author 字段中显示"黄正伟"；如果用户输入了一个列表中不存在的条目，例如"黄大宁"，则"黄大宁"将以红色显示以提醒用户可能输入错误，如果用户保存了输入的结果，则该条目将变成正常颜色并作为一个新条目而自动加入列表中。

12.2.7 其他菜单

除上述菜单外，还有帮助菜单和快捷菜单，帮助菜单给出了 EndNote 的用户手册、更新功能及版本等的快捷方式；快捷菜单的内容依据调出时所处的环境不同而不同，各功能在前面已有介绍，这里不再重复。

12.3 数据库的建立

数据库的建立是文献管理及应用的基础，建立数据库就是将不同来源的相关资料放到一个文件中，汇聚成一个数据库文件，同时剔除来源不同的相同文献信息，便于分析、管理和应用。

运行 EndNote 后，利用 File 菜单中的 New 子菜单，可以很快建立一个 EndNote 空数据库文件。点击 File 菜单里面的保存功能，系统会提示输入文件名，我们这里假定为"Online Auction"，实际工作目录下面生成 onlineauction.enl 和 onlineauction.data 子文件夹来保存文献数据库信息。

EndNote 软件中建立数据库的方式有四种：手动输入、直接联网检索、网站输出、格式转换。我们将在下面一一介绍。

12.3.1 手动输入建立数据库

手动输入主要针对少数几篇文献，无法直接从网上下载，或者是纸质文献等。采用手工输入工作量较大，无法应付大量的文献工作。

在 References 菜单下选择 New Reference。界面如图 12-8 所示，输入文献的信息的窗口如图 12-9 所示，每条文献记录由多个字段组成，包括 Author、Year、Title 等，用来表示文献的相关信息。下拉菜单显示的是文献的类型，选择文献类型是期刊论文（Journal Article），或是书籍（Book），或是专利（Patent），所显示的字段会有所差别。EndNote X2 中预置了 44 种文献类型。手动输入文献信息方式比较简单，首先选择适当的文献类型，按照已经设置好的字段填入相应的信息即可。并不是所有的字段都需要填写，可以只填写必要的信息，也可以填写得详细些。

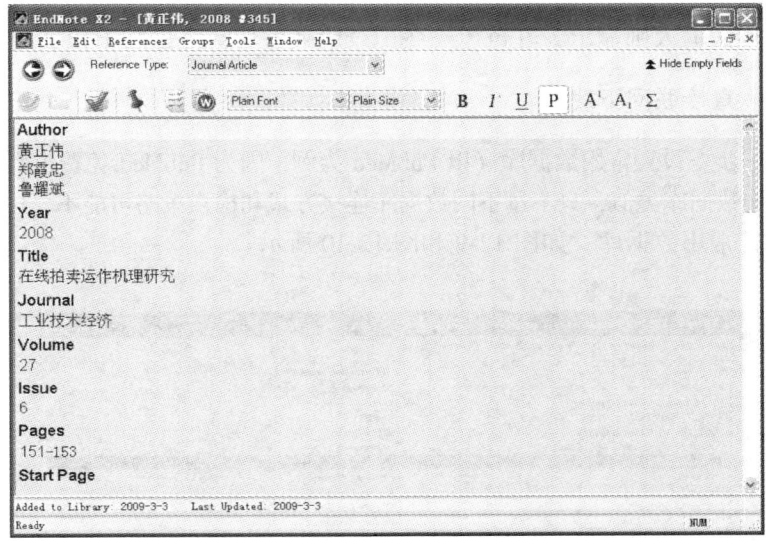

图 12-8　New Reference 界面

注意：人名的位置必须一个人名填一行，否则软件无法区分是一个人名还是多个人名，因为各个国家人名的表示差异较大。关键词的位置也一样，一个关键词一行。

如果作者已经存在于软件数据库中，输入的人名会显示为黑色，如果作

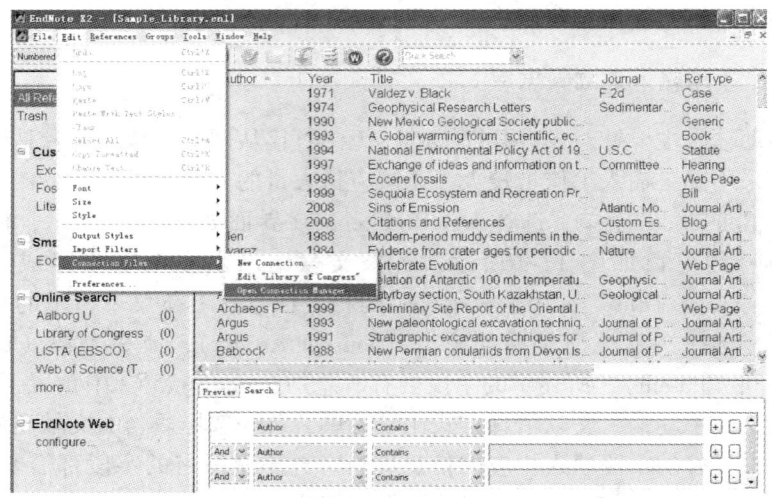

图 12-9 Connection Manager 界面

者名第一次输入则显示为红色。一条记录输入完毕，点击右上角关闭即可。

12.3.2 直接联网下载

第一步：设置常用数据库（以 PubMed 为例，因为 PubMed 免费，而且比较快。其他数据库类似，只不过不同数据库连接方式和检索策略可能不一样。）

设置常用数据库，如图 12-9 和图 12-10 所示。

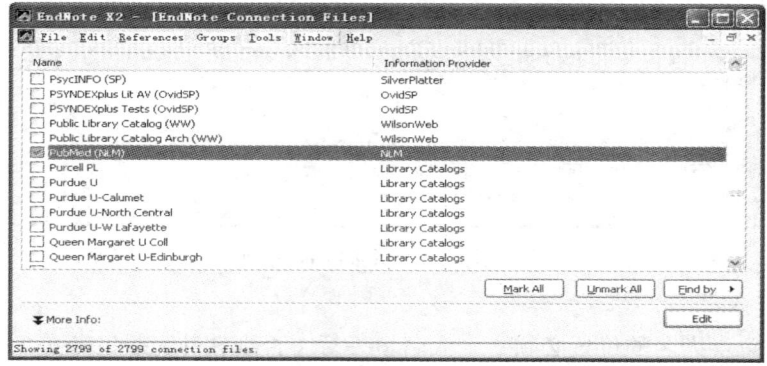

图 12-10 Connection Manager 界面

请注意：在联机搜索组（Online Search）下只有四个联机数据库，没有我们即将添加的 PubMed 数据库。打开数据库链接（Open Connection Manager），出现下面的界面，选择常用的数据库如（PubMed），点击关闭按钮，选定的数据库就会被添加到联机搜索组。

第二步：联机检索及检索策略

上述操作完成后，在联机搜索组中就多出了刚才添加的在线数据库 PubMed。单击 PubMed，系统将链接 PubMed 网站。如果你的计算机能够链接到 PubMed 网站的话，就会出现如图 12-11 的检索框。

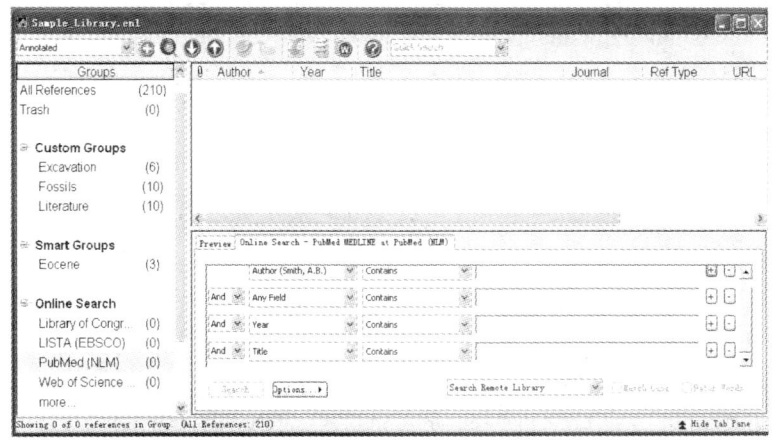

图 12-11　PubMed 界面

此时可以像链接到网站一样方便地进行检索了。检索时注意检索词之间的逻辑关系。

如果是跨时间段检索，注意在两个时间之间用英文冒号隔开。在 PubMed 中，支持具体日期格式，可以检索某两天之间的文献，如 2006/01/01：2006/06/30；在 Web of Science 中只支持年代，只能检索两个年代之间的资料，如 2003：2004，表示检索 2003 年和 2004 年的相关文献。

在检索窗口右边，每个条件后面各有一个加号和减号，可以通过单击加号或减号来增加或减少检索栏位的多少，如果需要用同样的检索条件检索不同的数据库，可以将检索策略储存，在检索其他数据库时简单调用即可。当检索条件特别复杂的时候，这样可以节省每次输入检索条件的时间，还避免了可能误输入产生的错误。需要注意一点的是：不同数据库提供的检索字段有很大差别，如图 12-11 所示，PubMed 提供了 24 种检索栏位，还可以搜索所有栏位；而在 Web of Science 中，只提供了 6 种检索栏位，如图 12-12 所示，如果直接调用 PubMed 中的检索策略到 WOS 中检索，会产生一些错误，因此，需要做一些调整。

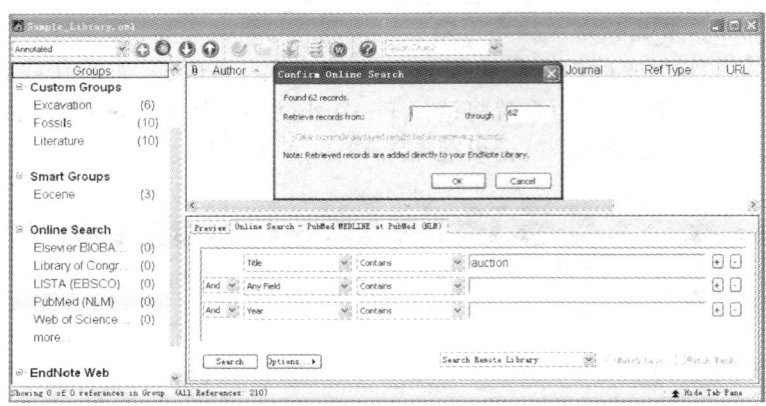

图 12-12　检索结果

在上面 PubMed 检索框中输入检索关键词，点击"Search"，将会返回检索结果：

表明共检索到 62 条符合条件的记录，点击 OK 即可全部下载。在上面两个方框中也可以对数字进行修改，如将 55 改为 10，将只下载前 10 条文献记录。检索到的文献按时间顺序依此排列，排在前面的表示较新的文献，排在后面的时间久远一些。

点击 OK，出现下载界面（见图 12-13）。

待下载完成后 EndNote 自动将这些文献保存在当前数据库的所有文献组（All References）中，用户可以选择删除这些文献，也可以将之添加到用户组中。

关于检索栏位的增删，检索策略的储存与调用跟一般数据库检索方法一致，这里不再说明。

12.3.3　网上数据库输出

目前大多数网上的数据库都提供输出文献到文献管理软件的功能。如 Emerald，Web of Science 等。当然，有的数据库可以直接输出到 EndNote，有的需要数据格式转换以后才能正确地导入到 EndNote 中。下面以 EBSCO 数据库为例加以说明。

链接到 EBSCO 数据库（见图 12-14），输入检索词"Online Auction"，

12 EndNote 与科技论文写作

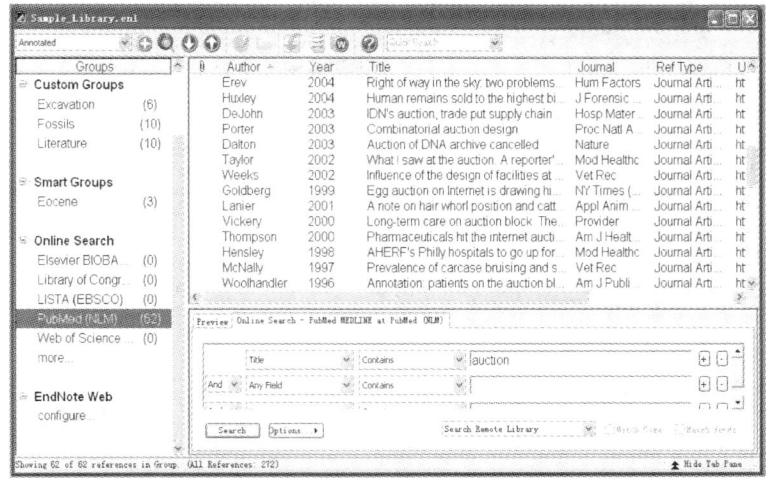

图 12-13　检索结果

共检索到 1 026 条参考文献（见图 12-15）。

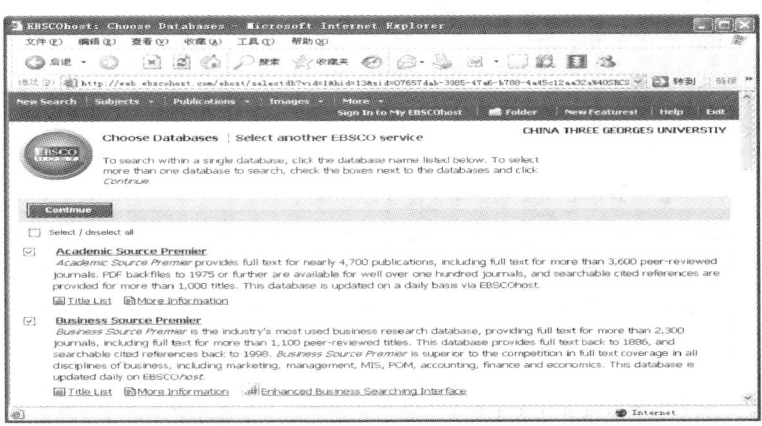

图 12-14　链接到 EBSCO 数据库

在上述窗口最下面"Display Results："中选择每次显示 50 条记录，因大多数数据库设置导出到文献管理软件时不能超过 50 条记录，并点击后面的"Add"将当前的文献加入文件夹，则每条文献下面的"Add to Folder"变为"Remove from Folder"，如图 12-16 所示。

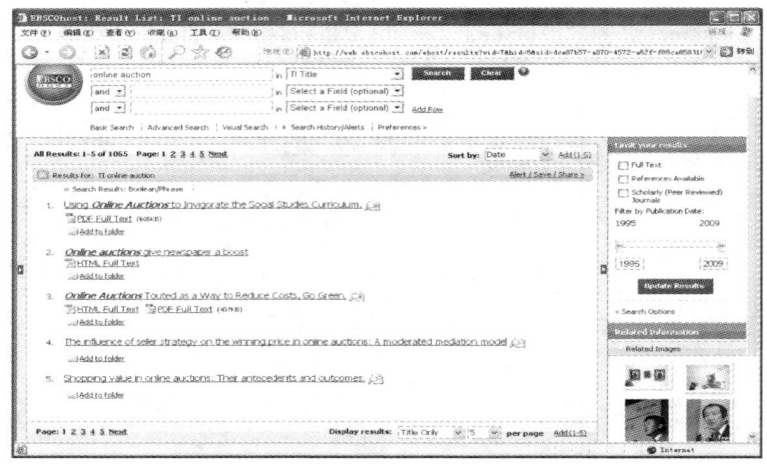

图 12-15　检索结果

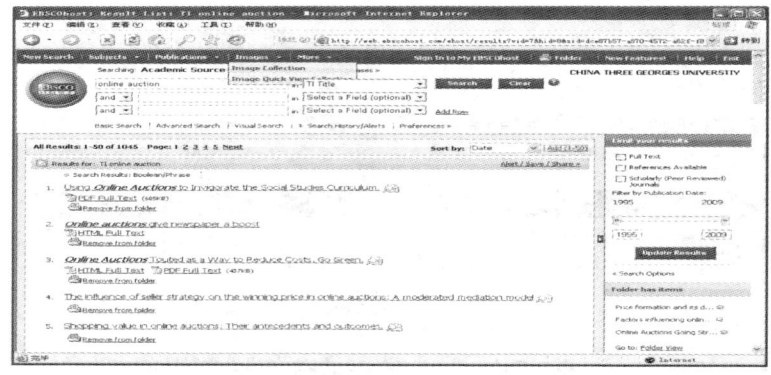

图 12-16　设置每页显示 50 条并加入文件夹

单击页面顶部的"Folder"标签，出现保存文献的页面（见图 12-17）。

选择要保存的文献，并单击上面的"Export"图标，出现导出格式选择页面，如图 12-18 所示。

选择第一项"Direct Export to EndNote，ProCite，or Reference Manager"，并单击"Save"按钮，将自动 EndNote 程序并要求用户选择一个数据库存放导出的文献。用户可以新建一个数据库接受后再转存至其他数据库，也可以直接选择一个已存在的数据库。本书选择已经存在的数据库，结果如图 12-19 所示。

12 EndNote 与科技论文写作

图 12-17　选择文献并导出

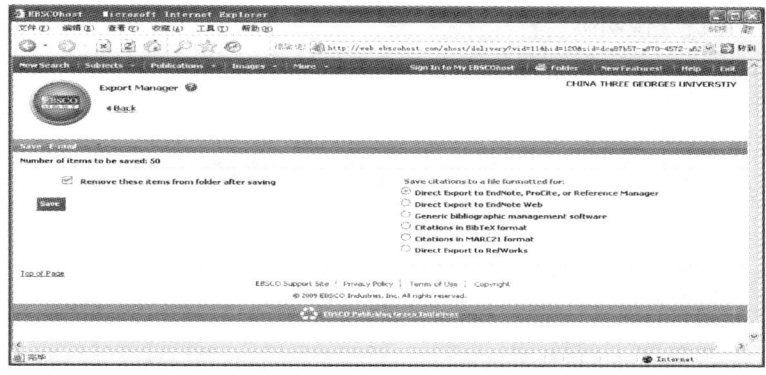

图 12-18　选择文献导出格式

注意上面的界面，系统将自动创建一个组"Imported References"，以存放从网上数据库导入的文献。用户可以将这些文献加入到自己的用户组中去。

12.3.4　格式转换

通过格式转换相对来说比较麻烦，不是迫不得已，一般不会采用的。转换一般把资料保存为文本文件，然后导入到 EndNote 中。要选择正确的 Filter，否则无法正确转换。如果没有符合条例要求的 Filter，则需要先保存为文本，按照 EndNote 程序的要求进行一定的替换，然后再导入方可。具体

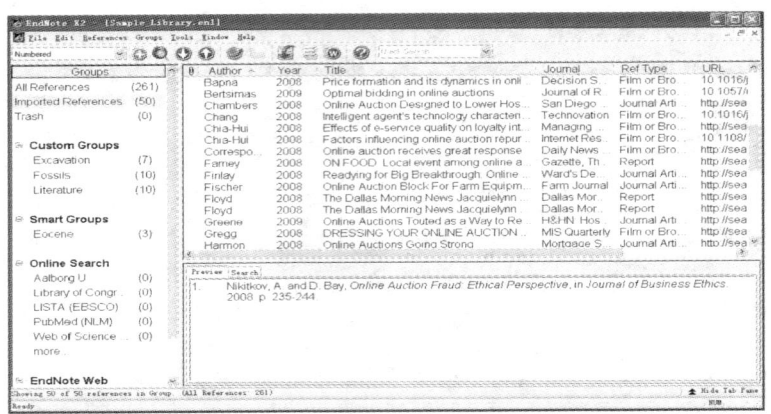

图 12-19　导入结果

方式请参见英文说明书。

下面以中国学术期刊网的资料转换为例进行说明。

进到中国学术期刊网，选择高级检索，结果显示如图 12-20 所示。

图 12-20　CNKI 中检索文献

选中要导出的文献，并单击"存盘"，如图 12-21 所示。

此处需要设定输出格式。EndNote X2 提供了 RefWorks 的 Filter，所以此处可以单击"RefWorks"（见图 12-22）。

将文本文件保存后，可以启动 EndNote X2，打开文件（File）菜单，选择出入（Import）（见图 12-23）。

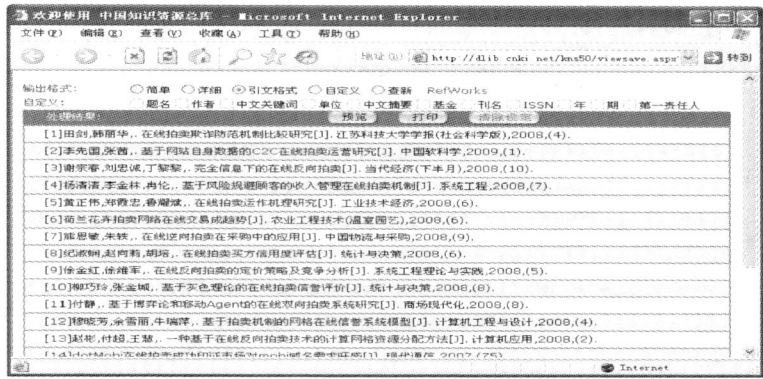

图 12-21　CNKI 的检索结果

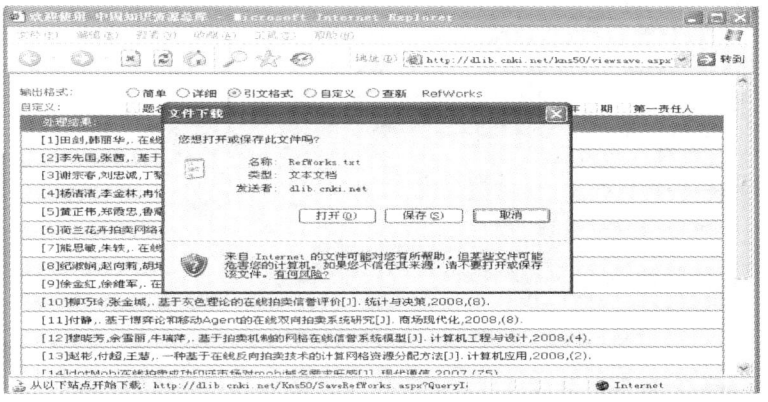

图 12-22　保存检索结果

单击"Choose File…"按钮，选中刚才保存的文本文件；单击"Import Option"后面的下拉列表，选择"Other Filters…"（见图 12-24）。

在列表中选择"RefWorks Import"，单击"Choose"；Duplicates 用来选择是否导入重复文献，此处选择"Import All"；Text Translation 选项选择"Unicode（UTF-8）"，最后单击"Import"（见图 12-25）。

可以看到，EndNote 已经将文本文件中的文献导入到"Imported References"中，用户可以将其添加到用户组中。

注意：

（1）Import Option 选项

图 12-23　在 EndNote 中导入中文文献

图 12-24　选择过滤器

图 12-25　导入结果

本处使用的是 RefWorks，有的数据库使用的 RIS 格式，要根据情况选择正确的 Filter。

（2）Text Translation 选项

目前页面可以有多种编码，为保险起见，导出时可以先查看一下网页的编码，以便在导入时做出正确的选择。在网站检索文献时，笔者习惯于将编码设为 Unicode（UFT-8），在 EndNote 中导入时将 Text Translation 设为 Unicode（UTF-8）。由于 EndNote X2 支持多种简体和繁体汉字编码方案（如图 12-26 所示），在网上检索文献时不需要专门将编码设为 Unicode（UFT-8）。

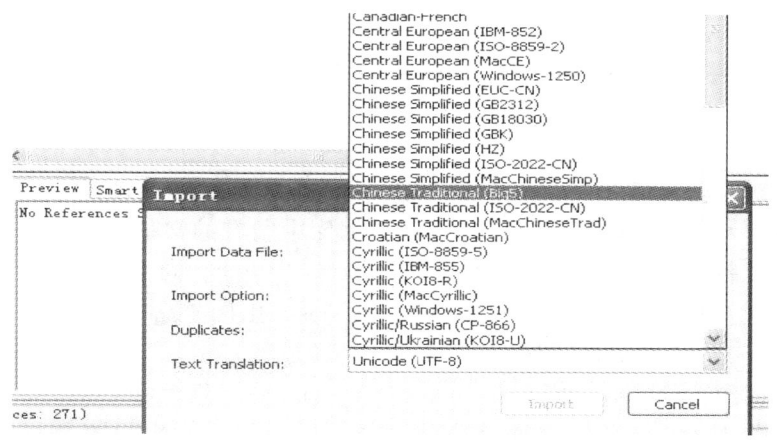

图 12-26　选择文件编码

12.4　数据库管理

12.4.1　使用组管理文献

一个数据库中的文献可能达到上万条。虽然系统提供了比较强大的查找功能，但浏览和引用文献仍不是很方便。EndNote X1 开始使用组对文献进行管理，从而使得文献的浏览更直观，引用更方便。图 12-27 窗口的左侧是 EndNote 中的组。

（1）组的类型

EndNote 中的组主要有以下类型：

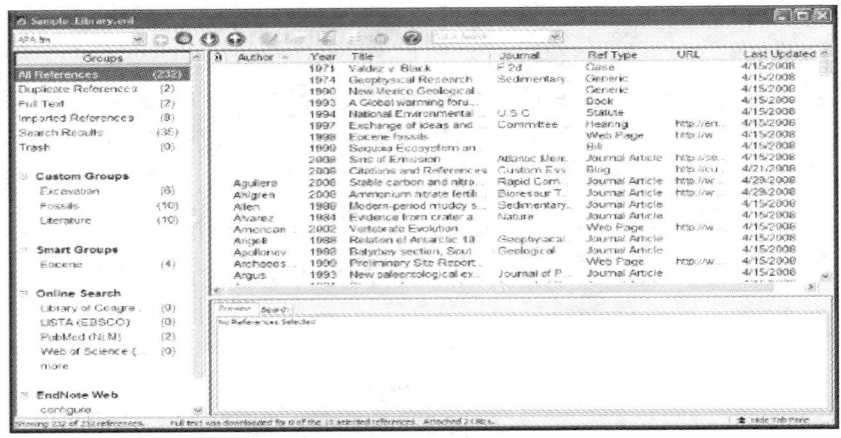

图 12-27　EndNote 的组

永久组：包括 All References 组和 Trash 组。这两个组不能更名，也不能被删除。All References 组显示了当前数据库中所有的文献条目，包括用户组中的文献；而 Trash 组则与 Windows 的回收站功能相同，当我们删除文献时，系统将其放入 Trash 组；用户可以将 Trash 组中的文献移到其他组，或者删除。文献从 Trash 组中删除后就不能恢复了。

临时组：包括 Duplicate References 组、Full Text 组、Imported References 组和 Search Result 组。根据命令的不同，显示的临时组也不相同。关闭 EndNote 程序时，系统会自动将临时组中的文献移到 All References 组，并删除临时组。用户应养成及时将临时组中有用的文献移到用户组的习惯。

Custom 组：用户可以手工创建用户组（Custom Groups）来帮助组织文献。如果有多个用户组，这些组将按照字母顺序排列，用户可以通过拖曳的方式向用户组添加文献，也可以通过菜单操作。

Smart 组：在当前数据库的文献被编辑或新的文献被加入到数据库中时，Smart 组能够运用搜索条件动态地更新各个组。

Online Search 组：允许用户将常用的在线数据库保存在该组，以便随时启动文献在线搜索功能。具体的搜索方法在上一节已经介绍。

EndNote Web 组：允许用户轻松地在 EndNote Web 文件夹和本地数据库中传输文献。

如果用户习惯于以前没有组的界面，可以使用 Groups 菜单中的 Hide Groups 命令隐藏组。

（2）Custom 组的创建与使用

使用 Custom 组能够很好地解决文献条目多、不便于浏览的问题。如果用户创建了多个 Custom 组，这些组将按照字母顺序进行排列。创建 Custom 组有两种方法：一是在文献列表窗口中选择文献并将其添加到一个新的 Custom 组，二是先创建一个空白的 Custom 组，再向其中添加文献。以下三种操作均可创建 Custom 组：

➢ 从 Group 菜单中选择 Create Group；

➢ 在组面板中单击右键，在快捷菜单中选择 Create Group；

➢ 选择要放到 Custom 组的文献，再从 Group 菜单中选择 Add References To->Create Group。

组的名称必须小于 255 个字符，但允许两个组的名称相同。一个数据库最多只能有 500 个 Custom 组和 Smart 组，如果达到 500 个而用户需要新建 Smart 或 Custom 组，则用户必须先删除一个组才能增加一个组。

用户随时可以将文献添加到一个新的或者已经存在的 Custom 组。EndNote 为每一条文献分配了一个唯一的编号，当用户第二次将同一条文献加入同一个组时，系统将自动去掉重复记录。

（3）Smart 组的使用

Smart 组是运用搜索策略建立起来的，当向库添加文献或者编辑文献时，Smart 组的文献能够自动地更新。

从 Group 菜单中选择 Create Smart Group 菜单项，出现图 12-28 所示的对话框。

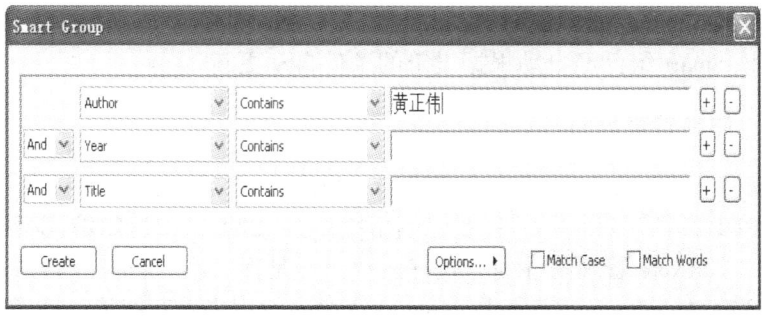

图 12-28　设置 Smart 组的搜索条件

本例中使用 Smart 组来监测黄正伟博士公开发表的论文，于是在搜索条件框的 Author 栏中输入"黄正伟"，如图 12-28 所示，单击 Create，在组面板中给刚才创建的组重新命名（本处命名为黄正伟）则成功地创建了一个 Smart 组。

Smart 组创建成功后系统将在当前数据库中检索作者为黄正伟的文献，如果找到，则在组名后显示符合条件的文献的数目，并在文献列表窗口中显示这些文献；如果没有符合条件的文献，则在组名后显示 0，如图 12-29 所示。

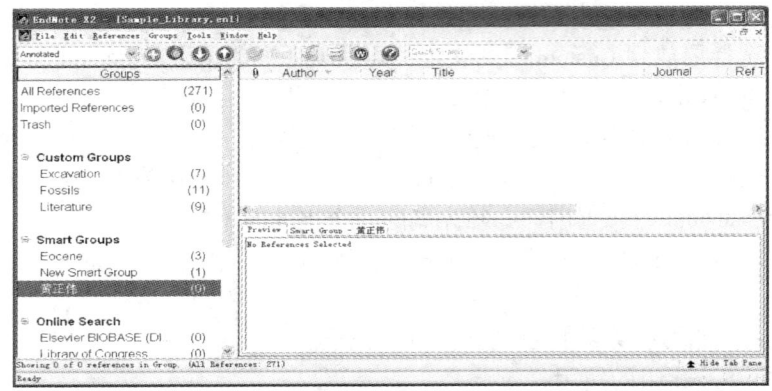

图 12-29　创建 Smart 组

一旦向当前库添加文献或者编辑文献，Smart 组将根据设定的条件自动搜索数据库并更新 Smart 组的内容。例如，向当前数据库导入一批文献。

从图 12-30 可以看到，导入完成后，新增加的文献存放在临时组 Imported References 中，同时 Smart 组黄正伟后面的文献数目由 0 变成了 10，这表明该 Smart 组已经自动根据设定的条件自动更新。

12.4.2　附件的管理

EndNote 中一条文献可能会有若干个文件与之对应，例如网页、表格、图片、PDF 文档、Word 文档，以及中国知网的 CAJ、NH、KDH 等格式的电子文档。EndNote 管理附件的方式有两种，一是保存在 Figure 字段中，二是保存在 File Attachments 字段中。Figure 字段一般用来保存图形、图表和表格类型的文件，一条文献只能存放一个文件；而 File Attachments 字段可以存放多个文件。

（1）图表的保存

EndNote 可以识别 BMP、JPEG、PNG、TIFF、音频文件（WAV、

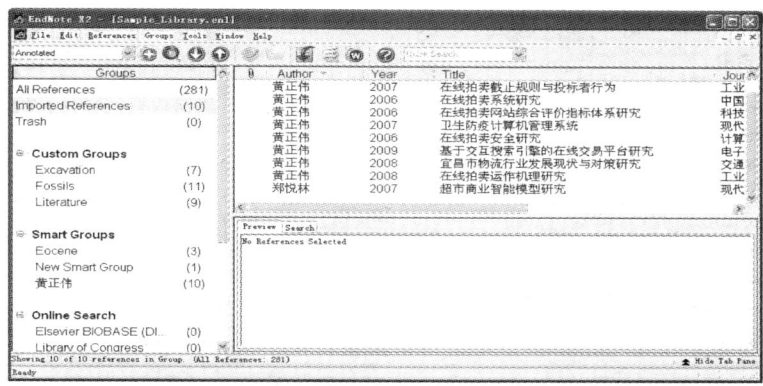

图 12-30 Smart 组自动更新

MP3)、MS-ACCESS 数据库、MS-EXCEL、MS-Word、MS-PowerPoint、MS-Project、MS-Visio、多媒体文件(Mov、QuickTime)、文本文件(TXT、RTF、HTML)等多种格式的文件。上述类型的文件均可存放于 Figure 字段。

添加 Figure 字段的过程如下：

首先启动 EndNote，打开要操作的数据库，找到要添加图表的文献(见图 12-31)。

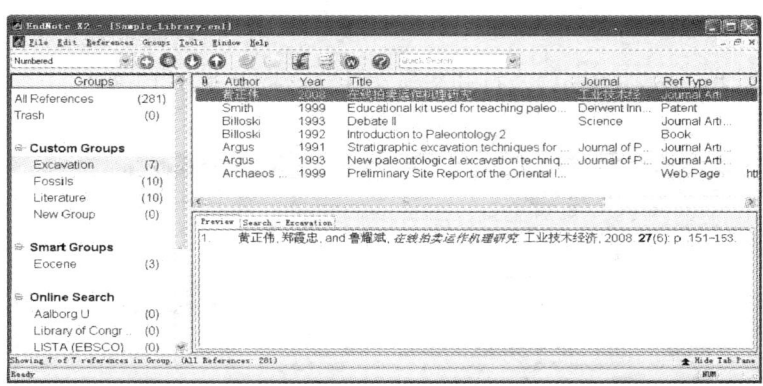

图 12-31 选择文献

双击该文献，打开该文献的详细内容，向下滚动到 Figure 字段，在字段上单击右键，如图 12-32 所示。

在图 12-32 中选择"Attach Figure..."，出现如图 12-33 所示的对话框。

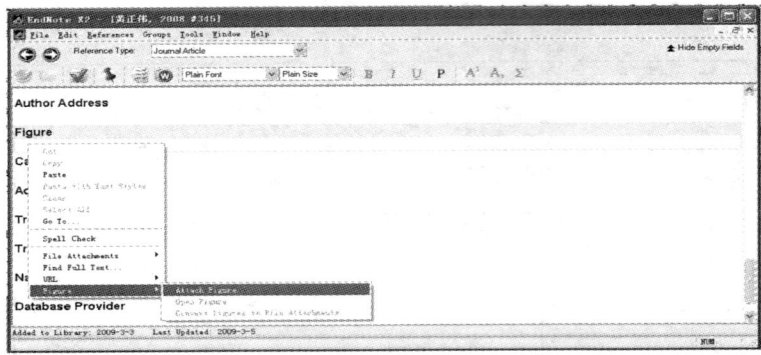

图 12-32　文献快捷菜单

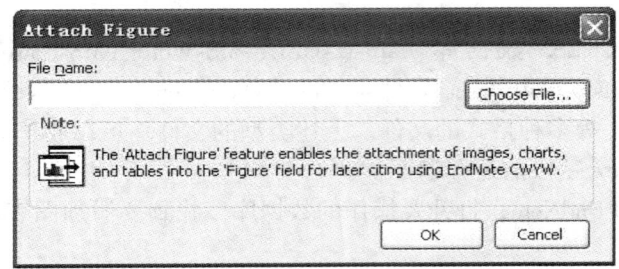

图 12-33　添加图表

单击"Choose File…",打开选择文件对话框(见图 12-34)。

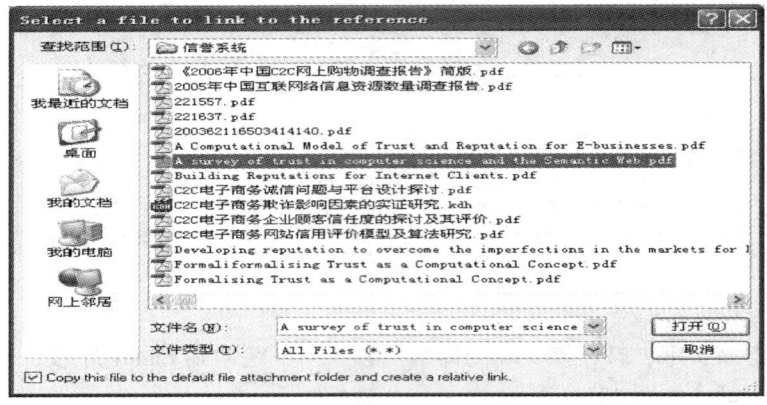

图 12-34　选择文件

选择要添加的文件，单击打开按钮，在文献的详细信息中可以看到该附件已经添加成功了（见图 12-35）。

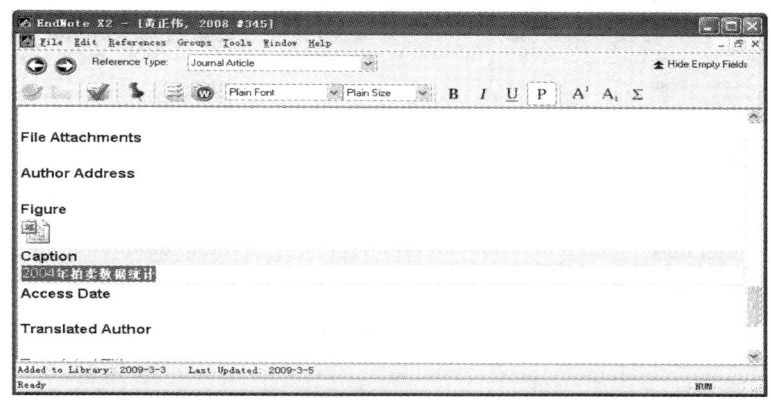

图 12-35　添加成功

添加的文件出现在 Figure 字段下面，EndNote 可以将 Figure 字段的内容直接插入 Word 文档。Figure 字段的下面有一个 Caption 字段，用来保存该图表的标题，并方便搜索图表，在插入图表后不要忘记在 Caption 写明该图表的标题。

（2）附件的保存

图 12-35 中有一个字段为 File Attachments。这是 EndNote X2 新增的功能，用来存放与该文献相关的所有附件，可以保存任何文件。当从网上或其他途径获得电子稿后（例如在 CNKI 上下载的 PDF、NH、DHK 文件以及在外文数据库上下载的 PDF 文件），可以将其存放于该字段。具体操作方法如下：

第一步：在文献列表中选择要添加附件的文献并单击右键，或者打开该文献，在任意位置单击右键，出现快捷菜单，如图 12-36 所示。

第二步：在快捷菜单中选择 File Attachments—>Attach File…，将打开选择文件对话框。选择要添加的附件的文件后，在图 12-36 文献列表栏的第一列附件列，该文献前面出现一个回形针图标，这就表示该文献已经有了附件。

可以重复上述两步继续添加附件。双击该文献查看其详细信息，可以看到在 File Attachments 字段中有了该文献所有附件的图标，如图 12-37 所示。双击图标可以打开对应的附件。

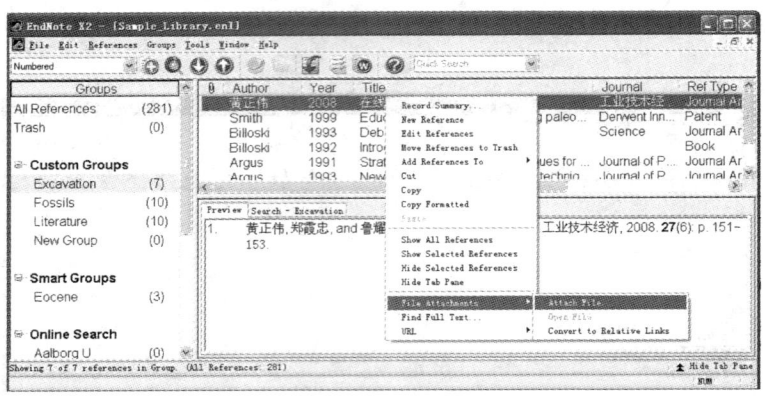

图 12-36　选择文献附件文件

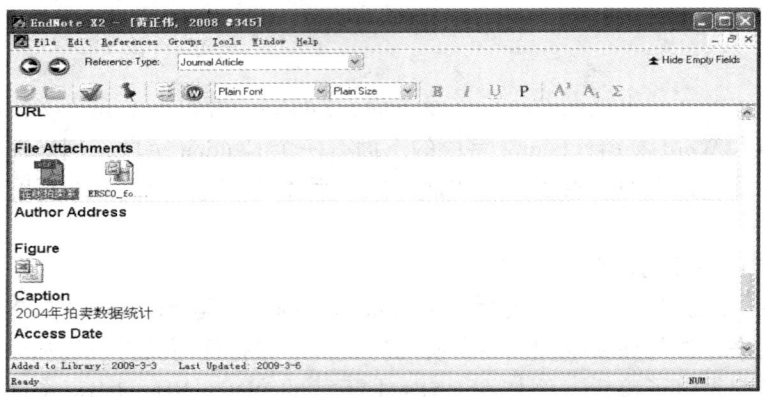

图 12-37　附加成功

（3）附件的存放

Figure 字段的存放比较简单。当我们向 Figure 字段添加图表文件时，系统会自动将该文件复制到用户数据库的 DATA 文件夹中。如果将一个图表文件添加到多个不同的文献，系统将自动创建多个该图表文件的副本。如果从文献中删除 Figure 字段的图表，则系统将同时删除 DATA 文件夹中对应的图表文件。删除 Figure 字段的内容不会影响 Caption 字段。

File Attachments 字段的存放有两种情况：一种是在向该字段添加文件时系统将在用户数据库的 DATA\PDF 文件夹为该文件单独创建一个文件夹，并将文件复制到该文件夹中，二是不复制文件，只存放该文件的链接。当从文献中删除一个附件时，系统自动从该文件夹中删除该文件。选择复制或链接文件的关键在选择文件时的操作：在图 12-30 中有一个复选框"Copy this file to the default file attachment folder and create a relative link"，选中该复选框则表示复制文件，如果不选中则表示只保存文件的链接。

（4）Figure 字段向 File Attachments 的转换

当向 Figure 字段添加另一个文件后，系统将自动删除前一个文件。如果希望保留前一个文件，则需要先将其由 Figure 字段移到 File Attachments 字段然后再添加新的图表文件。移动的方法是：打开文献，单击右键，如图 12-38 所示。

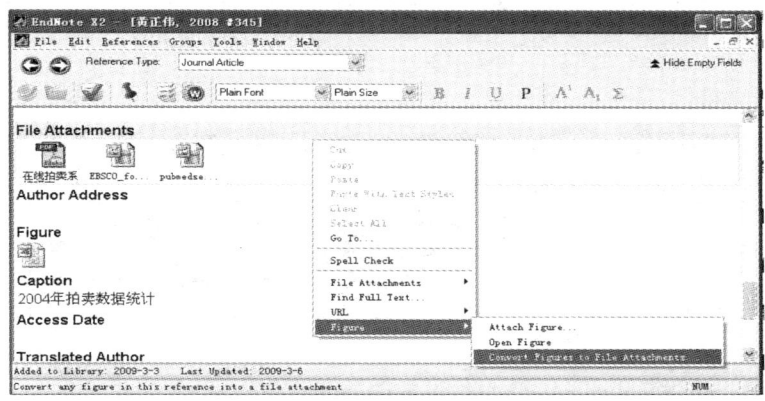

图 12-38　将 Figure 转换为 File Attachments

在快捷菜单中选择 Figure->Convert Figure to File Attachment，在弹出的对话框中单击 OK 后，可以看到在 File Attachments 字段中增加了刚才移动的文件图标。

（5）自动下载全文

EndNote X2 能够根据 DOI（Digital Object Identifier）、PubMed LinkOut 以及 ISI Web of Knowledge Full Text Links 等途径来自动定位并下载文献全文。如果下载成功，系统将自动将其添加到 File Attachments 字段中并保存该文件至当前数据库的 DATA\PDF 文件夹中。

操作方法如下：

第一步：选择要查找全文的文献（可以选择多条文献），或者打开该文献；

第二步：打开 References 菜单，选择 Find Full Text（见图 12-39）。

系统将自动搜索全文，如图 12-40 所示。

科技论文写作与文献检索

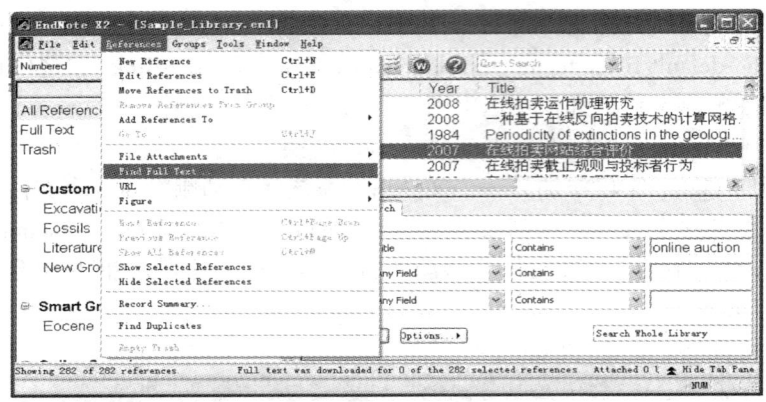

图 12-39　下载全文

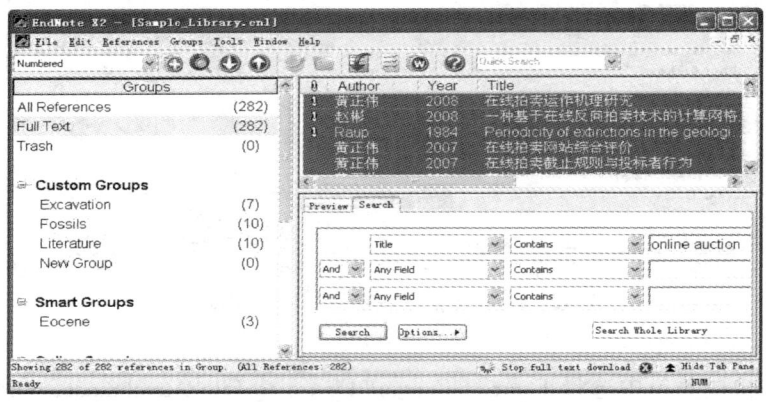

图 12-40　下载全文

在以上窗口的状态栏右侧显示系统正在搜索全文。找到后，文献列表的前面将出现一个回形针的图标，表示系统已经成功将该文件添加到该文献的 File Attachments 字段。搜索全文的时间很长，用户可以双击状态栏的"Stop full Text Download"提示来结束查找。因为下载全文有版权问题，所以该功能只针对部分免费的全文有效。在多数情况下，该功能不能下载所需的全文，所以用户主要靠手工的方式下载全文并添加到文献的附件中去。

12.4.3　笔记管理

读完一篇文献后，可以将重点内容，或自己总结的概要、一些想法或者其他相关的信息记录在这篇文献的记录中。在 EndNote 中有三个位置可以记录大量的文字内容：Abstract、Notes 和 Research notes，每处可以记录 32K 文字信息，如果是纯文本，差不多有五页纸的内容。通常 Notes 里有一些引用信息等，只有 Research Notes 是空的，建议你做笔记时记录在这里。然后在偏好设定中，设定 Display Fields，将 Research Notes 设定为在主窗口显示。这样在主窗口就可以浏览你记录的信息了。

如果笔记的内容较多，可以使用打开文献，在快捷菜单或 References 菜单中选择 Go To 命令，打开搜索框，输入要查找的内容，就可快速定位到笔记中相应的位置。

12.4.4 排序、去重

随着用户不断向数据库中添加文献，数据库的文献将越来越多，并且可能产生重复记录。为了保证使用方便，除了使用 Custom 组和 Smart 组来分组文献外，还需要对文献进行排序以及去掉重复的文献。

要对文献进行排序，只需要在 Tools 菜单中选择 Sorting Library，在图 12-41 中指定排序的依据即可。

图 12-41 文献排序

要去掉重复文献，只需要在 References 菜单中选择 Find Duplicates，系统就会将重复文献列在临时组 Duplicate References 组中，用户可以在该组中删除重复文献。

12.4.5 偏好设定

用户可以在 EndNote 中设定显示参数、格式参数以及其他一些选项。主要包括默认数据库、有关字体、文献类型、排序规则、严格大小写的词语列表、格式化文档、文献列表窗口标题、重复文献的判断规则、联机时默认的浏览器、日志文件及主页、样式、过滤器及连接文件存放的文件夹、词汇列表、自动完成功能、拼写检查、URL 以及 EndNote Web 服务器、账号及口令的设置，内容很多，本书仅就一些常用的设置作介绍。从 Edit 菜单中选择 Preferences 就可以打开参数设置界面（见图 12-42）。

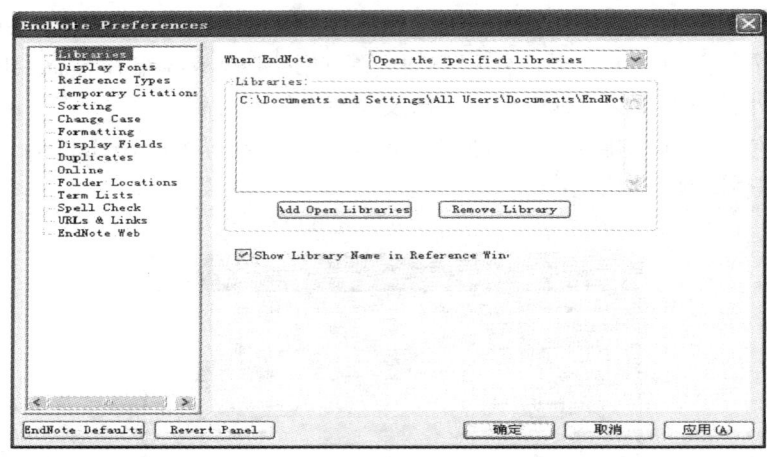

图 12-42 偏好设置

（1）让程序启动时自动打开指定的数据库

打开"Libraries"选项，在"When EndNote"后选择"Open the Specified Libraries"，并单击"Add Open Libraries"，并指定一个数据库即可。该选项还可以设置为打开最常用的数据库、程序启动时提示用户选择数据库或者不打开数据库（见图 12-43）。

（2）设置字体

Display Fonts 用来改变或设置 EndNote 所显示的字体。其中 Library 标签设置文献列表窗口中文献的字体及字号；General 标签设置用户输入的文献内容的字体及字号；Labels 标签设置在文献细节窗口中字段标题的字体及字

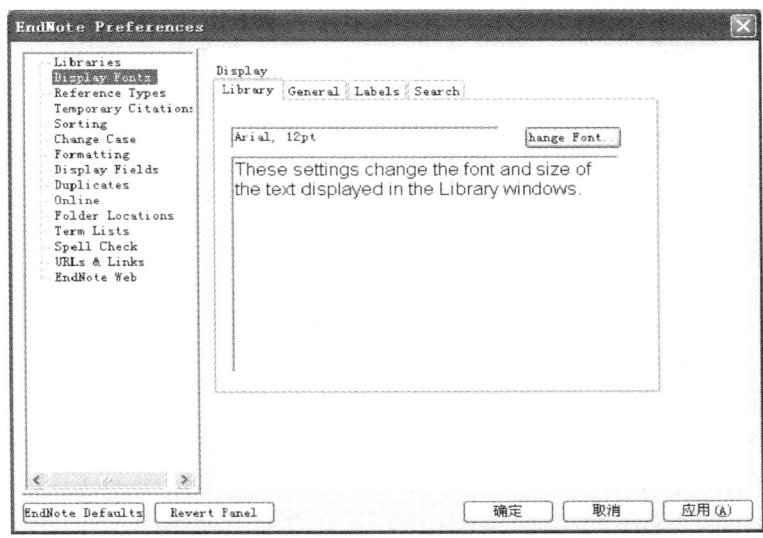

图 12-43　显示字体设置

号；Search 标签设置查找对话框中用户输入内容的字体及字号。

（3）设置可见的文献类型

如果手工输入文献，则第一步就是选择文献的类型。而 EndNote X2 预置了 44 种文献类型，在科技论文写作中用户用到的文献类型远少于 44 种。我们可以通过设置让系统只显示指定的类型，方法是在 Preferences 对话框中选择"Reference Types"，再选择"Modify Reference Types"，如图 12-44 所示。从下拉列表中选择欲隐藏的文献类型，在第一行 Generic 字段后，给类型名称前面加上一个句点即可。我们可以将所有不需要的类型名称前面都加句点后再单击 OK 保存更改结果。

（4）在文献列表窗口中显示中文字段名：在 Preferences 对话框中打开"Display Fields"，如图 12-45 所示，在 Heading 列的各行写上为该字段取的中文名称，单击确定后可以看到文献列表窗口的各字段标题显示为刚才设定的名称。

12.4.6　输出

将 EndNote 中的文献输出为一个外部文件，文件的类型可以是纯文本文件、富文本格式文件或者网页文件。输出的方法是首先在文献列表窗口中选

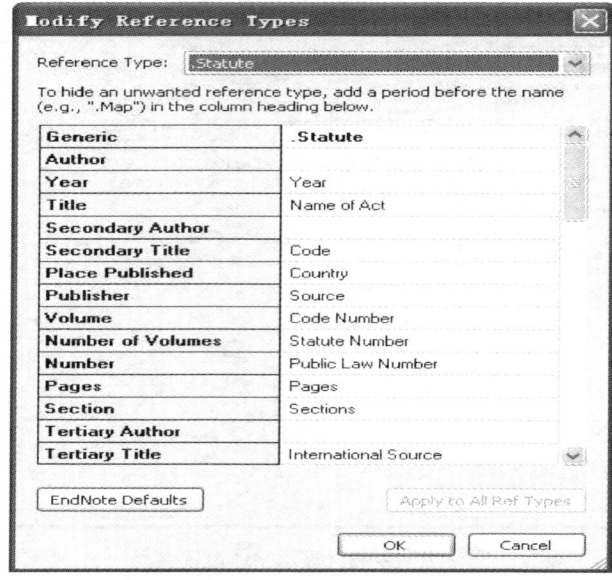

图 12-44 文献类型设置

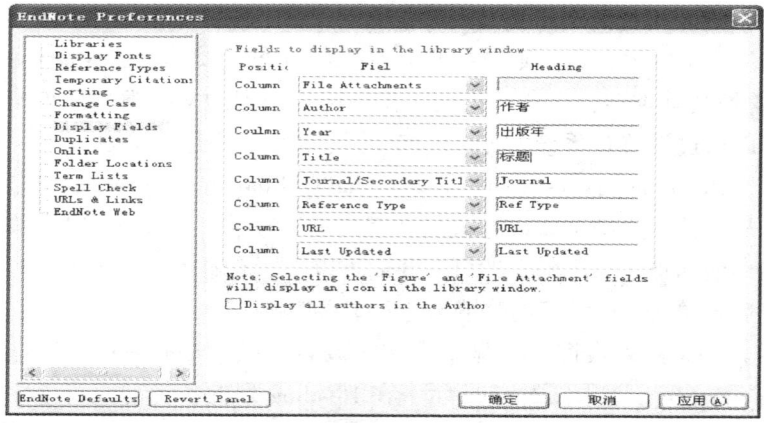

图 12-45 显示字段设置

择要输出的文献，再从 File 菜单中选择 Export，指定文件名和文件类型、选择适合的输出样式，单击保存即可。关于输出样式的选择与设置，具体内容将在 12.5 节中详细介绍。

12.5 数据库的应用

EndNote 安装之后，会在文字处理软件中出现一个 EndNote 工具条。首先介绍一下工具条，然后介绍如何利用 EndNote 来撰写论文，最后简单介绍一下利用 EndNote 来管理读书笔记和利用 EndNote 对数据库信息作简单的分析。

12.5.1 工具条介绍（见图 12-46）

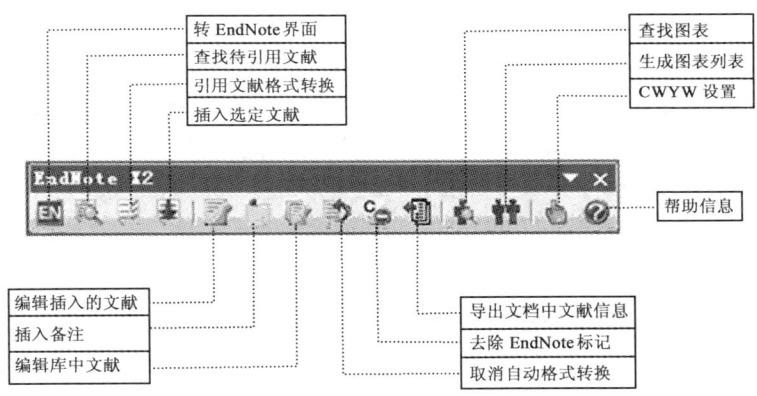

图 12-46　工具栏

➢ Find Citation（s）撰稿引文时，可以通过查找的方式找到希望引用的参考文献；

➢ Go To EndNote 从 Word 中跳转到 EndNote；如果 EndNote 没有开启，点击该按钮将开启 EndNote 程序；

➢ Format Bibliography 将临时引用的参考文献格式按照选定的杂志进行编排，如果一边插入一边进行格式编排，会占用较多内存；如果不希望这样，可以点击下面的 Unformat Citations 快捷键；

➢ Insert Selected Citation（s）插入选定的文献，可以是一篇，也可以是多篇；

➢ Edit Citation（s）编辑易插入的引用文献，譬如有些文献引用不合适，或者顺序需要调整，可用该功能完成；

➢ Insert Note 在指定的位置插入输入的内容，插入位置会留下一条文献记录的标记，插入的内容会显示在后面参考文献中；

➢ Edit Library Reference（s）如果发现某条参考文献内容有错误，可以用该命令进行修改，该命令将同步更新数据库和后面引用的参考文献；

➢ Unformat Citations 不对临时插入的参考文献进行格式转换，以节约计算机资源；

➢ Remove Field Codes 撰写的论文在投稿前，需要用该命令移除 EndNote 标记；移除后将不能利用 EndNote 对参考文献格式进行编排；

➢ Export Traveling Library 如果接收到一个带 EndNote 标记的文档，可以通过该命令导出有关的参考文献信息，此时导出的信息不完整，只有列举参考文献时一些必要的信息，如关键词、摘要等都没有；

➢ Find Figure（s）查找图片；

➢ Generate Figures List 生成图片列表；

➢ Cite While You Write Preferences 撰稿与引用偏好设定，例如启动 Word 时是否同时启动 EndNote，EndNote 快捷键的设置以及插入图表后编号位置的设定等。

点击会进入到图 12-47 的界面。

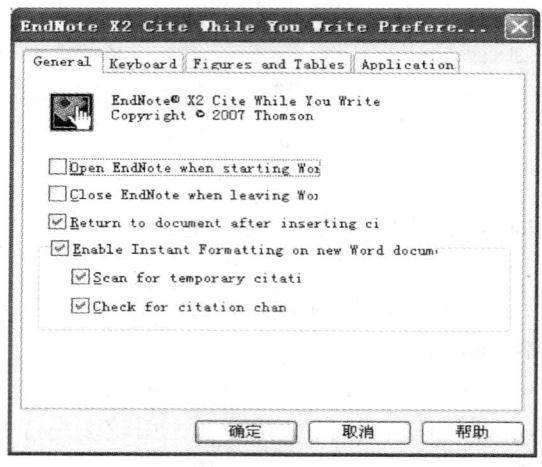

图 12-47　Cwyw 设置

用户可以根据提示进行一些设定。

➢ Help 帮助调出 EndNote 的用户手册。

12.5.2 如何利用数据库来撰写论文

EndNote 功能之一是在撰写论文或书籍时，可以自动编排文献格式，如手动修改。要完成这项任务，需要电脑已经安装 EndNote 和文字处理软件如 Word 等，打开 Word 和 EndNote。

第一种方式，在 Word 中将鼠标指在要插入文献的位置，然后切换到 EndNote 程序中，选择要引用的参考文献，点击工具条上的"Insert Selected Citation（s）"，即可将选定的文献插入到该指定位置。

第二种插入文献的方式：Copy-Paste。在 EndNote 数据库中，选择要插入的文献，右键单击，选择 Copy，回到 Word 中，右键单击要插入文献的位置，然后粘贴即可。

第三种查找方式，利用 Find Citations 快捷键，点击后出现如图 12-48 所示的窗口。

第四种方式，可以利用 EndNote 中的 CWYW/Addin 快捷工具条来实现插入。

在 Word 中将鼠标指在待插入文献的位置，选定要插入的文献，在 EndNote 中点击上面的"Insert Citation（S）"快捷键，即可将文献插入在相应的位置。

待全部文献插入完毕，单击"Format Bibliography"按钮，将出现以下界面（见图 12-48）。

注意选择合适的输入样式，国内不少期刊以及学位论文均使用数字上标的形式表示引用，而 OutPut 列表中提供的 Numbered 的标号不是上标。这时应该单击 Browse，在列表中选择 Chinese Std GBT7714。

12.5.3 Output Style 的修改

目前 EndNote 提供了两千多种期刊的引文格式，如果投稿的期刊是这两千余种期刊之一，无需自行设定引文格式，如果恰巧投稿的期刊 EndNote 中没有现成的引文格式，可以自行设定。

下面介绍如何自行设定，参考引文的格式：

在 EndNote 主界面，Edit-Output Style-Open Style Manager 在已有期刊格式中，可以选择自己需要的期刊格式。如果没有完全符合要求的期刊格式，可以自行创建所需的期刊格式。一般情况下，并不建议完全从头开始创建，可以在上面窗口中选择引文格式预览，然后找一种比较相近的期刊进行修改。在上面的界面中点击 Edit，即可进入到编辑界面（见图 12-49）

图 12-48　选择输出样式

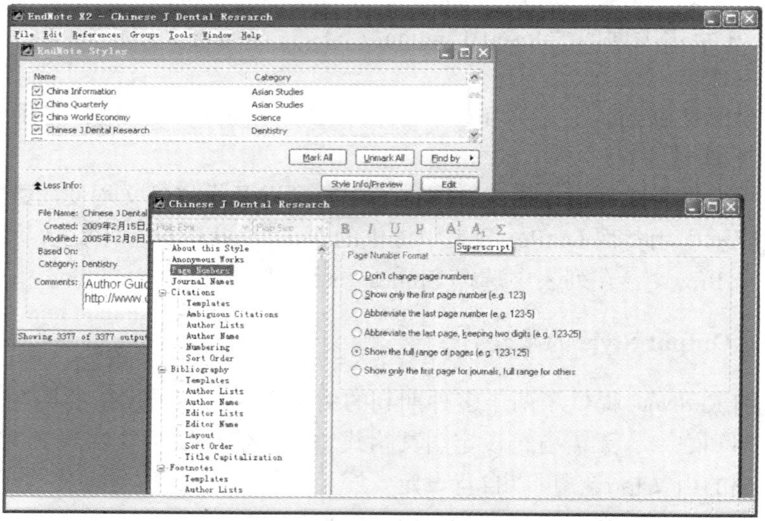

图 12-49　修改输出样式

Page Numbers 那一栏，可以设定页码，有些杂志的页码全部显示，有些终止页只显示后两位，如 1327-1332，有些杂志显示为 1327-32。这种不同的表示方法可以在此设定。

Citations 部分，可在设定文章中，参考文献引用的标记格式，有些杂志文中的参考文献引用标记为［1］，有的表示为（1），有的直接用数字表示1，还有些用不同的上标表示。

Bibliography 部分，可以设定参考文献的格式，如 *Nature* 杂志引用期刊论文，其格式为：

Author, Journal | **Volume** | (Issue) | , Pages | (Year) | .

这表示，文献信息各项内容的顺序依次为：Author, Journal | Volume | (Issue) | , Pages | (Year) | . 其中 Volume 用黑体表示，杂志用斜体表示，Issue 和 Year 用括号括起来。按照文档编辑的方式，结合后就可以进行修改了。

12.5.4 利用论文模板撰写论文

EndNote 中除了提供两千多种杂志的参考文献以外，还提供了 185 种杂志的全文模板。

要使用模板，可以从 Tools 菜单中选择 Menuscript Templates，出现如下对话框（见图 12-50）。

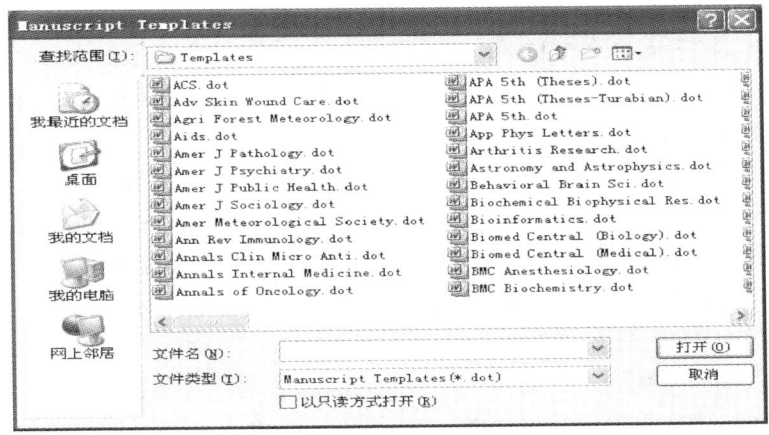

图 12-50 选择论文模板

选择合适的模板，例如 IEEE，单击打开（见图 12-51）。

系统会调出一个向导，引导用户按要求输入论文题名、作者、论文框架等内容，向导结束后一个论文的模板就形成了，用户只需要在相应位置输入内容，格式全部包含在模板中。

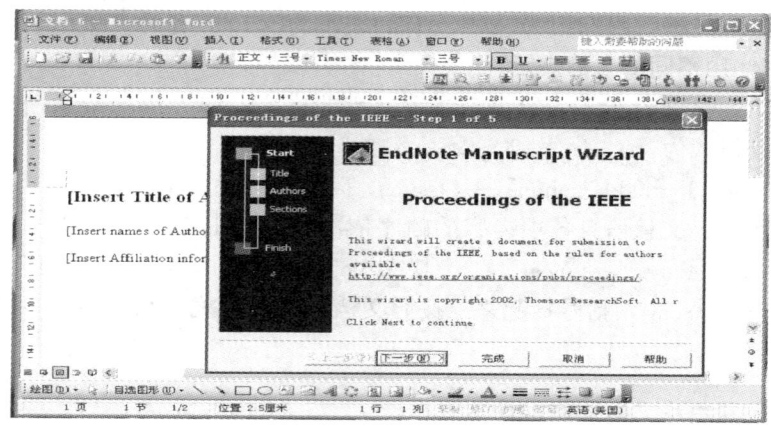

图 12-51　模板向导

12.5.5　EndNote 统计分析功能

在 EndNote 中可以通过两种手段对文献进行统计分析：

（1）使用 EndNote 做简单的统计分析

在 Tools 下面有个 Subject Bibliography，它的功能主要是输出数据库中某一类的文献信息，这里主要介绍一下该功能。点击 Subject Bibliography 进到下面的画面（见图 12-52）。

选择 Author（也可以选择其他的，或选择多个，这里以 Author 作为示例），点击 OK，EndNote 就会列出每位作者的论文数。两次点击 Records，就会按每位作者的论文数进行排序，在线拍卖领域研究根据作者论文数的多少，大致可以判断出该领域的活跃分子和高产科学家。

如果在图 12-53 中选择 Year，数据库将会按照年代统计出每年发表的文章数。根据论文数增长的趋势大致可以判断出该领域的发展趋势。

还可以用作者单位进行分析，了解哪些研究单位在该领域比较活跃。在上述统计结果中，进一步检索作者"黄××"，然后对该作者的论文进行年代和单位分析。可以大致了解该作者的动向（见图 12-54）。

（2）通过关联外部文献分析软件（例如 Refviz）分析数据库的文献

在 Tools 菜单的最下面，有个 Data Visualization 的外部命令按钮，点击可以启动已经安装的文献信息分析软件。如 Refviz 等。Refviz 可以与常见文献管理软件无缝对接，可以对 EndNote 数据库中的文献进行聚类分析。

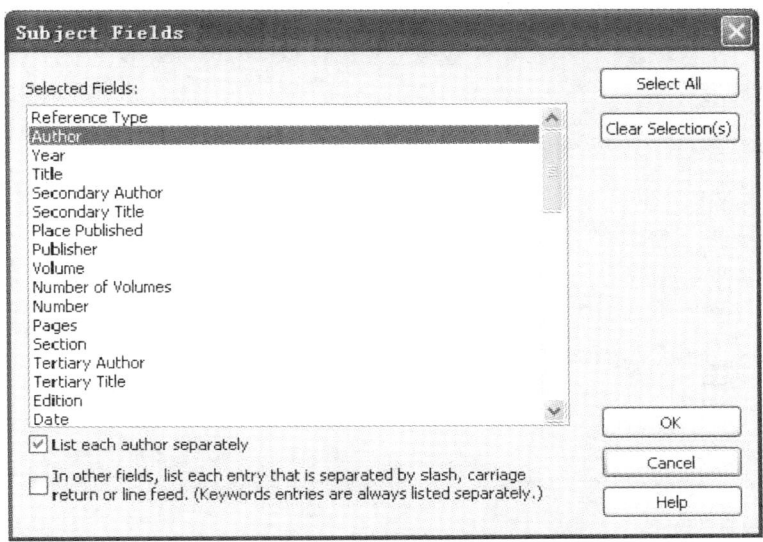

图 12-52　选择统计主题

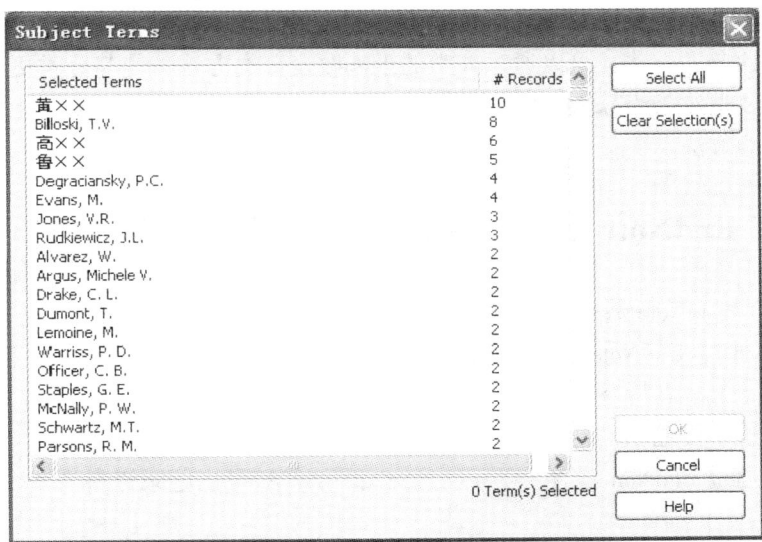

图 12-53　按作者统计结果

Refviz 工作的原理类似我们正常阅读文献，然后归类管理的方式。Refviz 分

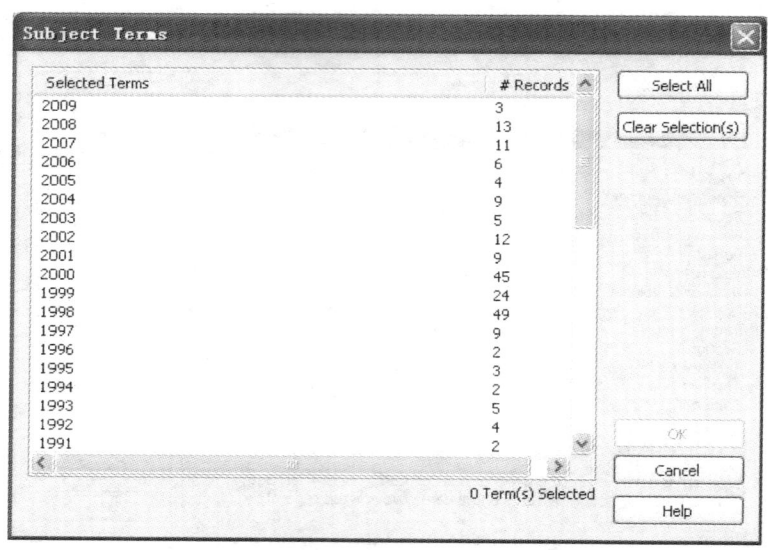

图 12-54　按年统计结果

析文章中出现的关键词，然后根据关键词进行分类。同时，这些软件还提供交互式的分类方法，可以通过人为的干涉改变分类方法，使其分类更符合我们的需要。对于当今大量的文献，Refviz 可以为我们提供了一种快速了解某一领域的方法。

12.6　EndNote 数据与 NoteExpress 的相互转换

（1）EndNote 数据导入 NoteExpress

➢ 通过 EndNote 菜单"Edit------>Output Styles"，选择输出格式为"EndNote Export"；

➢ 选中要输出的题录；

➢ 通过 EndNote 菜单"File------>Export…"，导出题录资料为一个 txt 文件；

➢ 通过 NoteExpress 菜单"文件------>导入题录"，选择从 EndNote 中导出的数据，再选择相应的过滤器"EndNote Import"，点击"导入"窗体的"导入"按钮；

➢ 完成数据导入工作；

其他软件的数据导入 Note Express 的过程与此类似，如果导入后出现乱码现象，请在导入前先将保存 EndNote 数据的文本以 ANSI 格式另存一次，再导入另存时生成的文本。

（2）NoteExpress 数据导入 EndNote

➢ 选中要输出的题录，通过 NoteExpress 菜单 "文件------>导出题录"，选择输出格式为 "RefMan（RIS）Export"，并指定导出的 txt 文件；

➢ 通过 EndNote 菜单 "File------>Import…"，导入题录资料为一个 txt 文件；

➢ 通过 EndNote 菜单 "文件------>导入题录"，选择从 NoteExpress 中导出的数据，再选择相应的过滤器 "RefMan-（Ris）" 即可。

➢ 目前 "RefMan—（RIS）" 样式是一种通用的格式，方便各种文献管理软件交换数据。如果在 NoteExpress 用户之间交换题录，选择默认的 NoteExpress 样式即可。

➢ 提示：题录数据可以在不同的软件中转换，附件不能自动转换。也就是说，在将题录信息转换后，还需要手工把附件转移到新的软件上去。

12.7 本章小结

本章详细介绍了文献管理软件 EndNotes 的各个菜单功能，以及如何使用这些功能科学地管理参考文献，为科学研究服务。

参 考 文 献

[1] 陈国剑. 科技论文著编规范［M］. 郑州：河南大学出版社，2006.
[2] 建方方. 科技论文撰写指南［M］. 北京：高等教育出版社，2005.
[3] 高连华，赵宗绪，成传榜. 科技论文写作、宣读与答辩［M］. 北京：兵器工业出版社，2000.
[4] 钟似璇. 英语科技论文写作与发表［M］. 天津：天津大学出版社，2004.
[5] 萧庆元，强亦忠. 科技写作教程［M］. 北京：高等教育出版社，2005.
[6] 刘素萍. 科技论文写作［M］. 北京：中华书局，2007.
[7] 科技写作与编辑指南编委会. 科技写作与编辑指南［M］. 北京：地震出版社，2010.
[8] 赵东元，查长松，雍明远. 科技写作［M］. 北京：国防工业出版社，2008.
[9] 芬克斯坦著. 科技写作教程（第3版）［M］. 王朔中 译. 北京：清华大学出版社，2011.
[10] 中国人民解放军总装备部军事训练教材编辑工作委员会. 科技写作［M］. 北京：国防工业出版社，2003.
[11] 赵秀珍，杨小玲. 科技论文写作教程［M］. 北京：北京理工大学出版社，2005.
[12] 刘富贵. 现代科技写作［M］. 北京：蓝天出版社，1996.
[13] 李玉兴. 科技写作与科技编辑［M］. 沈阳：大连理工出版社，1990.
[14] 姚里军，余国瑞，欧阳周. 科技写作概论［M］. 北京：语文出版社，1984.
[15] 中国科普创作研究所. 科技写作十六讲［M］. 天津：南开大学出版

社，1988.

[16] 谭晨. 科技文体写作 [M]. 西安：陕西科学技术出版社，1991.

[17] 黄军左. 文献检索与科技论文写作 [M]. 北京：中国石化出版社，2010.

[18] 张天桥. 科技论文检索. 写作与投稿指南 [M]. 北京：国防工业出版社，2008.

[19] 赖茂生，徐光敏. 科技文献检索（第 2 版）[M]. 北京：北京大学出版社，1995.

[20] 武汉大学科技文献检索编写组. 科技文献检索 [M]. 长春：吉林市科学技术局，1976.

[21] 穆安民. 科技文献检索实用教程 [M]. 重庆：重庆大学出版社，2003.

[22] 王立诚. 科技文献检索与利用 [M]. 南京：东南大学出版社，2006.

[23] 王振东. 科技文献检索方法 [M]. 沈阳：辽宁科学技术出版社，1985.

[24] 范承庄，田英，肖龙耀. 科技文献检索. 如何查找科技文献 [M]. 西安：西北工业大学出版社，1986.

[25] 冯子良，李秀英. 科技文献检索 [M]. 北京：中国科学技术出版社，1988.

[26] 军玲，洪江龙. 科技文献检索 [M]. 上海：复旦大学出版社，2004.

[27] 王德义. 科技文献检索示例与习题 [M]. 天津：天津大学出版社，1994.

[28] 余向春，黄文林. 科技文献检索简明直观教材 [M]. 杭州：浙江大学出版社，1990.

[29] 赖茂生. 科技文献检索指导 [M]. 北京：北京大学出版社，1992.

[30] 陈馨武. 科技文献检索. 电子与计算机专业适用 [M]. 北京：高等教育出版社，1987.

[31] 邱祖斌. 国内外科技文献检索 [M]. 北京：航空工业出版社，1990.

[32] 王振东. 科技文献检索方法　掌握信息的金钥匙 [M]. 沈阳：辽宁科学技术出版社，1985.

[33] GB/T 7713-1987. 科学技术报告、学位论文和学术论文的编写格式 [S]. 北京：中国标准出版社，1988.

[34] GB/T 7714-2005. 文后参考文献著录规则 [S]. 北京：中国标准出版社，2005.

[35] http://endnote.com/if/online-user-manual [EB/OL]. [2011-10-15].
[36] http://www.most.gov.cn/kjfz/kjxz/2006kjfzbg/c5.pdf [EB/OL]. [2011-10-15].